大学问

始于问而终于明

守望学术的视界

大清宪法案

MANUSCRIPT OF THE CONSTITUTION OF THE GREAT QING

［日］北鬼三郎－著

彭剑－译　霍耀林－校

广西师范大学出版社
·桂林·

大清宪法案
DAQING XIANFAAN

图书在版编目（CIP）数据

大清宪法案 /（日）北鬼三郎著；彭剑译. --桂林：广西师范大学出版社，2023.3
ISBN 978-7-5598-5647-0

Ⅰ.①大… Ⅱ.北… ②彭… Ⅲ.①宪法－研究－中国－清代 Ⅳ.①D929.49

中国版本图书馆 CIP 数据核字（2022）第 216896 号

广西师范大学出版社出版发行

（广西桂林市五里店路 9 号　邮政编码：541004）
（网址：http://www.bbtpress.com）

出版人：黄轩庄
全国新华书店经销
广西广大印务有限责任公司印刷
（桂林市临桂区秧塘工业园西城大道北侧广西师范大学出版社集团有限公司创意产业园内　邮政编码：541199）
开本：880 mm ×1 240 mm　1/32
印张：11.75　　字数：280 千
2023 年 3 月第 1 版　　2023 年 3 月第 1 次印刷
印数：0 001~5 000 册　定价：88.00 元
如发现印装质量问题，影响阅读，请与出版社发行部门联系调换。

为大清"制宪"的日本人北鬼三郎[①]

（代译者前言）

一、引起中国人广泛重视的《大清宪法案》

1909年6月，位于东京的经世书院出版了一本《大清宪法案》，署名北鬼三郎。

翻开此书，首先是两道上谕，谕旨之后是《例言》，共9条，5页。《例言》之后是目录，31页。目录之后是《大清宪法案正文》，即宪法条文，19页。其后是对宪法条文的法理说明，382页。

对于这本书，可以作如是观：北鬼三郎起草了一部《大清宪法

[①] 此文系由发表于《东方学报》第95册（京都大学人文科学研究所2020年）的《北鬼三郎〈大清宪法案〉新探》一文删改而来。北鬼三郎起草过一部《大清宪法案》一事，在俞江发表《两种清末宪法草案稿本的发现及初步研究》（《历史研究》1999年第6期）之后，渐为学界所知。我也曾在2011年发表《也谈"两种清末宪法草案稿本"中的"甲残本"》一文，参与对相关问题的讨论。而在2017—2018年间在京都大学人文科学研究所访学期间，我曾翻译《大清宪法案》。在此过程中，对北鬼三郎其人、对《大清宪法案》其书的理解有所深入，遂于2018年6月19日，在村上卫先生担任班长的京都大学人文科学研究所"転換期中国における社会経済制度"共同研究班作题为《北鬼氏〈大清宪法案〉译读报告》的报告，"新探"一文的雏形，即肇于此。本书的主体，即我在访学期间所翻译的《大清宪法案》，并附以数种评介、译介此书的文章，以及数篇北鬼三郎所作关于清廷立宪的政论文。考虑到在《大清宪法案》出版之前，尚有一份手抄的《大清宪法案理由书》，为了直观显示二者之间的差异，本书以注释的方式加以说明。手抄稿辨识有难度，我担心未能全面、准确地展示二者的差异，但所呈现者已足显示二者差别之大。

案》,共 10 章,76 条。按照宪法草案的结构顺序,他给每一条都注明所参考的对象,并加上或长或短的法理说明,连缀成篇,就成了这一本书。

十章的名称和各章的起止如下:

第一章　皇帝(第 1—15 条,第 1—117 页)

第二章　摄政(第 16—18 条,第 117—132 页)

第三章　臣民权利义务(第 19—32 条,第 133—201 页)

第四章　帝国议会(第 33—49 条,第 201—283 页)

第五章　内阁(第 50—51 条,第 283—311 页)

第六章　都察院(第 52—55 条,第 311—321 页)

第七章　司法(第 56—60 条,第 321—336 页)

第八章　会计(第 61—69 条,第 336—367 页)

第九章　审计院(第 70—73 条,第 367—375 页)

第十章　附则(第 74—76 条,第 375—382 页)

此书出版后,在日本反响寥寥,目前所见,只有《外交时报》和《国家学会杂志》各刊登了一篇 300 字左右的评介性文字[1],而中国各界对它的反响则要大得多。

1910 年出版的保廷梁著《大清宪法论》一书,在讨论上下议院名称的时候,与《大清宪法案》有所商榷,认为北鬼三郎将上院称为贵族院不妥。[2]

---

[1] 《外交时报》总第 140 号,明治四十二年(1909)7 月 10 日发行。《国家学会杂志》第 23 卷第 9 号,明治四十二年 9 月 1 日发行。

[2] "吾国既取两院制,则两院之名称如何? 据日本北鬼三郎所著《大清宪法案》,谓宜称贵族院、众议院,予以为下院称众议院固无可议,而上院以贵族名,殊觉未叶。"保廷梁:《大清宪法论》,江左书林、模范书局,1910 年初版、1911 年再版,第 140 页。

同年,有人节译了《大清宪法案》的第六章《都察院》,刊登于《宪制日刊》。第六章翻译成中文大约3000字,而节译的文本大约2000字,所省略的,集中于第52条(本章第1条)的说明文字。在刊登于文首的按语中写道:"北鬼氏撰拟吾国宪法案凡七十六条,以非本国人而拟本国之宪法,未见其当。然其精勤缔构,自成首尾,不可谓非好事之尤者。"①可见其对北鬼三郎此书有褒有贬。在文末的按语中,则说:"据此则都察院之名虽存,而其性情组织则大异。"并提出,北鬼三郎关于都察院的制度设计,"虽未必尽当,要有足供吾行政审判制之参考者"②。对北鬼三郎的设计给予了较高评价。

同一年,《宪制日刊》还刊载了一篇标明"译北鬼氏稿"的《中国中央官制改革案》,《申报》曾予以转载。③《宪制日刊》刊布该文之后还发表了一篇评论文章,《申报》也曾转载。④《中国中央官制改革案》完全脱胎于《大清宪法案》(后文详),这里介绍一下评论文章中的观点,一窥中国人对《大清宪法案》的观感。在这篇题名《读北鬼氏〈中国中央官制改革案〉书后》的评论中,作者对北鬼三郎的改革中国中央官制的方案一一点评,认为北鬼三郎所提出的

---

① 《节译日人所著〈大清宪法案〉》,《宪制日刊》宣统二年(1910)八月二十七日,第53页。
② 《节译日人所著〈大清宪法案〉》(续),《宪制日刊》宣统二年八月二十九日,第58页。
③ 《宪志日刊》宣统二年十月初四日、初五日。《申报》宣统二年十月二十日,第1张第2、3版;宣统二年十月二十二日,第1张第2、3版。
④ 《宪志日刊》宣统二年十月初六、初七、初八日。《申报》宣统二年十月二十三日,第1张第2、3版;宣统二年十月二十四日,第1张第2、3版。

融合满汉的方案未抓住要害,①对于北鬼氏所提出的内阁、军机处、政务处三者叠床架屋、保留三者中的一个即可统率大政的见解,也评价不高,②在作者看来,不设立责任内阁,就没有办法真正统一政务。对于北鬼氏谈到的官俸改革,作者也觉得不够充分,他准备另文探讨。③ 但是,对于北鬼氏主张的区别宫府,则赞赏有加,④并由此引申开去,大谈亲贵不可把持行政要津。对于北鬼氏主张的要裁去吏、礼两部和改革侍郎制度,作者也颇为欣赏。⑤ 北鬼氏还谈到,司法制度也要改良,对此,作者也表示赞许。⑥ 可见,一些中国学者对北鬼三郎的改革官制方案的评价,就像对他的都察院方案一样,褒贬相杂。

---

① "北鬼言官制改革,首举废撤满汉钳制,而不举所以废撤满汉钳制之源,浅之乎言之矣。"《读北鬼氏〈中国中央官制改革案〉书后》,《宪制日刊》宣统二年十月初六日,第11页。
② "其论统一政务也,曰军机、内阁、政务处地位职权皆居行政各部之首,而其职掌于实际上无大差别,有其一即足以统率大政,此惑于外听,不察实情之说也。夫今日之军机处、内阁、政务处,其何一足以统率大政?"《读北鬼氏〈中国中央官制改革案〉书后》,《宪制日刊》宣统二年十月初六日,第11页。
③ "至俸给之当增当减,理由甚长,非北鬼氏所能详悉,容别为《官俸篇》以明吾意。"《读北鬼氏〈中国中央官制改革案〉书后》(续),《宪制日刊》宣统二年十月初八,第16页。
④ "北鬼言区别宫府,且一一言其裁并之法甚悉,诚今日之要图哉。我议订官制者曷其审之!"《读北鬼氏〈中国中央官制改革案〉书后》,《宪制日刊》宣统二年十月初六日,第12页。
⑤ "北鬼氏言官衙并废,归本于废吏部、减侍郎,此亦至言也。"《读北鬼氏〈中国中央官制改革案〉书后》(续),《宪制日刊》宣统二年十月初八日,第15页。
⑥ "司法制度,一国人之生命财产所由托也。而在我尤有对外条约关系,一言不慎,祸及邦国。北鬼氏图我中央官制改革,而特表一目曰司法部之改善,有味乎其言之矣。不知我掌司法之责者亦能审慎详察、勉图远大否也。"《读北鬼氏〈中国中央官制改革案〉书后》(续),《宪制日刊》宣统二年十月初八日,第16页。

为大清"制宪"的日本人北鬼三郎（代译者前言）

与民间的译介、评论相比,官方的反响也许更值得关注。让我们从与制宪事宜关系甚深的汪荣宝的一段日记谈起吧。1909年7月15日,汪荣宝在日记中留下了如下一段文字:

> 饭后三时到宪政编查馆,达侍郎见示日本北鬼学士三郎所著《大清宪法案》,浏览一过,觉其精实,请得借归细读之。六时顷回寓,阅北鬼氏宪法案。①

这一段记载,信息量很大:其一,在《大清宪法案》出版之后,达寿很快拥有了此书(6月出版,7月即已到手);其二,达寿得到此书之后,拿到官廨与同僚分享,可见此书给他留下了较深印象;其三,汪荣宝一看到此书,便给予了很高评价,并且马上借阅,爱不释手。如果联想到达寿和汪荣宝交流的地方是宪政编查馆,该馆成立时被赋予的一项基本职掌就是起草大清帝国宪法,②而达寿是该馆提调,汪荣宝是该馆编制局科员(编制局负责包括宪法在内的法典起草事宜),③便可知这一记载的分量。

笔者曾见到一份宪政编查馆1909年的购书清单,清单显示宪政编查馆在8月2日收到的从有斐阁寄来的书中,第一部就是《大

---

① 《汪荣宝日记》,宣统元年(1909)五月二十八日,载北京大学图书馆馆藏稿本丛书编委会编辑:《北京大学馆藏稿本丛书1 汪荣宝日记》影印版,天津:天津古籍出版社,1987年,第175页。(以下省略析出文献来源、出版社、出版年信息)
② 《宪政编查馆奏拟办事章程折》,《政治官报》光绪三十三年(1907)九月二十日,第11页。
③ 彭剑:《清季宪政编查馆研究》,北京:北京大学出版社,2011年,第213、215页。

5

清宪法案》，注明为"一册"。① 宪政编查馆购买此书，是否出于达寿、汪荣宝等人的主意不得而知，但中国负有制宪之责的中央官厅在该书出版后立即购买了，则是不争的事实。

1910年7月2日，汪荣宝日记中又有关于读此书的记载："六时半散归，阅北鬼氏《大清宪法案》。"②单看这一句，似乎平淡无奇，但若联系到那段时间汪荣宝一直与肃亲王善耆等人谋划宪法"真正钦定"事宜，③此时刚好告一段落，此后的日记里，频频出现阅读日本学者宪法学著作、编纂日本宪法材料的记录，④而《大清宪法案》是第一本，则可知这一记载自有其分量。

1910年底，清廷抛开宪政编查馆，另派溥伦和载泽为纂拟宪法大臣。⑤ 1911年初，又派遣陈邦瑞、李家驹、汪荣宝为协同纂拟宪法大臣。⑥ 为了配合制宪事宜，度支部员外郎李景铭有翻译《大清宪法案》之举。虽然目前学界所见，只有宪法条文全部译文和第

---

① 宪政编查馆全宗，第38卷，中国第一历史档案馆藏。
② 《汪荣宝日记》，宣统二年五月二十六日，第548页。
③ 韩策：《宣统二年汪荣宝与亲贵大臣的立宪筹谋及运作》，《广东社会科学》2016年第5期，第140—143页。
④ 阅读《大清宪法案》之外，尚有如下记载：7月19日，"阅工藤氏《帝国议会史》"；7月20日，"阅穗积八束《日本宪法说明书》"；7月21日，"阅工藤氏《帝国议会史》"；8月19日，"拟定编纂《日本宪法释义》体例，与伯平商榷，并检出参考书数种付之，属其草创"；8月20日，"草《日本宪法讲义》四纸，函送邈臣"。《汪荣宝日记》，宣统二年六月十三、十四、十五日，七月十五、十八日，第566、567、568、598、601页。
⑤ 《宣统政纪》卷43，宣统二年十月甲戌，载《清实录》第60册影印本，北京：中华书局，1987年，第771—772页。
⑥ 《政治官报》，宣统三年（1911）二月二十一日，第2页。

1—8、10—11条的法理说明的节译和译者按语,①李景铭是否将所有条款的法理说明都节译过尚难定论,但此举系为清廷制宪服务,则无疑义。②

1911年7月初,钦命的制宪班子正式开始起草大清帝国宪法。按照分工,由李家驹和汪荣宝两人负责条文起草。两人在7、8、9三个月中,三次避开京城喧嚣之地,带上若干参考书,躲进寺观名山撰拟。

他们7月份去了位于京郊岣岣崖的玉虚观,在那里拟定了宪法各章的名称和第一、二章的条款。所拟各章名称中,有三章与《大清宪法案》一模一样,即《皇帝》(均是第一章)、《摄政》(均是第二章)、《帝国议会》(大清帝国宪法草案是第五章,《大清宪法案》是第四章)。其中尤其值得注意的,也许是《摄政》章的设置。后文将述及,因为中国政治舞台上出现了摄政,北鬼三郎在出版时特意将草稿中关于摄政的条款独立出来并加以扩充,使之成为独立的一章。清廷在起草帝国宪法的时候,固然也可以根据政治生活的

---

① 先是,俞江在资政院全宗中发现了第5、6、7条的汉译,法理说明的节译和译者按语,后来崔学森又在宪政编查馆全宗中发现了宪法案全文的汉译,以及第1—4、8、10、11条的法理说明的节译和译者按语。俞江:《两种清末宪法草案稿本的发现及初步研究》,《历史研究》1999年第6期,第91页。崔学森:《再论清末〈大清宪法案〉稿本问题》,《历史档案》2017年第2期,第110—111页。

② 尚小明:"李景铭为度支部员外郎,甲残本应是他翻译给度支部尚书载泽或侍郎陈邦瑞参阅的,因二人分别担任纂拟宪法大臣和协同纂拟宪法大臣,故李景铭有此作为。"尚小明:"两种清末宪法草案稿本"质疑》,《历史研究》2007年第2期,第169页。崔学森:《宪法案》应该是翻译给度支部尚书载泽或者侍郎陈邦瑞参阅的,因二人当时分别担任纂拟宪法大臣和协纂宪法大臣。节译《宪法案》,既有可能是李景铭的主动行为,也有可能是受命于上司之所为。"崔学森:《再论清末〈大清宪法案〉稿本问题》,《历史档案》2017年第2期,第111页。

7

实际情形而设置《摄政》一章，但考虑到执笔者之一的汪荣宝对《大清宪法案》早已寓目，并且颇为欣赏，而另一执笔者李家驹则可能是《大清宪法案理由书》的受赠者（后文详），若说《大清宪法案》是清廷起草帝国宪法时设置《摄政》章的影响因素之一，应该不算推论过度。

9月份，李家驹和汪荣宝远赴泰山起草宪法。汪荣宝日记显示，在此期间，他们也参考过北鬼氏的著作。汪氏9月16日的日记如下：

> 早起，天雨，湿云蔽空，一物无睹。阅副岛学士《宪法论》，参考关于预算各学说。日本宪法六十七条于议会预算协赞权限制颇严，初疑照此规定，则议会对于预算殆无自由修正之余地，似于事实不符。及细加考订，乃知其所谓既定岁出者，指上年预算所既定之额而言，非谓大权所定。自伊藤义解以及有贺、副岛、美浓部、市村光惠、上野贞正及北鬼诸氏著书，均是如此解释。唯清水博士及都筑学士馨六颇持异议，以为照此解释，于大权有非常之影响。因检穗积氏《宪法提要》阅之，于此独不及一语，盖博士亦未必如清水之极端主张也。①

观此可知，当汪荣宝对"既定岁出"问题颇费踌躇的时候，他研读了日本诸多宪法学者关于这一问题的学说，《大清宪法案》是其中之一。日本宪法学界对"既定岁出"问题有两种不同见解，大多

---

① 《汪荣宝日记》，宣统三年(1911)七月二十四日，第994页。

数人认为这是议会上一年度所定,少数人则认为这是君主大权所定。通过研究,汪荣宝认为前者正确,后者极端。第二天,汪荣宝按照他认为正确的一方的见解,拟定了相关条文。①

汪氏的这段日记足以证明在促成汪荣宝将"既定岁出"归入议会权力而非君主大权方面,《大清宪法案》确实起了一定作用。但是,汪荣宝做出这一决断,并非仅仅参考了北鬼三郎的著作,这也是不争的事实。

《大清宪法案》对清季制宪究竟还产生了哪些具体影响,目前无法坐实,但是,如上所述,该书一出版,宪政编查馆即购买之,该馆相关官员也拥有该书,且传阅之;清廷钦派制宪官员之后,且有官员翻译之,负责起草宪法条文的官员则将其作为囊中书随身携带。综合这些信息,完全可以下一判断,那就是,《大清宪法案》受到了中国官方的高度重视。

并且,《大清宪法案》对于中国宪制的影响,不限于起草宪法,也不限于清季。该书关于中国中央官制的设计,可能对李家驹编制《行政纲目》产生了影响;而该书关于都察院的设计,一度成为都察院谋求自保的一道护符。

据曾田三郎研究,《中国中央官制改革案》一文对李家驹编制《行政纲目》产生过影响。② 只是曾田未注意到此文脱胎于《大清宪法案》,因而猜测李家驹是在日本看到此文,实则迄今尚未见此文的日文原文,该文是否有日文版尚有疑问(详后),而李家驹作为考察日本宪政的大臣,回国后又是宪政编查馆提调,后来还是大清

---

① 《汪荣宝日记》,宣统三年(1911)七月二十五日,第995页。
② 曾田三郎:《立憲国家中国への始動:明治憲政と近代中国》,第255—256页。

帝国宪法的协纂大臣,他有很多机会直接看到《大清宪法案》中的相关论述。

至于都察院以《大清宪法案》的相关论述谋求自保,则可从它在宣统二年(1910)提出的一道请改正该院职掌的奏折中找到证据。据《申报》的简要报道,这道奏折力言议院的监察职能有局限,都察院能"补其所不逮",力图避免被裁撤。该折还直接"援引日人北鬼氏之言,谓中国之都察院,即实行立宪后亦可不裁",以图自保。①

辛亥革命胜利后,临时政府颁布的《中华民国临时约法》,具有共和国宪法的性质。1914年召开的约法会议,以将临时约法修改成正式约法为主要议题,因此带有修改宪法的性质。负责起草《中华民国约法增修案》的程树德,于是年4月13日在约法会议上口头陈述何以要取消《临时约法》第十九条("参议院之职权")之第十款、第十二款,②将其权限交给平政院行使的时候有言:

> 从前有某国人在前清时曾著《大清宪法案》一书,内言中国制度须采用外国之处甚多,唯都察院一机关万不宜裁去,盖中国自秦汉以来,言事之责本在御史,其直言敢谏者笔不绝书,较之欧美以弹劾权归之议会者,历史上成绩较优。盖议会

---

① 《都察院以行政裁判院自居》,《申报》宣统三年(1911)正月初四日,第1张后幅第4版。
② 这两款的内容如下:十、得咨请临时政府,查办官吏纳贿、违法事件;十二、参议院对于国务员,认为失职或违法时,得以总员四分三以上之出席,出席员三分二以上之可决弹劾之。《大总统宣布参议院议决弹劾临时约法》,载中国史学会主编:《中国近代史资料丛刊 辛亥革命》(八),上海:上海人民出版社,1957年,第33页。

人多,意见分歧,或因党见有不公平之处,况议会开会之时少而闭会之时多,断不能谓在议会闭会期间即无须有查办弹劾之事。所以,以此权付之平政院,于事实上实甚相宜。①

这一材料提示我们,《大清宪法案》不仅为清季制宪者所重视,也为民初修宪者所参考。那么,这部受到清季民初中国人广泛关注并为中国制宪者所参考的著作,其所设计的宪制,有无独特之处?

二、从《大清宪法案理由书》到《大清宪法案》:北鬼三郎修改书稿的苦心

学界早已发现,除了经世书院版的《大清宪法案》,还有《大清宪法案理由书》。这是一份手抄稿,用的是海云堂生产的红格本,共6册,装成1函。其中第一册封面有燕京大学藏书章,第二册封面有容庚赠书的签字和印章。第一册内容包括例言、总目录、《大清宪法案》正文,各项分别标注页码。第二册到第六册是《理由书》,页码连续,共337页(正反两面为一页)。例言所署时间是"戊申仲秋",可知其成稿于1908年秋天,而《大清宪法案》出版于1909年6月,因此,《大清宪法案理由书》当系《大清宪法案》的未定稿无

---

① 顾鳌:《约法会议纪录》,载沈云龙主编:《近代中国史料丛刊》(186),第496页。在1933年初版的《宪法历史及比较研究》一书中,程树德还称赞北鬼氏关于都察院的制度设计"不为无见"。(程树德:《宪法历史及比较研究》,北京:商务印书馆,2012年,第143页)而在其所著《国故谈苑》一书中,则称北鬼氏的设计为"至当之论"。(程树德:《国故谈苑》(下),北京:商务印书馆,1939年,第259页)

疑。也正因为如此,比较二者的差异,就成了学术界的一个兴趣点。

笔者曾在尚未见过《大清宪法案》的情况下,通过比勘李景铭节译本和《大清宪法案理由书》,得出从《大清宪法案理由书》到《大清宪法案》经过了不小修改的认识,①以修正此前学界关于二者毫无差别的结论②。后来,崔学森在日本看到了《大清宪法案》,通过与《大清宪法案理由书》比较,看出了二者更多的不同,他总结为五个方面:第一,书名的变化;第二,《宪法案》添加上谕;第三,《理由书》和《宪法案》例言内容有异;第四,宪法案正文的异同;第五,法理说明的不同。③

将《大清宪法案》与《大清宪法案理由书》加以比勘,可知二者遣词造句的不同之处比比皆是,可以看出北鬼氏打磨书稿颇为用心。当然,在法理说明方面,如崔学森所言,大段改写、大段增写的地方也不少。《大清宪法案理由书》译成中文只有9万多字,而《大清宪法案》则有12万多字,可见从《大清宪法案理由书》到《大清宪法案》的修改是以增写为主。

扩容之外,宪法案的结构变化,也许是更值得注意的一个问题。《大清宪法案理由书》中的宪法案,是九章81条,而《大清宪法案》中的宪法案,是十章76条。增加的一章是《摄政》,成为《大清宪法案》的第二章。已有学者注意到,《大清宪法案理由书》虽然没有《摄政》一章,但其第一章第16条是关于摄政的,由两款构成,这

---

① 彭剑:《也谈"两种清末宪法草案稿本"中的"甲残本"》,《历史档案》2011年第3期,第92—94页。
② 尚小明:《"两种清末宪法草案稿本"质疑》,《历史研究》2007年第2期,第166页。
③ 崔学森:《再论清末〈大清宪法案〉稿本问题》,《历史档案》2017年第2期,第112—115页。

两款,都被吸收到了《大清宪法案》的《摄政》一章的相关条款中,因此,虽然增加了一章,但其实新增加的内容只有一条(第 17 条)。① 不过,发现二者在条文上的差异不大固然有意义,但还是要注意,将有关摄政的内容由一条变为一章,其实意味着摄政在宪法中的地位的上升。当《大清宪法案理由书》完成之际,光绪皇帝和慈禧太后都还在世,大清的政治舞台上并无摄政。其后不久,两宫驾崩,尚在冲龄的宣统登极,其父醇亲王载沣摄政。《大清宪法案》将与摄政相关的内容由一条升格为一章,显然是受此时局的影响。

虽然增加了《摄政》一章,但宪法案却从 81 条变成了 76 条,可见从《大清宪法案理由书》到《大清宪法案》,被删削的条款不少。对此,崔学森做了比对:"皇帝一章减少 1 条,摄政一章增加 3 条,臣民权义一章减少 3 条,帝国议会一章减少 3 条,附则一章减少 1 条。"为什么要删除这些条款?崔学森论道:"需要对《理由书》中有而《宪法案》中无的条文加以注意。《理由书》中第 22、32、33、37、40、44 条不见于《宪法案》的正文中。其实,这些条文恰好与《明治宪法》的第 22、32、31、36、39、51 条一一对应,而且表述基本上一致。可以看出,作为未定稿的《理由书》,更多受到《明治宪法》的影

---

① 崔学森:《再论清末〈大清宪法案〉稿本问题》,《历史档案》2017 年第 2 期,第 113 页。

响。"① 这一发现很有意义,说明北鬼氏在写书的过程中,曾经致力于减削模仿日本宪法的痕迹。在这方面,还有一点可拈出来说一下。虽然北鬼氏努力减削仿日痕迹,但是,修改之后,变成了 76 条,而明治宪法刚好也是 76 条。在一定程度上,修改后更让人觉得是在模仿明治宪法。

而所有的变化中,最引起笔者兴趣的一点,是《大清宪法案理由书》中的宪法条文里的"国民",到了《大清宪法案》中的宪法条文里,都变成了"臣民"。这一点已为学者关注,且觉得这种变化是可以理解的:"虽是一字之差,但从政治学和法学的角度来看,是相当大的更改。从《宪法案》的逻辑一致性的角度而言,将'国民'改为'臣民'更为合理,反映了北鬼三郎从初稿到出版的精心思考。北鬼三郎主张皇帝总揽统治大权,在皇权统治下,使用'臣民'一词更能体现其权利来源于最高统治者的赐予。"②

确实,使用"臣民"一词能更准确地传达出这是老大帝国的宪法,有一个高高在上的皇帝,人民只能臣服在他的脚下,权利均来源于其恩赐这样的微妙感情。但是,近代中国的一项重大变化,就是"臣民"变为"国民"。当笔者发现北鬼氏在《大清宪法案理由

---

① 崔学森:《再论清末〈大清宪法案〉稿本问题》,《历史档案》2017 年第 2 期,第 114 页。崔学森的比勘基本准确,但《大清宪法案理由书》第 40 条其实被吸收进《大清宪法案》了。《大清宪法案理由书》第 39 条如下:"政府与两院可分别提出法律案。"第 40 条如下:"被一院否决之议案,不得在同一会期中再次提出。"而《大清宪法案》第 37 条如下:"政府与两院可分别提出法律案,但被一院否决之议案,不得在同一会期中再次提出。"可知《大清宪法案》的第 37 条是由《大清宪法案理由书》的第 39 条和第 40 条合并而来,《大清宪法案理由书》的第 40 条变成了《大清宪法案》第 37 条的后半部分。

② 崔学森:《再论清末〈大清宪法案〉稿本问题》,《历史档案》2017 年第 2 期,第 114 页。

书》中用"国民"一词的时候,有种眼前一亮的感觉,觉得这部宪法案非常有新意;但看到他在《大清宪法案》中改成了"臣民",就很难理解他为什么又退回去了。

本来,他在《大清宪法案理由书》中对于何以要用"国民",也陈述了自己的理由:

> 清国惯例,称臣的仅限于在官的汉人,满人常称奴才。这是本章特意避开"臣"字的原因。但近时有人提倡不问朝野,不分满汉,均称臣下,这虽未为不可,但本案姑且参酌旧例,今且不改,即使与一般君主国的用例似乎相背,亦所不顾。①

但是,在正式出版的时候,他却以如下的理由,将"国民"改成了"臣民":

> 清国惯例,称臣的仅限于在官的汉人,满人常称奴才。因此,本章标题中所冠的"臣民"二字,似乎与现情不合,姑从一般君主国之用例。②

北鬼氏关于"奴才"与"臣"的称谓的理解,与事实显有差距。实则有清一代,满人也并非不用"臣"字,在奏报公务的时候,是要求称"臣"的。③ 因此,称为臣民,并无与国情不合的问题。《大清

---

① 北鬼三郎:《大清宪法案理由书》,第82页。
② 北鬼三郎:《大清宪法案》,第136页。
③ 李敖:《中国性研究》,长春:时代文艺出版社,2013年,第272页。

宪法案理由书》之用"国民"一词,显然是出于对称奴才与称臣的错误认识,但却带来了一项重大变化,且可以在一定程度上淡化仿日的色彩。而《大清宪法案》之改为"臣民",则没有了这一变化,而其对称"奴才"与称"臣"的错误认识则一仍其旧。

从以上所举,可以窥见北鬼三郎打磨书稿的苦心。不过,迄今为止的研究,讨论的都是从《大清宪法案理由书》到《大清宪法案》经过了哪些修改。但是,《大清宪法案》的初稿完成于1908年2月3日,而《大清宪法案理由书》完成于那一年仲秋,正如学者所论,《大清宪法案理由书》肯定不是《大清宪法案》的初稿本。① 那么,我们是不是也可以讨论一下,《大清宪法案理由书》与此前的稿子相比有何不同?

笔者认为可以尝试一下。虽然我们看不到《大清宪法案理由书》之前的稿子,无法知道《大清宪法案理由书》中的宪法条款是否经过了修改才变成那般模样,但是,我们如果能够在《大清宪法案理由书》中找到1908年2月3日之后发生的事情,则可说明相关内容根据时事变化有过改写。

翻阅《大清宪法案理由书》,发现确实有这方面的内容。

比如说,清廷在1908年7月22日颁布了《咨议局章程》。② 咨议局带有省议会的性质,筹建咨议局是预备立宪期间的一件大事。对此,《大清宪法案理由书》有多处涉及。如第31条法理说明中评论速设咨议局的上谕:

---

① 崔学森:《再论清末〈大清宪法案〉稿本问题》,《历史档案》2017年第2期,第116页。
② 《宪政编查馆会奏各省咨议局章程及案语并选举章程折(并章程)》,光绪三十四年(1908)六月二十六日《政治官报》(总第266号),第3—28页。

> 按,中历六月二十四日令各省速设咨议局的上谕云:"咨议局为采取舆论之所,并为资政院预储议员之阶,议院基础,即肇于此。"由此足以拜察圣意所在。但虽然宣示"自奉到章程之日起,限一年内一律办齐",能否奉行纶言,则不能无疑。由于咨议局之设立,必须作成选举人、被选举人名簿,此事涉及到各省,不能不调查户口、经历及资产之一斑,就清国现情来看,汇集此等资料不是一件容易的事情。不唯此也,各省人民的程度差异很大,有不能举国一致实行之虞。我曾经考究其情形,认为选择二三省份先行试办,渐次在各省变通应用比较好。窃以为,全国推行划一的制度,当以十年为预期。大诏一下,无可如何,实为憾事。事已至此,只有希望官民一体,呼吸相应,尽力奉体圣旨了。①

至于第 36 条在讨论将来众议院选举中的相关问题时,更是多次以《咨议局章程》为参考。诸如,在讨论选举制度时说:

> 《咨议局章程》及《天津自治章程》均执行复选法,但我则想让下院议员之选举采取直接选举。直选法有选举人直接指定自己看好的人的好处,符合选举之精神,无须讨论。反之,若用复选法,原选举人只选举选举人,自然会产生对选举冷淡的结果,弃权者随之增多,且难免白花时间和费用之憾。②

---

① 《大清宪法案理由书》,第 124 页。
② 《大清宪法案理由书》,第 156—157 页。

又如,在说明何以要赋予25岁以上男子选举权时有言:

> 凡男子到25岁,思虑渐定,赋予公权,不能说不可。这是仿效日、荷、比等国的立法例,以25岁以上为必要条件的原因(《咨议局章程》也根据同例,真是我辈无上之欣幸)。①

讨论选举权当在纳税额方面有所限制的时候有云:

> 地主和工商业者的纳税额要使其不失平衡,这一点要特别注意,不可懈怠。《咨议局章程》规定:"在省内有五千元以上之财产,居住他省者,须居住十年以上,有一万元以上之财产。"但是,财产如何评价?依据何种方法?且不说几多情弊将相伴而生,相关官宪将有不堪费精劳神之虞。因此,作为立法,以纳税额为标准,简单便捷,弊害少,当采用。②

诸如此类,为数颇不少。可以说,1908年2月完成初稿之后,在半年多时间里,伴随着中国宪制改革的进程,北鬼氏对书稿进行了一定修改,而成为《大清宪法案理由书》的模样。③

---

① 《大清宪法案理由书》,第164页。
② 《大清宪法案理由书》,第164页。
③ 崔学森认为从原稿到《大清宪法案理由书》只作了微不足道的修改:"《理由书》应该是在原稿基础上修改的版本,但修改的幅度不大,只订正了错字和与文意不相关之处。"崔学森:《再论清末〈大清宪法案〉稿本问题》,《历史档案》2017年第2期,第116页。

从1908年初到1908年秋,北鬼氏对自己的书稿作了修改,从1908年秋到1909年正式出版前,北鬼氏又对自己的书稿加以打磨,治学堪称勤勉。

那么,这位北鬼三郎,究竟何许人也?

三、北鬼三郎其人

关于北鬼三郎,今人了解不多。笔者在多方打听北鬼信息的时候,不止一次被日本人质疑:历史上真有一人叫北鬼三郎吗?北鬼三郎是否仅仅是笔名?实则北鬼三郎是真名,这是可以确定的,因为他大学毕业的时候,校方记录的名字,就是这个。①

那么,他姓什么,名什么?在这一点上,清季以来的中国人,凡是涉及过此事的,从来没有过困惑,都觉得他姓北鬼,名三郎。但是,在日本,则要复杂些。至今仍然收藏了《大清宪法案》的图书馆,在标注著者信息的时候,有的标注作者姓"北"②,有的则标注作者姓"北鬼"③。曾田三郎可能是迄今为止唯一关注过北鬼三郎的日本学者,在他笔下,北鬼三郎常被简写成"北",④显然,他也觉得北鬼三郎姓"北"。

---

① 《东京法学院第十五回卒业证书授予式》,《法学新报》第112号,明治三十三年(1900)7月20日,第66页。
② 如庆应义塾大学、日本国立国会图书馆。
③ 如东北大学、京都大学、山口大学、一桥大学、早稻田大学、中央大学、滋贺县立大学。
④ 曾田三郎:《立宪国家中国への始动:明治宪政と近代中国》,第22—23、154—155、255—256页。当所引用的文献中出现了将北鬼三郎写作"北鬼"时,作者还在这两个字的旁边加上了表示这是原文如此而非他的写法的符号"ママ",见该书第256页。

不过,他确实姓北鬼,名三郎。为了区分姓氏和名字,日本人在署名的时候,有在姓和名之间空格的习惯,而《大清宪法案》一书的署名,在"北鬼"二字和"三郎"二字中间有空格,可为明证。

姓氏读音也是个谜。就有关图书馆所标注的信息来看,认为他姓"北"的,有的标注读作"キタ"(如庆应义塾大学),有的未标注(如日本国立国会图书馆)。认为他姓"北鬼"的,有的标注读作"ホクキ"(如东北大学、京都大学、山口大学、滋贺县立大学),有的标注读作"キタキ"(如早稻田大学),有的标注读作"キタオニ"(如中央大学)。

关于北鬼的人生信息,笔者所见非常有限,仅如下内容而已:

他出身于平民阶层①,具体住址为富山县下新川郡鱼津町大字东小路29番地②。但是,在其出生地,现已没有"北鬼"这个姓氏。③

1897年的时候是"青年急进党"的成员。④

---

① 《东京法学院第十五回卒业证书授与式》,《法学新报》第112号,明治三十三年7月20日发行,第66页。
② 《东京法学院院友会会员名簿》,明治三十五年(1902)改。下新川郡鱼津町,即现在的鱼津市。昭和四十四年,大字东小路的一部分被划入真成寺町,一部分被划入双叶町,昭和四十七年(1972),则全部划归新宿。鱼津市史编纂委员会编:《鱼津市史》(史料编),鱼津市役所昭和五十七年(1982)发行,第930—931页。
③ 《鱼津市史》(史料编)有"鱼津市内字名""屋号与姓",均找不到"北鬼"。鱼津市史编纂委员会编:《鱼津市史》(史料编),第932—944,962—963页。另,为帮我查阅文献,鱼津市立图书馆的工作人员调查了1972年版的"电话帐",其时已无姓"北鬼"的人;他们还查阅了1964年版的住宅地图,发现其时虽有东小路的町名,但没有姓北鬼的人家。
④ 《青年急进党之大会》,《进步党党报》第17号,明治三十一年(1898)1月1日发行,第36页。

1900年(明治三十三年)7月12日,毕业于东京法学院英语法学科。① 1904年(明治三十七年)3月31日,毕业于东京法学院大学高等法学科,成为法学学士,专攻国法学。② 按:1885年,东京出现了一所英吉利法律学校,该校在1889年更名为东京法学院,1903年更名为东京法学院大学,③1905年更名为中央大学。④ 这是他在著述中署名"中央大学法学士"的原因所在。该校在初建时并不能授予学士学位,自1897年设立高等法学科,才从校友中选拔"学力优等"者进行为期一年的训练,以"论文试验"的方式,授予合格者学士学位。⑤ 这是北鬼两度从该校毕业而只获得了学士学位的原因。该校的"高等法学科"在1904年3月依新学制废止,因此北鬼是最后一批毕业者之一。⑥ 笔者曾试图通过中央大学查询他上大学的其他有关信息,但是,1917年6月10日,该校遭遇了一次空前

---

① 《东京法学院第十五回卒业证书授予式》,《法学新报》第112号,明治三十三年7月20日发行,第66页。
② 《高等法学科卒业者》,《法学新报》第14卷第6号,明治三十七年6月10日发行,第104页。
③ 《沿革略》,《东京法学院大学学制一览》,《法学新报》临时增刊第13卷第9号,明治三十六年(1903)8月22日发行,第1、7、13页。
④ 《中央大学纪事》,《法学新报》第15卷第10号,明治三十八年(1905)10月20日发行,第107页。
⑤ 《法学院学士之嚆矢》,《法学新报》第88号,明治三十一年7月20日发行,第73—74页。
⑥ 关于法学学士的规模,据《法学新报》1898年报道,当时日本培养出来的法学学士共483名,其中,帝国大学创设以来的毕业生464名,另有司法省法律学校毕业的法学学士19名。至于东京法学院,在1898年才毕业了第一个法学学士。由此可见,那个年代,法学学士是社会上的高级知识分子。《法学学士之总数》,《法学新报》第86号,明治三十一年5月20日发行,第74—75页。《法学院学士之嚆矢》,《法学新报》第88号,明治三十一年7月20日发行,第73—74页。

严重的火灾,各种簿册都被焚毁,已无从查阅。①

1906年7月9日下午,北鬼作为来宾出席了母校第21回"卒业证书授予式",仪式结束后有恳亲会,他亦出席。②

1908年2月3日,完成《大清宪法案》初稿。③ 同年秋天("仲秋")完成手抄本《大清宪法案理由书》,并送给某位"阁下"。此时居住于东京。④

1909年6月,《大清宪法案》由经世书院出版,署名"国法学专攻、中央大学法学学士北鬼三郎"。出版后,北鬼有过赠书行为,《京都法学会杂志》第4卷第7号(1909年7月26日印刷,8月1日发行)的"寄赠书目"栏列有此书,赠书者为"北鬼三郎君"。京都法学会设于京都帝国大学法科大学内。即是说,在出版的次月,京都大学即已拥有此书。

1910年9月,发表《清国的中央集权问题》一文。⑤ 同年12月,发表《新领地统治法论》一文。⑥ 同年,有一篇中文的《中国中

---

① 《校舍烧失につき临时社员决议报告决议》,载中央大学百年史编集委员会专门委员会编:《中央大学百年史》(资料编),东京:中央大学出版部,2005年,第235页。
② 《卒业式》,《法学新报》第16卷第8号,明治三十九年(1906)8月1日发行,第93—96页。
③ 北鬼三郎:《大清宪法案·例言》。
④ 北鬼三郎:《大清宪法案理由书·例言》,北京大学图书馆藏。
⑤ 北鬼三郎:《清国的中央集权问题》,《外交时报》总第154号,明治四十三年(1910)9月10日发行。
⑥ 北鬼三郎:《新领地统治法论》,《外交时报》总第157号,明治四十三年12月10日发行。

央官制改革案》刊行，署"译北鬼氏稿"。①

1911年7月，发表《清国新内阁官制之公布》一文。② 同年10月，发表《呈西园寺首相书》一文。③

1912年12月，发表《制度整理私案要领》一文。④

1912年12月2日病殁。刊载于《法学新报》的那一则讣告里还有其他几位去世的人，均有生前职业和衔名，唯独北鬼氏没有，不知可否理解为他此时没有什么职衔。⑤

《大清宪法案》第8—28页，作为第一条的"参考"，刊登了北鬼氏的《日本国法与祖先崇拜》一文，末尾自署"思齐生"。但是，目前尚未找到署名"思齐生"的其他论著。此外，在东北大学所藏的《大清宪法案》的版权页，有一个"鬼斋"小印章。

从以上零星信息可知，北鬼三郎在获得学士学位之后第五年

---

① 《中国中央官制改革案》，译北鬼氏稿，《宪制日刊》宣统二年十月初四、初五日。《申报》曾转载此文，见该报宣统二年十月二十日，第1张第2、3版；宣统二年十月二十二日，第1张第2、3版。

② 北鬼三郎：《清国新内阁官制之公布》，《日本及日本人》总第561号，明治四十四年7月1日发行。

③ 北鬼三郎：《呈西园寺首相书》，《日本及日本人》总第568号，明治四十四年10月15日发行。

④ 北鬼三郎：《制度整理私案要领》，《日本及日本人》总第595号，大正元年（1912）12月1日发行。

⑤ 《讣》，《法学新报》第23卷第1号，大正二年（1913）1月1日发行，第148页。

就出版了学术专著,①其后数年中也都有政论文问世,说他才华横溢,也许并不为过。下文将要论及,在写作《大清宪法案》的过程中,北鬼曾经数易其稿,治学非常刻苦认真。这种治学的精神显示,若天假以年,他应该能够成长为一位著作等身的学者。② 他在历史上之所以没有什么名气,是因为上苍没有给他成长的机会。③

四、《大清宪法案》的写作动机猜测

一个日本人,为何会写一部与中国宪法相关的书籍?俞江曾经认为北鬼三郎是因为受清廷委托而写《大清宪法案》,④但当看到《大清宪法案》例言第一条的时候,他放弃了这一说法。⑤ 这一条例言写道:"本书是我数年来私下研究的一个问题,与将于宣统

---

① 崔学森认为《大清宪法案》作于北鬼三郎"本科毕业前后",他的这一判断,是基于对《大清宪法案理由书》《例言》最后一条中的"兹に業を卒る"一语的理解做出的。他认为,此语的意思是"即刻面临毕业",故提出北鬼三郎在1908年尚未大学毕业的见解。而据我们的考证,北鬼三郎在1900年即已大学毕业,1904年则获得了学士学位。《例言》中的"兹に業を卒る"一语,联系上下文,当解为"兹届完工",即《大清宪法案理由书》的写作即将完成。崔学森:《再论清末〈大清宪法案〉稿本问题》,《历史档案》2017年第2期,第115页。
② 《国家学会杂志》发表的评介《大清宪法案》的文章说,北鬼三郎"若更进一步涉猎外国名著,将来的造诣将不可限量"。《国家学会杂志》第23卷第9号,1909年9月1日发行,"新刊绍介",第175页。
③ 《法学新报》刊载的讣告说北鬼三郎是以"前途多望之身,因病溘逝"。《法学新报》第23卷第1号,大正二年1月1日发行,"讣",第148页。
④ 俞江:《两种清末宪法草案稿本的发现及初步研究》,《历史研究》1999年第6期,第92页。
⑤ 俞江:《第一历史档案馆藏清末宪法草案稿本的后续说明》《关于第一历史档案馆藏清末宪法草案稿本再说明》,均见氏著《近代中国的法律与学术》,第148、149页。

八年(明治四十九年)宣布的清国宪法没有直接关系,唯借清国为题材,作为钻研学问之一端而已。"俞江之所以一度认为北鬼氏是受了清政府的委托,大概是因为他认为北鬼氏是一个著名宪法学家。① 我们现在已经知道,北鬼氏实在算不得著名宪法学家。即使清政府要委托一个日本学者来制定宪法草案,那也应该请一个著名的学者才对,怎么会找一个没有名望的人来为帝国起草宪法呢?因此,北鬼三郎确实不是因为受清廷委托而写《大清宪法案》。

那么,他写作此书的动机究竟何在?是不是像他在例言第一条中所言,纯粹出于钻研学问的目的?《大清宪法案》初稿完成于1908年2月,正式出版于1909年6月,为何在二者中间还有一份手抄的《大清宪法案理由书》?并且,《大清宪法案理由书》为什么最后出现在中国?联系这些问题,我们就会意识到,其写作动机,似乎不会如此简单。

《大清宪法案理由书》的《例言》最后一句值得注意:"兹届临近完工,谨祝阁下身体健康,且特表敬意。"

这一句提示我们,在初稿完成之后,北鬼三郎之所以要制作这么一份手抄本,乃是为了送给某一个人。那么,他特表敬意的这位"阁下"会是谁?考虑到书稿是关于中国的,并且书稿最后流落到了中国,笔者目前倾向认为,北鬼三郎是将手抄本送给了一个中国人。这一猜测,可以从《大清宪法案理由书》与《大清宪法案》的一点细微差别得到印证:《大清宪法案理由书》中几乎没有照顾日本人阅读习惯的表达,而《大清宪法案》则加上了许多这种表达。《大

---

① 俞江:《两种清末宪法草案稿本的发现及初步研究》,《历史研究》1999年第6期,第91页。

清宪法案》在日本出版,主要面对的是日本读者,故在行文中特意加上有助于日本人理解的表达(如在中国官署名称后面加一个注释,告诉读者,这个官署相当于日本的什么官署;又如,在光绪某某年之后加一个注释,告诉读者,相当于明治某某年之类),《大清宪法案理由书》没有这种情况,正好说明在北鬼三郎心中,它的读者对于书中的内容不存在跨文化的难度,能轻松理解。如此,《大清宪法案理由书》应该是被送给了一个中国人。

那么,会是谁?

如前所述,手抄本的第二册上显示,它是容庚在1928年送给燕京大学图书馆的。受其影响,笔者曾经怀疑是不是送给了容庚的先辈,因而成了容氏家藏。但是,经查,容庚的祖辈、父辈并不显达,似无缘接受北鬼氏的"敬意"。此书很有可能并非容氏家藏,而只是因为容庚喜欢收藏古物,在市场上看到此书,顺手购得,捐赠给自己任职的燕京大学了。

北鬼三郎等不及正式出版,花费心血手抄书稿送人,受书者应该不会是等闲之辈。1908年秋天,在日本的中国官员中,与制宪问题最为相关的,当系李家驹。李家驹原本是中国驻日大使。1907年,清政府派遣三个大臣分别前往日本、英国、德国考察宪政,受命前往日本考察的是达寿。但是,尚未考察完毕,达寿就因故回国,继续考察的使命落到了李家驹的头上。① 李家驹的考察工作,是在

---

① 达寿在光绪三十四年(1908)二月接到谕旨须回京供职,他在是年五月结束考察,未尽事宜由李家驹接续办理。《考察宪政大臣达寿奏宪政重要谨就考察事件择要进呈折并单》,《政治官报》光绪三十四年七月二十二日,第3页。

1909年完成的。① 手抄本完成的时候,李家驹正在东京。因此,《大清宪法案理由书》送给李家驹的可能性比较大。

很有可能,李家驹接受了北鬼氏的馈赠,并且带回了中国,然后在某个时间因某种原因,书稿流落到了市场上,后被容庚发现,购买了下来,写上"民国十七年三月赠燕京大学图书馆保存",签上自己的名字,盖上自己的图章,送给了燕京大学图书馆。

如此推测,似乎很圆满,但是没有证据,只能是推测而已。

不过,从北鬼三郎将书稿手抄一份送人,还对受赠者恭恭敬敬地说"特表敬意"来看,他写作此书的动机,应该不仅仅是"钻研学问"。在钻研学问的同时,他似乎也希望引起中国高层的关注。

并且,他如果要送给中国高层官员,还是可以找得到门径的。据1899年发行的《东京法学院大学学制一览》(其时北鬼三郎在学),在该校任教的学者中,有穗积八束、冈田朝太郎等人。② 1905年五大臣出洋考察政治到日本的时候,穗积八束曾经给考察大臣载泽等人介绍日本宪法;③数年后,达寿和李家驹在日本考察的时候,穗积八束是负责给他们讲解日本宪法的最重要的日本学者之一。④ 至于冈田朝太郎,则从1906年起受聘于清政府,任职于修订

---

① 宪政编查馆在宣统元年(1909)八月奏派李家驹为本馆提调的时候说他"新由日本考察宪政回国"。《(宪政编查馆)又奏派候补内阁学士李家驹充提调折》,《政治官报》宣统元年八月十七日,第11页。
② 《东京法学院大学学制一览》,《法学新报》临时增刊第13卷第9号,明治三十六年(1903)8月22日发行,第39—40页;
③ 载泽:《考察政治日记》,载钟叔河编:《走向世界丛书》(Ⅸ),长沙:岳麓书社,2008年,第575—577页。
④ 《考察宪政大臣达寿奏宪政重要谨就考察事件择要进呈折并单》,《政治官报》光绪三十四年(1908)七月二十二日,第3页。

法律馆等机构,①1911年,奉命起草宪法期间,汪荣宝曾经向冈田请教有关问题。②另外,前已述及,北鬼三郎在1906年曾作为来宾参加东京法学院大学的毕业典礼,这次毕业的人中,有一个中国人高种,③此人从1907年起任职于宪政编查馆。④老师和学弟,都是可以借力的重要资源。并且,那次毕业典礼的来宾中,还有很多校友和政界高官等,说明北鬼氏至少是有机会认识这些人的,而这也可能成为他将手抄稿送给中国某位"阁下"的渠道。

结语

北鬼三郎在获得学士学位之后第五年就出版了学术专著,其后数年中也都有政论文问世,只因去世太早,在学术史上没有什么名气。《大清宪法案》基于中国的特殊历史国情,设计了一种别具特色的"四权分立"宪政体制,即在传统的立法、行政、司法三权之外加一个监察权,这一思路与孙文类似。手抄本《大清宪法案理由书》的存在及其《例言》中的只言片语提示,北鬼氏似有将其送给中国某位与制宪有密切关系的高官以期对中国制宪产生影响的用意。《大清宪法案》不仅成为清季制宪官员的囊中书,而且还成为

---

① 《冈田朝太郎氏之渡清》,《法学新报》第16卷第11号,明治三十九年(1906)11月20日发行,第103—104页。同一年,任职于该校的另一位学者吉野作造也被聘请到中国工作。《讲师之变更》,《法学新报》第16卷第2号,明治三十九年2月20日发行,第110页。
② 《汪荣宝日记》,宣统三年(1911)七月十六日,第986页。
③ 《卒业式》,《法学新报》第16卷第8号,明治三十九年8月1日发行,第96页。
④ 彭剑:《清季宪政编查馆研究》,第217页。

民初修宪者设计国家体制时的理论依据,也就是说,对中国的君主立宪和共和立宪都产生过影响。后世估量日本对中国制宪的影响时,不可忽视这一点。

目　录

《大清宪法案》　1
　　立宪预备上谕　3
　　立宪继述上谕　5
　　例言　6
　　《大清宪法案》目次　10
　　《大清宪法案》正文　27
　　《大清宪法案》法理说明　39

译者附录　277
　　附录一　《大清宪此(法)案》(书评之一)　279
　　附录二　《大清宪法案》(书评之二)　280
　　附录三　节译日人所著《大清宪法案》　281
　　附录四　李景铭节译之《大清宪法案》残件　285
　　附录五　《清国中央集权问题》　313
　　附录六　《中国中央官制改革案》　318
　　附录七　读北鬼氏《中国中央官制改革案》书后　323

附录八《清国新内阁官制之公布》 　328

北鬼故乡行纪（代跋）　332
致谢　340

《大清宪法案》

《学人篇》

立宪预备上谕①

光绪三十二年七月十三日(明治三十九年[1906]② 九月一日)宣布

我朝自开国以来,列圣相承,谟烈昭垂,无不因时损益,著为宪典。现在各国交通,政治法度,皆有彼此相因之势,而我国政令积久相仍,日处阽险③,忧患迫切,非广求智识,更定法制,上无以承祖宗缔造之心,下无以慰臣庶治平之望,是以前派大臣分赴各国考察政治。现载泽等回国陈奏,皆以国势不振,实由于上下相睽,内外隔阂,官不知所以保民,民不知所以卫国。而各国之所以富强者,实由于实行宪法,取决公论,君民一体,呼吸相通,博采众长,明定权限,以及筹备财用,经画政务,无不公之于黎庶。又兼各国相师,变通尽利,政通民和有由来矣。

时处今日,唯有及时详晰甄核,仿行宪政,大权统于朝廷,庶政公诸舆论,以立国家万年有道之基。但目前规制未备,民智未开,若操切从事,徒饰空文,何以对国民而昭大信。故廓清积弊,明定

---

① 此件即《宣示预备立宪先行厘定官制谕》(光绪三十二年七月十三日),载故宫博物院明清档案部编:《清末筹备立宪档案史料》上册,北京:中华书局,1979年,第43—44页。《大清宪法案理由书》无此件。

② 为便于读者,并与原书的注释相区分——原书多在中国皇帝纪年后用( )注明对应的日本天皇纪年——翻译过程中,译者在日本天皇的纪年后面加[ ]号,注明公历纪年。

③ "阽险",北鬼三郎原作"阽危",今据《清末筹备立宪档案史料》改。

责成,必从官制入手,亟应先将官制分别议定,次第更张,并将各项法律详慎厘订,而又广兴教育,清理财务,整饬武备,普设巡警,使绅民明悉国政,以预备立宪基础。著内外臣工,切实振兴,力求成效,俟数年后规模粗具,查看情形,参用各国成法,妥议立宪实行期限,再行宣布天下,视进步之迟速,定期限之远近。著各省将军、督抚晓谕士庶人等发愤为学,各明忠君爱国之义,合群进化之理,勿以私见害公益,勿以小忿败大谋,尊崇秩序,保守平和,以预储立宪国民之资格,有厚望焉。

立宪继述上谕①

光绪三十四年十一月十日(明治四十一年[1908]十二月三日)宣布

朕缵承大统,登极礼成,追念前谟,弥深乾惕。仰维列圣相传之治法,无非敬天法祖,勤政爱民,凡先朝未竟之功,莫不敬谨继述。本年八月初一日,大行皇帝钦奉大行太皇太后懿旨,严饬内外臣工务在第九年内将各项筹备事宜一律办齐,届时即行颁布钦定宪法,并颁布召集议员之诏各等谕。煌煌圣训,薄海同钦。自朕以及大小臣工均应恪遵前次懿旨,仍以宣统八年为限,理无反汗,期在必行。内外诸臣断不准观望迁延,贻误②事机,尚其激发忠义,淬厉精神,使宪政成立,朝野乂安③,以仰慰大行太皇太后、大行皇帝在天之灵,而巩亿万年郅治之基,朕有厚望焉。

---

① 此件即《重申仍以宣统八年为限实行宪政谕》(光绪三十四年十一月初十日),见《清末筹备立宪档案史料》上册,第69页。《大清宪法案理由书》无此件。
② "贻误",北鬼三郎作"贻误",今据《清末筹备立宪档案史料》改。
③ "乂安",北鬼三郎作"又安",今据《清末筹备立宪档案史料》改。

例言①

一、本书是我数年来私下研究的一个问题，与将于宣统八年（明治四十九年）[1916]宣布的清国宪法没有直接关系，唯借清国

---

① 《大清宪法案理由书》中的《例言》与此颇有异同。此处《例言》为9条，《大清宪法案理由书》中的《例言》则为10条。除第9条内容大致相同外（不同处另注），其余各条出入甚大。《大清宪法案理由书》前8条例言如下："一、本案系以清国情形为基础，以比较而言国体最近似的日本宪法为中枢，主要参酌英、俄、普、比、德、奥之宪法而编成。二、立案之方，特别注意之点有五：拥护皇室尊荣为其一；消融君民睽疑为其二；使国家机关运转灵活为其三；使官民权能平衡为其四；避免学理上之疑义并关注实益为其五。致力于以上各项，稽查国情，加以取舍，不待言也。三、篇中间或涉及政论，主要是出于让立案理由明晰之意。但在法理解说的时候，严格避免政法二途之混淆。又屡屡叙述制度沿革，乃是希望以此作为阐明其精神之一助。四、篇中对新政施行之期日毫无着笔之处，乃是因为我相信，宪法的颁布必待四周事务都完备，盖急躁实施的宪法，毕竟会成为空文，这可由俄国的现状充分证明。而今颁布九年后发布宪法的谕旨，同时宣示逐年筹备事项，可谓用意周到，无所间然。唯望官民拼命努力。五、凡与新政相伴的百般举措，均是宪法的源流。故经勒裁，定其草案之粗略，各依缓急，着着准备，专心一念，实为必要，这是在长时期内取得最大效果的良策。六、藩属地在现今新政之下一时难得一律，情理极其明白。在今后的统治方针中，这也是预备立宪之一，是不可息于钻研的。本案对此无所涉及，并无表明可以依据旧例之意。虽不愿将其依据旧例说明之意，但还是说明本案有不成熟之处，且留待他日研究。七、支那国情，非五年七年能窥知一斑。特别是，清国的法系，由来甚远。近的来源于前代之遗制，远的则是唐宋之延续，极少数如果不上溯汉代甚至周代，就无法知其本源。这是短时间内无论如何也无法究明的，因此篇中事实错误、论断偏僻之处恐怕不会很少。加之叙述繁简失当，难保常有招致误解之虞。谨望斥正笔者浅学不文之罪。若夫对中外时事无惮谠言，实乃资性憨直所致，也有希望借此刷新政局之微意，此外别无用心。八、校读一过，认为错字不少，与文意无关者，未一一订正。"《大清宪法案理由书》例言第10条如下："一、兹届临近完工，谨祝阁下身体健康，且特表敬意。"

为题材,作为钻研学问之一端而已。

一、本书之初稿完成于去年二月三日。在那之后,正在做进一步推敲的时候,作为将来制宪准则的清国《宪法大纲》公布。但看不出要对卑见做丝毫修改之必要,主要是因为其典据与我相同,这也是著者的光荣。

二、支那国情,非短时间内能窥知一斑。特别是,清国的法系,由来甚远。近的来源于前代之遗制,远的则是唐宋之延续,极少数如果不上溯汉代甚至周代,就无法知其本源。像我这样一介书生,究明清国法系不容易,自觉书中多有杜撰之处,谨请识者斥正。

三、本案系以清国情形为基础,以比较而言国体最近似的日本宪法为中枢,主要参用英、俄、普、德、奥之宪法与惯例,并旁及美、法、比、西及其他例规而编成。

四、立案之方,特别注意之点有:拥护皇室尊荣为其一;消融君民睽疑为其二;使政机运用灵活为其三;使官民权能平衡为其四;避免学理上之疑义并关注实效为其五。不消说,本案是要致力于以上各项,稽查国情,加以取舍的。

五、书中间或涉及政论,用意无非是阐明立案理由,并期能多少调和政、法二途。但在法理解说的时候,严格避免与之混淆。又屡述各种制度沿革,乃是借此阐明其精神。

六、对于预备立宪相关的事项,勉力叙述,毫不懈怠。比如说,从中央、地方官制之现情出发,其改革方案所及事项(中央官制相关内容参看第 86 页以下,地方官制相关内容参看 168 页以下[①]),

---

[①] 按:此处为《大清宪法案》原注,译者翻译时保留。

是包含了立宪名实全部,诚心诚意制定出来的,对其叙述,并非为了显示清国法制之一斑。如有繁简不宜之处,还请看官原谅著者浅学不文之罪。

七、藩属地在现今新政之下一时难得一律,情理极其明白。在今后的统治方针中,这也是预备立宪之一,是不可怠于钻研的。本案对此无所涉及,虽有不愿将其依据旧例说明之意,但还是说明本案有不成熟之处,且留待他日研究。

八、书中①所用略语、略符如下:

(一)日,日本;英,英吉利;露,露西亚②;孛,孛漏斯③;独,独逸④;墺,墺太利⑤;佛,佛兰西;白,白耳义⑥;伊,伊太利⑦;和,和兰;丁,丁抹⑧;西,西班牙;⑨希,希腊;米,北米合众国。以上且作为各国宪法之略语。

---

① "书中",《大清宪法案理由书》作"篇中"。
② 露西亚,即俄国,Rossiya。
③ 孛漏斯,指普鲁士,Prussia。黄遵宪《日本国志》卷七:"日耳曼或作簪文,或作查曼布路斯,或作孛露,或作孛漏生,或作普鲁斯,或作布留士,或作普鲁士。今之德意志多作独逸。"此处无"普鲁士"的提法。在网上找到一本《各国宪法正文》,其中有《普鲁士宪法》,在其开始部分,提到《普鲁士宪法》公布于1848年12月5日(第39页)。此可证普鲁士即普鲁斯,因为《普鲁士宪法》即颁布于1848年12月5日(蒋劲松:《德国代议制》[第二卷],北京:中国社会科学出版社,2009年,第529页)。《各国宪法正文》一书,系东京专门学校法律科第9回1年级讲义录,由东京专门学校出版于明治三十年(1897)。东京专科学校是早稻田大学的前身,1901年改称早稻田大学。
④ 独逸,即德意志,Duitch。
⑤ 墺太利,即奥地利,Austria。
⑥ 白耳义,即比利时,Belgium。
⑦ 伊太利,即意大利,Italia。
⑧ 丁抹,即丹麦,Denmark。
⑨ 《大清宪法案理由书》在"西班牙"之后,尚有"葡,葡萄牙"。

(二)为参照起见,各条之下记载的数字都表示宪法之正文,英国之条规惯例,因嫌麻烦,不一一揭示其类别。又,有关系之例规,日本以外只举七国,其他国家,则在必要的时候适当援用于本文中。

(三)宪法正文中,"奥一之三"或"三之一"是其第一部第一条,以及第三部第一条之略符。美、法二国亦从其例。

明治四十二年[1909]六月①
著者谨识②

---

① 《大清宪法案理由书》例言所署时间为"戊申仲秋月下",在时间之下,另有提示地点的"于东京之美好侨居地"一语。
② "著者",《大清宪法案理由书》作"稿者"。

《大清宪法案》目次[①]

《大清宪法案》正文

《大清宪法案》法理说明

第一章　皇帝　39

◎异样的国情◎先决问题◎支那人对君主的观念◎支那革命的原因◎支那人富于民主思想的原因◎支那王权推移的情势◎秦汉以降支那的国体◎立宪前后清国皇帝的地位◎清国的现情与今后的立法方针

第一条　42

◎清国国体的基址◎与日俄皇帝置于同一地位的原因◎驳论关于统治性质的异说◎日本国法与祖先崇拜(关于祖先教在法律上之价值的考证)◎各国君主的地位◎(一)英国皇帝◎

[①] 按:《大清宪法案》原书目次,予以保留。

关于英王地位的学说◎从政、法两面看英王地位◎驳论关于英王在法理上之地位的异说◎(二)德意志皇帝◎关于皇帝地位的学说及纷议的原因◎关于皇帝地位的宪法规定◎(三)普鲁士国王◎与德意志皇帝的比较◎(四)俄国皇帝◎皇帝的地位◎俄国宪法的特色◎(五)日本皇帝◎天皇的地位

第二条　*63*

◎制定皇法继承法的必要◎清室的皇法继承法◎最近的清室系谱◎关于皇法继承与国法关系的学说◎皇法继承与既存国法的关系◎学说驳难

第三条　*65*

◎君主不可侵犯的缘由◎不可侵规定的由来◎立法上关于元首责任的一个变例◎元首无责任的范围◎财产权上的诉求之许否◎财产权上的诉求与不可侵规定的关系◎诉讼之许否的决定标准◎异说驳论◎关于帝室对人民民事诉讼的立法观◎日本现行法与对帝室民事诉讼◎帝室与人民间的民事诉讼的实益◎清国现行法制与将来的立法方针◎与君主的地位相伴的学说驳难

第四条　*69*

◎立法协赞权的由来及其法意◎协赞的意义及其与裁可的关系◎异说驳论◎立法权的意义◎使立法权专属于议院的原因◎君主国施政的妙用◎英国立法权的所在◎英国国王的立法裁可权及其执行的形式◎拒否权[①]与裁可权的异同◎裁可权

[①] 关于"veto",文中存在两种解释,"拒否权""不裁可权",均保留。

的行使与立宪的精神◎英国国王不行使拒否权的由来及其结果◎俄国国会的近情及其前途

第五条　74

◎协赞与裁可的关系◎裁可公布及执行的法理◎异说驳论◎裁可公布及执行法理的适用◎裁可公布的效力各不相同之结果◎公布与执行的关系◎裁可的取消

第六条　78

◎将议会的集散开闭归于大权的理由◎相反的立法例◎非基于大命之议会集会的效力◎召集◎闭会◎停会◎休会◎会期终了与闭会的关系◎会期的效力◎对日本先例的批判◎基于会期终了的效果◎解散◎执行解散的场合◎解散与闭会的异同◎只解散下院的理由◎立法上关于解散的变例◎解散的政理◎英国政治上的典则◎英国解散的实例及关于大臣进退的惯例◎日本解散的实例及批评◎公示解散理由的趣旨◎将公示理由特设为法定义务的原因◎日本公示解散理由的实例

第七条　86

◎紧急命令制度的必要◎相反的例规◎英国法制的由来◎彼此法制的差异◎认可紧急命令制的原因◎紧急敕令的效力◎紧急敕令与法律及一般命令的异同◎发令条件◎须求得议会承认的理由◎关于承认目的之异说驳论◎会期前撤废场合的法理◎无明示承认之场合的措置◎日本的先例◎本案的主义◎敕令失效的公布◎不承认的效果◎懈怠公布义务的责任与敕令的效力

第八条　89

◎命令制定权的许可理由◎行政命令的种类及发令权的所在◎命令制定权与立法权的关系◎欧洲诸国的命令制定权及其与本案的异同◎各国立法上关于命令范围的趋势

第九条　90

◎官制大权及任免大权◎法律带来的特例◎关于清国中央官制改革◎清国现行中央官制要领◎十一月改革的主要着眼点◎改革难行的原因◎将来应该改善的要点◎(一)满汉钳制法的撤废◎(二)政务的统一◎(三)宫中府中的甄别◎(四)官府的裁撤合并◎(五)司法部的改善◎(六)俸给的增加

第十条　100

◎清国军权的所在◎兵权下移的由来◎立宪国的军权制度◎清国将来的军权制度◎军制与预算的关系◎欧洲诸国的军制及实际情形◎本案的主义及得失

第十一条　102

◎外交大权的保留◎关于外交权的立法例◎宣战权与议会的关系◎对德、美宪法规定的驳难◎缔约权与议会的关系◎本案关于缔约权的主义◎与条约执行相伴的限制◎条约公布的效力◎异说驳论◎条约的执行与立法的关系◎异说驳论◎条约履行的相关责任◎异说驳论

第十二条　105

◎戒严的性质及效果◎关于戒严的立法方法

第十三条　105

◎荣典大权

第十四条　106

◎赦免大权◎赦免大权的内容◎关于大赦的立法主义及其优缺点◎大臣弹劾与赦免权的关系◎各国的制度及本案的主义

第十五条　107

◎币制大权与议会的职权◎日本币制权的所在◎宣明币制大权的理由◎清国币制的现情◎币制改革问题经过之一斑◎银本位制的采用◎币制改革的前途

第二章　摄政　110

◎清国摄政制度的起源◎清国摄政的既往及将来的地位

第十六条　110

◎摄政的地位◎异说驳论◎清国现摄政王的地位权限◎对清国现行法关于摄政权限的驳难◎对摄政权限的限制◎关于限制摄政权限的立法例◎本案关于摄政权限的主义◎摄政王与皇太后的关系◎清国现代之训政的性质◎现皇太后的地位◎清国训政政治的由来◎(一)太上皇的训政◎(二)皇太后的训政◎前代训政的性质◎太上皇训政与皇太后训政的异同◎既往与现皇太后训政的异同◎关于前代训政性质的异说驳论◎关于戊戌政变后西太后地位的异说驳论◎否认西太后地位的凭证◎否认西太后地位的论据◎太上皇训政与本案的主义◎摄政与署名的关系◎清国训政政治下的上谕性质

第十七条　116

◎关于摄政责任的法理◎声明摄政无责任的理由◎关于摄政无责任的立法例◎本案关于摄政无责任之范围的主义◎对日本摄政令的驳难◎本条带来的实益

第十八条　117

◎清国将来的摄政条规的制定方法◎关于摄政就任的立法例及其取舍◎对清国摄政令第十五条的驳难◎关于皇帝成年立法的必要◎清国关于皇帝亲政的先例

第三章　臣民权利义务　119

◎民权保障的由来◎民权思想的胚胎及其传播◎英国与美、法民权观念的异同◎法令的范围◎异说驳论◎本章设定的根本义◎关于本章的标题

第十九条　*121*

◎国籍的意义◎关于归化人之公权的立法例◎归化人与私权

第二十条　*122*

◎兵役的义务◎关于征兵的立法主义◎清国现行征兵法及其将来

第二十一条　*123*

◎纳税义务的根据及其性质◎国费征收的沿革◎课税上两大原则的确定◎支那税制的过去、现在与将来

第二十二条　*124*

◎关于任官就职的古来陋习◎欧洲及日本任官就职的自由◎清国任官的现情及将来◎保障任官就职自由的理由

第二十三条　*125*

◎声明自由通婚的理由◎满汉两族的融合与清国的将来

第二十四条　*125*

◎保护住宅安全的由来及其理由

第二十五条　*126*

◎保障受审权的由来◎英、西两国的不法事例

第二十六条 127

◎保障人身自由的由来及其理由◎俄国宪法的规定及其实际◎俄国革命运动的牺牲◎法、俄两国的今昔◎恐怖时代的再来

第二十七条 128

◎通信权的保护及其限制◎通信权的范围

第二十八条 129

◎私产保护的由来及其理由◎关于私产保护的立法例◎私产保护的范围◎赔偿的法理及本案的法意

第二十九条 130

◎保障信教自由的理由◎各国政教关系◎英国政教问题近情◎英国国教制度的沿革及其将来◎国教制度的将来与清国的觉悟◎保障信教自由的结果

第三十条 132

◎各国思想界的既往及现在◎关于出版的制度◎审查制度的弊害◎关于出版的禁令◎关于出版的制裁及其得失◎制裁宣告权的所在◎认定有无危害的标准◎俄国言论界的近情◎关于集会结社的立法例◎秘密结社的禁止◎对日本警察法的驳难

第三十一条 135

◎请愿权与各国法◎日本立法关于请愿形式的缺点◎请愿的范围◎日、英关于请愿范围的例规◎关于是否允许变更宪法的请愿

第三十二条 137

◎支那地方制度的根底与将来的立法◎英国及支那自治政治发达的原因◎支那自治政治的沿革◎支那自治行政的范围◎相保制度与清国将来的态度◎地方议会的创设◎伴随咨议局开设的困难◎咨议局的地位◎咨议局的职权◎关于清国地方官制改革◎五月改革的要旨◎新法施行的范围◎现行地方官制一斑◎总督的地位及权限◎巡抚的地位及权限◎督抚的地位权限与新旧法◎总督的配置及其管辖区域◎巡抚的配置及其与总督所辖的关系◎督抚在法律上的地位◎督抚的兼衔◎督抚衙门幕职的定员及职掌◎督抚二标与新法的关系◎三司二道的定员及职司◎各省特设司道◎新法废置的各道◎新官制带来的地方行政区划及其统属关系◎府州厅县在法律上的地位◎新法带来的改废要点◎清国现在的地方制度与立宪政治的关系◎清国立宪的先决问题◎应该改革的主要议题◎(一)督抚的裁撤◎(二)作为地方长官的布政使的地位权限◎(三)布政司的组织改定与各司道的裁撤◎(四)地方行政区划的废合◎新定清国地方官制通则正文◎关于教育的立法例◎是否必要◎关于外人权利的立法例◎其驳难◎关于法理学说的立法例◎其驳难

第四章　帝国议会　160

◎国会制度的起源及其兴废◎英国国会的起源◎关于英国国会起源的学说◎国会制度只有欧美诸国发达的因由◎支那及日本进化的进程◎帝国议会在国法上的地位◎国民代表说与宪法的规定◎代理代表的语义◎国民代表说的论据◎对国民代表说的驳论◎所谓代表说的真价◎国民主权说与宪法的规

定◎对国民主权说的驳论◎关于英国国会地位的学说驳难◎两院的名称

第三十三条　169

◎采用两院制的理由◎一院制度及其消长◎英国国会构成沿革◎英国两院分立时的组织及其原因◎两院制的妙用◎舆论的归向与政治家的责任◎英国上院改革问题的由来◎上院改革问题批评◎上院权限限制问题及其前途◎英国上院构成改革问题◎对新提案的批评

第三十四条　173

◎关于上院构成的立法例◎清国上院的组织◎第一种◎清国皇族的阶级◎对限制皇族权利的驳难◎第二种◎对就职及年限限制的驳难◎第三种◎将地方缙绅作为一要素的理由◎选任方法◎各议员共通的规定◎对日本现行法的驳难◎(一)对按爵位区分的驳难◎(二)对多额纳税制的驳难◎赋予富豪特权的可否◎对清国资政院议员选举资格的驳难◎关于上院令规改正的立法例◎本案的主义◎提案权保留于大权的结果

第三十五条　177

◎下院的组织◎关于清国下院组织的将来立法方针◎(一)直接选举制◎直选互选的得失◎(二)无记名投票制◎记名无记名的利弊◎异说驳论◎(三)单记投票制◎单记联记的利害◎(四)选举区◎投票区开票区◎都市的独立◎(五)议员定数◎人口匹配主义◎地方代表主义◎两主义之采否◎议员选出比例◎议员选出比例与满汉两族的关系◎满汉钳制法与两族的将来◎(六)选举权◎普通选举制◎限制的要点◎(七)被选资

格◎天津自治章程批评◎咨议局章程批评◎(八)选举诉讼◎关于选举诉讼的英国法制沿革◎关于选举诉讼管辖的立法方针

第三十六条 185

◎与本案第四条的关系◎立法协赞的由来◎将立法协赞权归于议会的因由◎法律的意义◎立法权的意义及议会协赞权的范围

第三十七条 186

◎提案权的由来◎关于提案权的现行法制◎将提案权赋予政府及各议院的理由◎被否决的议案禁止再提出的理由◎判定是否等同于废案的标准◎禁止同一议案再度提出的由来◎一院通过但尚未经他院议决及尚未裁决的议案的再提出

第三十八条 188

◎上奏权的范围◎异说驳论◎上奏权的效力◎上奏权在政治上的作用◎议会闭会中的上奏权及其限制◎认可上奏权特例的理由

第三十九条 190

◎与上奏权的异同◎建议权的范围◎建议权的性质◎对建议权的限制◎议会对于来自建议的议案的协赞权◎异说驳论

第四十条 191

◎与本案第三十一条的关系◎认可请愿权的理由◎请愿权的效力及其作用

第四十一条 192

◎宣布国会定期召集的理由◎英国定期召集国会的沿革

第四十二条　*193*
◎通常会的会期◎会期的延长

第四十三条　*194*
◎临时会及其会期◎清国资政院章程驳难◎解散后的议会的性质◎异说及相反的先例◎驳论◎临时会的性质

第四十四条　*195*
◎议会的终始同时执行的理由

第四十五条　*196*
◎解散后召集新议会的理由◎解散与选举的关系◎干涉选举的事例◎干涉选举的利弊◎非干涉主义◎解散后在召集议会期间就已到通常会召集时期之场合的措置◎异说驳论◎对日本先例的驳难◎设定本条第二项的理由

第四十六条　*198*
◎议事公开的理由◎秘密会议◎英国往时的禁制◎依惯例公开◎依明文公开

第四十七条　*199*
◎保障议员的言动自由◎英国关于议员自由权的沿革◎意见的意义及其范围◎异说驳论◎意见与表决及其与议案的提出、撤回的关系◎责任的范围◎免责事例◎责任负担实例

第四十八条　*201*
◎关于议员身体自由权范围的立法观◎英国关于议员身体自由权的沿革◎对于正在拘留中的议员的措置◎日本的先例及对其的批评◎得不到议院许诺之场合的措置◎英国关于自由权范围的沿革

第四十九条　204

◎国务大臣及政府委员的出席及发言权◎日本宪法第五十四条的法意◎日本宪法第五十四条的适用及先例批评◎国务大臣发言权的范围◎国务大臣的地位及其与行政各部大臣的关系◎政府委员在宪法上的地位◎政府委员发言权的范围◎异说驳论◎国务大臣及政府委员在议院的出席请求权◎日本之先例与本条第二项的设定理由

第五章　内阁　208

◎英国内阁制度的起源◎英国内阁制度的滥觞及其发展◎英国内阁的地位◎从法理上所见英国内阁制度

第五十条　209

◎将内阁作为宪法上之机关的理由◎内阁的地位◎日本的法制及其与本案的异同◎国务大臣与行政大臣的关系◎国务大臣由行政大臣兼任的实益◎对内阁制分类的驳论◎内阁的组织与政党的关系◎内阁组织的方法◎英国大臣亲任的实情与形式◎法理上所见英国国王的大臣任命权◎异说驳论◎英王权力一斑◎英国因失信于君主而罢免大臣的实例◎政党与立宪政体的关系◎政党勃兴的原因◎政党政治进化的路径◎日本政党政治的趋势◎日本政府对于政党的思想变迁◎政党内阁的树立◎内阁的存立与政党的关系◎一视同仁主义的价值

第五十一条　216

◎内阁大臣的地位及职责◎大臣责任的意义及范围◎政治责任与本条的死活◎政法责任的区域及其根据◎实际上大臣责任的范围◎大臣责任的根据◎对普鲁士宪法的驳难◎关于责

任之根据的异说驳论◎关于问责主体的异说驳论◎责任规定的由来◎君主及议会关于大臣问责的权能◎不将制裁权赋予议会的理由◎大臣制裁的性质及其范围◎刑事制裁的利害◎是否要移植弹劾制度◎所谓政治犯的意义及其范围◎英国主义◎美国主义◎本案的主义◎责任负担的理义◎政治责任典则◎英国惯例◎日本的变例◎在日本政治责任原则的适用◎(一)连带责任负担实例◎(二)个别责任负担实例◎副署的意义◎副署制的由来◎支那的副署制度◎副署制度的实益及效力◎副署与大臣的责任◎异说驳论◎关于副署的异说驳论◎副署制度的本质◎国务大臣的地位与副署的关系◎驳论◎大臣责任的缘由◎辅弼与副署的关系◎副署与责任的关系◎对德意志帝国宪法的驳难◎对副署唯一责任说的驳难◎大臣责任发生的时期◎枢密顾问不列为宪法上制度的理由◎清国顾问府的过去、现在、未来◎各国枢府制度的现情◎清国特设枢府制度的计划

第六章　都察院　*228*

◎支那都察院制度的沿革◎都察院的现在及将来◎都察院与帝国议会的关系

第五十二条　*229*

◎都察院的地位及职司◎都察院的存置与本案的用意◎欧美的弹劾制度与都察院◎都察院将来的构成◎检察部的组织◎公诉的提起及审判◎究明事实的方法◎审理的方法◎制裁及其宣告的方法◎都察院的组织◎都察院的地方管辖◎弹劾审判制度及其长短◎与本案的异同

第五十三条 233

◎赋予上奏权的理由

第五十四条 233

◎报告书须提出于议会的理由

第五十五条 234

◎其与司法官地位的异同◎地位保障

第七章 司法 235

◎欧洲行政司法分立的由来◎行政司法分立的原因

第五十六条 236

◎司法权的意义及其根据◎将司法权的行使委之于审判厅的理由◎近世政治趋势与清国外省官制◎清国现行司法厅的审级◎清国实际上的司法审级◎关于清国现行司法审级的推断根据◎关于法部的其他地位之疑问及鄙见◎九月改革的真价◎关于裁判所审级的各国制度◎清国新法规定的审判厅审级◎初等审判厅的构成及管辖◎私审制度的根据及其地位◎高等审判厅的地位

第五十七条 240

◎要以法律规定审判厅的构成与管辖的理由◎特别审判厅的意义◎清国现行特别审判厅◎将来的改正方案

第五十八条 241

◎行政裁判制度的起源◎行政审判院的管辖范围◎只允许处理违法处分的理由◎令其管辖因违法处分造成的一切诉讼的因由◎关于行政诉讼审判的制度与其长短◎行政审判院的中央、地方所辖关系

23

第五十九条　244

◎审判官的地位保障◎清国司法官场的现情及将来

第六十条　245

◎审判的公开及其例外◎审判公开与诉讼的关系

第八章　会计　247

◎设定会计法规的法意

第六十一条　247

◎课税的过去及现在◎欧洲课税上两大原则的确认◎英国关于课税保障的沿革◎清国的地租征收实情◎清国的岁入与国民负担额◎清国官场的陋习及其原因◎税制的革新与官吏的待遇◎税制改良之一策◎手续费的意义及其设定◎各国关于设定手续费的趋势◎对日本宪法及清国宪法大纲的驳难

第六十二条　251

◎发行公债要咨询公议的缘由◎清国现在及将来发行公债的方法◎所谓国债的意义

第六十三条　252

◎预算的编成与审核◎清国岁记制度的现情◎预算基础的动摇原因◎刷新财政制度的必要◎预算的性质及其效力◎预算与法律的差异◎禁止挪用预算的由来及其性质◎议会对预算外支出的监督权◎议会不承认的效果

第六十四条　255

◎将财案先议权归于下院的理由◎英国关于财案先议权的沿革◎赋予先议权的精神◎先议权与协赞权的关系◎英国下院的财案协赞特权◎财案方面是否要移植英国主义◎对普鲁士

宪法的驳难◎本案排斥英国主义的理由◎日本现行法制驳难

第六十五条　*257*

◎皇室费的献纳◎英国关于献纳皇室费的成例与沿革◎清国皇室费制度的缺点及改良策◎国库的意义及各国的制度◎清国国库制度的现情及将来的设计◎英国特定基金制度的废止

第六十六条　*259*

◎既定岁出制的缘由◎英国及日本的既定岁出制度◎既定岁出制的精神◎政府与议会合意的效力◎异说驳论◎预期的法律改废未能实行的场合下之预算效力◎异说驳论◎预算的效力◎既定费额的效力及政府的权利义务◎议会对于新增费用的协赞权◎同意需要的时间及方法

第六十七条　*262*

◎继续费的制度及其效力◎剩余继续费的处分

第六十八条　*262*

◎认可财政上的非常处分权的理由◎非常处分执行的要件及其精神◎非常处分方法◎需要法律的场合之措施◎议会是否承诺与其效力◎政府在发布紧急敕令的场合之责任义务

第六十九条　*264*

◎预算不成立时的措施◎本案的主义◎前年度预算的意义◎本条适用的范围◎前年度预算适用的范围◎关于实施前年度预算当注意之处◎关于临时费、继续费的异说驳论

第九章　审计院　*267*

◎清国的会计检查制度◎会计检查制度的起源及沿革

第七十条　*268*

◎保障审计院的特立◎审计院的职司◎决算制度的必要◎决算的真价◎会计检查的范围及其效力◎议会对会计检查之权及其与审计院的关系◎审计院的职权◎审计院判决的效力及关于其执行的法制◎日本现行法制及其缺点◎法国法制及其长处◎异说驳论◎关于判决更正方法的法制及其优缺点◎采用日本法制的理由◎审计院的组织

第七十一条　*271*

◎赋予上奏权的理由

第七十二条　*271*

◎报告书须向议会提出的理由◎提供报告书的实益

第七十三条　*271*

◎保障检查官的地位

第十章　附则　*272*

第七十四条　*272*

◎宪法改正的发议权保留于大权的因由◎关于宪法改正手续的法制◎本案所定的改正条件◎赋予修正权的可否◎本案的主义◎关于议会修正权的异说驳论◎宪法改正案的性质◎在改正案遭否决时的措施◎异说驳论

第七十五条　*274*

◎与皇室相关的立法的种类◎与皇室相关的立法允许议会附议的可否◎委诸皇室自治权的理由◎对皇室立法的限制

第七十六条　*275*

◎设定公式令的必要◎旧法效力的保存

《大清宪法案》目次终

《大清宪法案》正文

北鬼三郎　立案①

第一章　皇帝

第一条　大清国皇帝总揽统治权,依本法之规定统治帝国。

第二条　皇位依皇室大典之规定②继承。

第三条　皇帝神圣不可侵犯。

第四条　皇帝经帝国议会之协赞行使立法权。

第五条　皇帝裁可法律,并命其公布与执行。

第六条　皇帝召集帝国议会,命其开会、闭会、停会,以及解散众议院。

解散众议院时,国务大臣须及时公示奏请解散之理由。

第七条　皇帝为保持公安,避免公共灾厄,因紧急之必要,有权在帝国议会闭会之时,颁发与法律具有同一效力之敕令。

前项之敕令,须于次期帝国议会提出,求其承认。但在会期前已废止者不在此限。

---

① "立案",《大清宪法案理由书》作"考案"。与此处直接宪法条文不同,《大清宪法案理由书》在宪法条文之前,尚有"《大清宪法》正文目录",其内容如下:"第一章　皇帝;第二章　国民权利义务;第三章　帝国议会;第四章　内阁;第五章　都察院;第六章　司法;第七章　会计;第八章　审计院;第九章　附则。"
② "皇室大典之规定",《大清宪法案理由书》作"皇室令之所定"。

议会拒绝讨论政府提出之敕令,或在讨论尚未结束时就闭会或被解散时,视作对此敕令不承认。政府不能提出时,亦视同议会不承认。

第一项之敕令,议会不承认,或视作不承认时,政府须立即宣布其失去效力。

第八条　皇帝为执行法律,或保持公安,或增进公益,得发布命令,或使发布命令,但不得以命令变更法律。

第九条　皇帝定行政各部之官制及文武官员之俸禄,任命文武官员,但有特例之处,不受此限。

第十条　皇帝统帅海陆军,并定其编制①及常备兵额。

第十一条　皇帝宣战、媾和、缔结条约并命其执行。

第十二条　皇帝宣告戒严。

关于戒严之事项,以法律定之。

第十三条　皇帝授予爵位②、勋章及其他荣典。

第十四条　皇帝命实行大赦、特赦、减刑及复权。

第十五条　皇帝确定货币,并命其通用。

币制之改定,经帝国议会之协赞而行。

---

① "编制",《大清宪法案理由书》作"编成"。
② "爵位",《大清宪法案理由书》作"位阶"。

第二章　摄政①

第十六条　摄政以皇帝之名行使统治权。

第十七条　摄政施行统治权时,不负责任。

第十八条　关于摄政进退之事项,以皇室大典规定之。

第三章　臣民权利义务②

第十九条③　清国臣民国籍之获得与丧失,以法律定之。

第二十条④　清国臣民依法律规定,有服兵役之义务。

第二十一条⑤　清国臣民依法律规定,有纳税之义务。

第二十二条⑥　清国臣民依法律所定,均得担任文武官吏及其他公务。

---

① 关于摄政的问题,《大清宪法案理由书》未单列为一章,只是在第一章的最后一条即第16条有所规定,如下:
　　第十六条　摄政依皇室令之所定上任。
　　　　　　摄政以皇帝之御名行使统治权。
② "第三章　臣民权利义务",《大清宪法案理由书》作"第二章　国民权利义务"。本章条文中的"臣民",《大清宪法案理由书》中均作"国民"。
③ "第十九条",《大清宪法案理由书》作"第十七条"。
④ "第二十条",《大清宪法案理由书》作"第十八条"。
⑤ "第二十一条",《大清宪法案理由书》作"第十九条"。
⑥ "第二十二条",《大清宪法案理由书》作"第二十条"。

第二十三条① 清国臣民在法令范围之内,不论种族与身份异同,享有婚姻自由。

第二十四条② 清国臣民,除有法律规定之场合外,未经其许可,其住所不得被侵入和搜索。

第二十五条③ 清国臣民受法定审判官审判④之权不得被剥夺。

第二十六条⑤ 清国臣民,无法律依据,不受逮捕、监禁、审问、处罚。

第二十七条⑥ 清国臣民,除法律规定之场合,通信秘密不受侵犯。

第二十八条⑦ 清国臣民,其所有权不受侵害。

为公益而做必要处分,须依法律所定。

第二十九条⑧ 清国臣民,以不扰害公安为限,有信教自由。

与信教相关之事项,以法律定之。

第三十条⑨ 清国臣民,在法律范围之内,有言论、著作、印行、

---

① "第二十三条",《大清宪法案理由书》作"第二十一条"。《大清宪法案理由书》在此条之下之一条为《大清宪法案》所无:"第二十二条 清国国民在法律范围之内有居住、迁徙、职业之自由。"
② "第二十四条",《大清宪法案理由书》作"第二十三条"。
③ "第二十五条",《大清宪法案理由书》作"第二十四条"。
④ "审判官审判",《大清宪法案理由书》作"裁判官裁判"。
⑤ "第二十六条",《大清宪法案理由书》作"第二十五条"。
⑥ "第二十七条",《大清宪法案理由书》作"第二十六条"。
⑦ "第二十八条",《大清宪法案理由书》作"第二十七条"。
⑧ "第二十九条",《大清宪法案理由书》作"第二十八条"。
⑨ "第三十条",《大清宪法案理由书》作"第二十九条"。

集会及结社之自由。

第三十一条① 清国臣民,得依法律所定请愿。

第三十二条② 地方行政组织及地方议会相关事项,以法律定之。

第四章　帝国议会③

第三十三条④ 帝国议会以贵族院、众议院两院组成。

第三十四条⑤ 贵族院依贵族院令所定,以皇族及敕任议员组织之。

贵族院令需要修改时,政府须奉谕旨,向贵族院提出议案。在此场合,须有贵族院全体议员三分之二以上出席,且未得出席议员三分之二以上之同意,不可做出修改之决议。

第三十五条⑥ 众议院以按照选举法所定公选之议员组织之。

第三十六条⑦ 凡法律,均须经帝国议会之协赞。

---

① "第三十一条",《大清宪法案理由书》作"第三十条"。
② "第三十二条",《大清宪法案理由书》作"第三十一条"。《大清宪法案理由书》在此条之下的两条为《大清宪法案》所无:"第三十二条　本章之规定,以与陆海军相关之法令及纪律不相抵触为限,适用于军人及军属。第三十三条　皇帝在战时或事变之际,可停止或限制本章所规定之保障。"
③ "第四章　帝国议会",《大清宪法案理由书》作"第三章　帝国议会"。
④ "第三十三条",《大清宪法案理由书》作"第三十四条"。
⑤ "第三十四条",《大清宪法案理由书》作"第三十五条"。
⑥ "第三十五条",《大清宪法案理由书》作"第三十六条"。《大清宪法案理由书》在此条之下的一条,为《大清宪法案》所无:"第三十七条　任何人都不得同时为两院议员。"
⑦ "第三十六条",《大清宪法案理由书》作"第三十八条"。

第三十七条　政府与两院可分别提出法律案,但被一院否决之议案,不得在同一会期中再次提出。①

第三十八条②　两议院可分别向皇帝上奏。

各议院因紧急必要,在议院闭会期间,得其议员三十名以上之同意,③尚可上奏。

第三十九条④　两议院可各自向政府提出建议,但未获采纳者在同会期中不得再行提出。

第四十条⑤　两议院得分别受理请愿书。

第四十一条⑥　帝国议会,每年召集。

第四十二条⑦　帝国议会通常会之会期为三个月,必要之场合,当根据上谕延长。

第四十三条⑧　在临时紧急之必要场合,当召集临时会。

临时会之会期,以上谕定之。

由于众议院被解散而重新召集之议会,视为临时会。

---

① 第三十七条之内容,对应《大清宪法案理由书》的第三十九、四十两条:"第三十九条　政府与两院可分别提出法律案。第四十条　被一院否决之议案,不得在同一会期中再次提出。"
② "第三十八条",《大清宪法案理由书》作"第四十一条"。
③ "三十名以上",《大清宪法案理由书》作"五十名以上"。
④ "第三十九条",《大清宪法案理由书》作"第四十二条"。
⑤ "第四十条",《大清宪法案理由书》作"第四十三条"。《大清宪法案理由书》在此条下所接一条,为《大清宪法案》所无:"第四十四条　两议院除本法及议院法所定之外,得制定整理内部之必要条规。"
⑥ "第四十一条",《大清宪法案理由书》作"第四十五条"。
⑦ "第四十二条",《大清宪法案理由书》作"第四十六条"。
⑧ "第四十三条",《大清宪法案理由书》作"第四十七条"。

第四十四条①　帝国议会之开会、闭会、停会及会期之延长,两院当同时行之。

众议院被解散时,贵族院须同时闭会。

第四十五条②　众议院被解散时,当依上谕重新选举议员,自解散之日起五个月内召集之。

在前项之期间内,召集通常会之时期到来时,得将其与通常会合并。在此场合,会期依本法第四十二条之规定。③

第四十六条④　两院议事公开,但依政府之要求或该院之决议,得开秘密会议。

第四十七条⑤　两院议员在议院发表之意见,在院外不负责任,但议员自己在院外公开发表其意见者不在此限。

第四十八条⑥　两院议员在召集令发布后,至闭会或议会被解散时,未经该院许可,不得逮捕,但有现行犯罪,或犯内乱外患罪者不受此限。

在召集令发布前被捕且须拘留者,审判厅⑦须立即求得该院之许可。若未得许可,须立即释放被告。

第四十九条⑧　国务大臣及政府委员得出席各议院并发言,但

---

① "第四十四条",《大清宪法案理由书》作"第四十八条"。
② "第四十五条",《大清宪法案理由书》作"第四十九条"。
③ "会期依本法第四十二条之规定",《大清宪法案理由书》作"会期依本法第四十六条之规定"。
④ "第四十六条",《大清宪法案理由书》作"第五十条"。
⑤ "第四十七条",《大清宪法案理由书》作"第五十一条"。
⑥ "第四十八条",《大清宪法案理由书》作"第五十二条"。
⑦ "审判厅",《大清宪法案理由书》作"裁判所"。
⑧ "第四十九条",《大清宪法案理由书》作"第五十三条"。

须遵守各院之章程。

各议院得请求国务大臣及政府委员出席。

第五章　内阁①

第五十条②　内阁以国务大臣组织之。

第五十一条③　国务大臣辅弼皇帝，负其责任。国务大臣须副署法律敕令及关乎国务之上谕。④

第六章　都察院⑤

第五十二条⑥　都察院直隶于皇帝，监查庶政之执行与百官之行状，其组织与权限以法律定之。

第五十三条⑦　都察院在任何时候均可向皇帝上奏。

第五十四条⑧　都察院每年须向帝国议会提交院务报告。

第五十五条⑨　都察院检察官及监查官，除法律所定场合而

---

① "第五章　内阁"，《大清宪法案理由书》作"第四章　内阁"。
② "第五十条"，《大清宪法案理由书》作"第五十四条"。
③ "第五十一条"，《大清宪法案理由书》作"第五十五条"。
④ "国务大臣须副署法律敕令及关乎国务之上谕"，《大清宪法案理由书》作"法律敕令及关乎国务之上谕，须由内阁大臣副署"。
⑤ "第六章　都察院"，《大清宪法案理由书》作"第五章　都察院"。
⑥ "第五十二条"，《大清宪法案理由书》作"第五十六条"。
⑦ "第五十三条"，《大清宪法案理由书》作"第五十七条"。
⑧ "第五十四条"，《大清宪法案理由书》作"第五十八条"。
⑨ "第五十五条"，《大清宪法案理由书》作"第五十九条"。

外,不得违背其意愿,将其免职。

第七章　司法①

第五十六条②　司法权由审判厅③以皇帝之名行之。

第五十七条④　民事、刑事审判厅及行政和其他特别审判厅之构成与管辖范围,以法律定之。

第五十八条⑤　行政审判院管辖因行政官厅违法处分而起之诉讼。

第五十九条⑥　审判官之任免及惩戒之有关事项,以法律定之。

审判官⑦除法律所定之场合外,不得违背其意愿,将其免职。

第六十条⑧　审判公开⑨,但在有危害公安之虞时,依法律所定或审判厅之决议,得停止公开审理。

---

① "第七章　司法",《大清宪法案理由书》作"第六章　司法"。
② "第五十六条",《大清宪法案理由书》作"第六十条"。
③ "审判厅",《大清宪法案理由书》作"裁判所"。《大清宪法案》本章条文中的"审判厅",《大清宪法案理由书》中均作"裁判所"。
④ "第五十七条",《大清宪法案理由书》作"第六十一条"。
⑤ "第五十八条",《大清宪法案理由书》作"第六十二条"。
⑥ "第五十九条",《大清宪法案理由书》作"第六十三条"。
⑦ "审判官",《大清宪法案理由书》均作"裁判官"。
⑧ "第六十条",《大清宪法案理由书》作"第六十四条"。
⑨ "审判公开",《大清宪法案理由书》作"裁判官之审理判决公开"。

第八章　会计①

第六十一条②　课新税或改税率,当以法律定之。但带有报偿性质之行政上之手续费及其他收纳金不在此限。

第六十二条③　发行国债须经帝国议会协赞。

第六十三条④　国家之岁出岁入,当依每年预算,经帝国议会协赞。

当超过预算之款项,或发生预算外之支出时,政府当于次期帝国议会提出,求其承认。

第六十四条⑤　与财政相关之法律案及预算案,当先提交于众议院。

第六十五条⑥　皇室经费依前年度之预算定额,每年自国库支出。除要求增额之场合,无需帝国议会之协赞。

第六十六条⑦　依本法第一章之规定及法律上所生之岁出,在前年度预算中已确定其费额者,非经政府同意,帝国议会不得废除或削减。

前项之"同意",在议定之前,两院须分别获得之。

---

① "第八章　会计",《大清宪法案理由书》作"第七章　会计"。
② "第六十一条",《大清宪法案理由书》作"第六十五条"。
③ "第六十二条",《大清宪法案理由书》作"第六十六条"。
④ "第六十三条",《大清宪法案理由书》作"第六十七条"。
⑤ "第六十四条",《大清宪法案理由书》作"第六十八条"。
⑥ "第六十五条",《大清宪法案理由书》作"第六十九条"。
⑦ "第六十六条",《大清宪法案理由书》作"第七十条"。

第六十七条① 遇有特别需要之事,政府得预定年限,作为继续费,要求帝国议会协赞。

第六十八条② 为保持公安,在有紧急需用之场合,且以因中外情形无法召开帝国议会为限,政府可做财政上必要之处分。

在前项之场合,政府须于次期议会提出,求其承认。

第六十九条③ 帝国议会不议定国家岁出、岁入总预算时,或总预算不能成立时,政府当按前年度预算施行。

第九章 审计院④

第七十条⑤ 审计院直隶于皇帝,检查确定国家之岁出、岁入之决算,其组织与权限以法律定之。

第七十一条⑥ 审计院在任何时候均可向皇帝上奏。

第七十二条⑦ 政府每年须将岁出岁入之决算书与审计院之检查报告书一并提出于帝国议会。

第七十三条⑧ 审计院检查官,除法律所定之场合外,不得违背其意愿,将其免职。

---

① "第六十七条",《大清宪法案理由书》作"第七十一条"。
② "第六十八条",《大清宪法案理由书》作"第七十二条"。
③ "第六十九条",《大清宪法案理由书》作"第七十三条"。
④ "第九章 审计院",《大清宪法案理由书》作"第八章 审计院"。
⑤ "第七十条",《大清宪法案理由书》作"第七十四条"。
⑥ "第七十一条",《大清宪法案理由书》作"第七十五条"。
⑦ "第七十二条",《大清宪法案理由书》作"第七十六条"。
⑧ "第七十三条",《大清宪法案理由书》作"第七十七条"。

第十章　附则①

第七十四条②　修改本法之发议，只能通过谕旨。

当政府奉旨向帝国议会提出议案时，两院须各以其三分之二以上议员出席，且须由出席者三分之二以上之多数决其可否。

第七十五条③　皇室大典④之修改无需帝国议会之协赞。不得以皇室大典变更本法之规定。

第七十六条⑤　与国务相关之上谕，以及所有与本法不冲突之现行法规，不论其名称如何，全部有效。

《大清宪法案》正文终⑥

---

① "第十章　附则"，《大清宪法案理由书》作"第九章　附则"。
② "第七十四条"，《大清宪法案理由书》作"第七十八条"。
③ "第七十五条"，《大清宪法案理由书》作"第七十九条"。
④ "皇室大典"，《大清宪法案理由书》作"皇室令"。《大清宪法案理由书》在本条之后有一条为《大清宪法案》所无："第八十条　在设置摄政期间，不得变更本法及皇室令。"
⑤ "第七十六条"，《大清宪法案理由书》作"第八十一条"。
⑥ 《大清宪法案》在此之后直接"大清宪法案"，而《大清宪法案理由书》在此之后尚有"正文索引"，此处从略。

《大清宪法案》法理说明

第一章 皇帝

虽然同被称为立宪君主国,但既有如日本一样统治的名与实都归于君主的,也有如英国①和比利时一样以民主为主义的,还有像俄国一样专制的,或如德意志那样成为联邦组织②的。存在如此异样的国情③,毕竟是历史的结果。如此说来,清国编成宪法之际,必须善察国体,先解决君主之地位问题。若不如此,而只是单纯将他国条文损益修补,宪法最终会变成累累残骸,无可选择。支那人

---

① "英国",《大清宪法案理由书》作"英吉利"。
② "联邦组织",《大清宪法案理由书》作"联邦国"。
③ "国情",《大清宪法案理由书》作"国体"。

自古以来就视君主为贤者、长者,而非唯神至圣,根本上与日本人的思想迥异。因此,在支那,"君不君则臣不臣",君主一旦失政,臣子便敢于反抗王室,弑逆未必为不忠。① 提倡"抚我则后,虐我则仇",以此作为讨伐的口实,类似现象在他国历史上是不存在的。这大抵是出于这样的观念:推称"天子",尊号"皇帝",向来是出于表彰高尚道德之意,其天职在于"养民",若行苛政,即无异于残贼之匹夫。从孟子的断言"闻诛一夫纣矣,未闻弑君也"也可探知其意。这是历朝起扑相承的原因,也是革命之声不绝的原因。说起来,革命乃是由"天下非一人之天下也,乃天下之天下也"这一思想孕育而来,确信"得乎丘民而为天子"无疑是其本源。这跟罗马的哈德良(ハドリアン)所说的"皇帝不是为自己的,而是为人民的"(emperor, not for myself, but for my people)彼此一致,可谓有异曲同工之妙。支那人原本富于民主风气,不待言,是数千年来之教养使然,但同时也是由于古来圣贤致力于阐明修身齐家之道,而对国家、君臣大义的推奖则表现冷淡。何况还有累次革命越来越激起被征服者反噬的念头这样的事实呢?这正是国民对于帝室缺乏敬虔之念的原因。因此,现今尚公然有以遗民自居,肆无忌惮地放言"君主是谁",还有人现在不奉其正朔,都不足为怪。这种状况,跟俄国民主党员拒绝为皇帝祝寿为同一奇观,非日本人所能想象,但

---

① "支那人自古以来就视君主为贤者、长者,而非唯神至圣,根本上与日本人的思想迥异。因此,在支那,'君不君则臣不臣',君主一旦失政,臣子便敢于反抗王室,弑逆未必为不忠。"这一段,《大清宪法案理由书》作"仔细考察支那人古来对君主之观念,只将君主视作贤者、长者,未曾有过视君主为唯神至圣的痕迹。即如'大道之行也,天下为公,选贤与能'所说的,真是古今一贯的观念。因此,'君不君则臣不臣',君主一旦失政,便敢于反抗王室,即使弑逆,也未必为不忠"。

这是国情必然之趋势,亦无可奈何。

转过来观察王权推移之迹①,尧舜时代以禅让的方式,将王位传给贤者,即存在所谓"选天下之贤可者立为天子"的实情。禹以降世袭相传,进入周代,王权基础仅成。到了春秋五霸、战国七雄的时代,主权名实混乱。到秦一统天下,君主独裁政治的根底才开始巩固。始皇以降两千年,历朝起扑相承,在基本原则上,可以说都以秦制为基础。如此,秦以前,地方豪族的势力强大,君主多受其节制,禅让、革命,其权威的下行,恰与希腊、罗马的事迹相似,也跟古德意志选举侯掌握实权的情形类似。可以说,与秦的一统相伴随,诸侯失去了尧舜以来的权力,中央集权之制始成。故以历史上的事迹为据考之,支那虽然从建国以来一直有君主,但尧舜时代毋宁说近于共和政治,秦汉以降渐渐成为名实相符的君主政体,这种说法,应该是允当的吧。而民庶对待君主的态度古今无异,也是因为秦汉以降历朝的帝王,往往都是以优者、胜者姿态自居,君临天下,君主的意思即国法,生杀予夺,存乎一人,万机独裁,实无所掩。支那皇帝的权力绝对无限,与由国民推举而登基的欧洲诸国君主相比,不啻天壤之别。因此,不能漫然以往古王权不振时代的观念来衡量今日。②

支那处独裁政治之下既已两千年,其君临的动机与国民的确信且不置论,其君主以自立的姿态掌握一国的大权,不容其他机关

---

① "转过来观察王权推移之迹",《大清宪法案理由书》作"考察历史"。
② "因此,不能漫然以往古王权不振时代的观念来衡量今日",《大清宪法案理由书》作"这是不能以往古王权不振时代之观念来衡量今天的原因,如果漠然视支那为民主主义、平等主义的国家,未可将其视为理由"。

干涉这一点,跟开国会前的日、俄皇帝相同,与欧洲那些民主的君主国体相去甚远,自不待言。因此,清国在编成宪法的时候,君主的地位须依旧不变。即皇帝当作为统治权总揽者君临天下,国会只作为参与大政的机关。如果给予国会实权,皇位就会转变成光荣革命①之后的英王的地位,甚至难保陷于社稷倾亡的悲惨境地。虽然如此,但若就政治实际来看,清国皇帝的权力未必能说是绝对无限的。② 比如,地方官府③的权力过大,中央政府的命令无法推行尽利,这是中外都有的认识。从这一点来观察,可以说皇帝不过是百姓之长、民之牧者。现在地方督抚往往不奉上谕,由此足知帝力是如何薄弱。食朝廷之禄者尚且如此,更何况在特种自治组织之下的一般国民呢? 如此,担任立法任务者,不可对这种情形熟视无睹。不过,我相信,虽然帝权不周全是事实,不过,尚无动摇统治权根基的迹象,大体上保留了与日本皇帝④相当的权能。唯当注意参酌固有的国情,努力尊重民权,勿失彼此权衡。

第一条　大清国皇帝总揽统治权,依本法之规定统治帝国。

　　[参照]⑤日一、四。俄四、一〇。德一一。

---

① 北鬼三郎作"荣誉革命"。
② "虽然如此,但若就政治实际来看,清国皇帝的权力未必能说是绝对无限的",《大清宪法案理由书》作"反过来就清国的实际来看,皇帝的权力未必能绝对行使"。
③ "地方官府",《大清宪法案理由书》作"地方官"。
④ "日本皇帝",《大清宪法案理由书》作"日、俄皇帝"。
⑤ "[参照]",《大清宪法案理由书》无此,各条均如此,下文不一一注明。

第一章　皇帝

　　大清国皇帝从其祖宗处继承国家统治大权,享有统御帝国之大任,乃为历史所证明,其地位在宪法发布前后应当不变,其理由已如前述。虽然难保有人要以民主风气勃发为由,提出不该将大清皇帝置于日、俄皇帝相同的地位,但是,如果好好考察一下秦汉以来历朝君主所享有的地位,以及大清一统以来的事迹,就无法得出清国与日、俄国体的基址不同的结论。这是本条规定的由来。

　　统治不是皇室的私事,事理明白。(将统治视为皇室私事的见解,是将国家)与家族关系视为一物,将皇位继承与民法上的相续关系混为一谈的产物。这是以在欧洲国家曾经推行一时的家督国家(patrimonial state)为想象,欲用它来作今日的准绳,却不辨事体的谬见。盖国家既非君主的私有物,亦非国民的共有物,其间不容有"私"法观念的存在。若推演祖宗崇拜之念于对君主尽忠奉公,从法理的角度来讲,完全不值一顾。支那祖先崇拜的风尚古来甚炽,孔子以来的教养,不能说劣于我国(按:指日本,下同),但这不用说属于事实的存在与否,在解说国家统治根本法理方面没有什么作用。须知,道德之谈与法理之说不可混同。①

---

① 从"这是本条规定的由来"到"道德之谈与法理之说不可混同"一段,《大清宪法案理由书》为如下一句:"而皇帝总揽统治权之结果,与欧洲诸国民主主义的君主相比,其权力之广狭固不可同日而语,这是需要在此特意注明的。"

[参考]

日本国法与祖先崇拜①

本论是我数年前所作的一篇考证祖先教在法律上的价值的稿子,现稍加订正,揭载于此。

一

祖先崇拜的习俗,古今东西均存在,特别是在我国,今日尚将其作为建国的基础,且作为家族的根本,这是非常显著的事实。大抵祖先教是孕育人类真情的所在吧。

二

在往古淳朴的时代,人们特别畏怖神明、敬爱祖先,超乎今人想象。说起来,在原始社会,祭祀即政事,所谓"国之大事,在祀与戎",真是东西普遍的事迹。饭田武乡曾就我国祭祀与政治的关系论道:

"将上代当作神来祭祀,以此作为政事的根本,打个比方,就如同后世将统治人民作为政事的至要一般,祭神就是朝廷第一之政事。"(《法制论纂》第14页)

他更进一步证明祭政一致的事实:

---

① 《日本国法与祖先崇拜》一篇,在《大清宪法案理由书》中无。

虽然朝廷与伊势原本二分,但右边是共殿同床的神敕之道,伊势皇太神的御灵、八尺镜、草雉剑也跟天皇同居,故神物、官物没有差别。天皇与群卿一起亲自侍奉皇太神,因此其职官也都附属于朝廷,成为所谓朝官,迨至崇神天皇时,朝廷与神廷由此二分。

观此,当可知彼时状态。池边义象也论及我国崇神的起源:

在我国,"神"这个词有两重性质。对镕造化育天地万物,具有以人类智慧不可计及的神变奇术者的称呼,此其一。对开此国、导此民,功垂千古、德留万世之人的崇敬,此其二。对第一种神的崇敬,古代之世最盛,万国同一。第二种之祭祖尽礼,所谓由报本反始之情而生出的敬神之礼,则自太古以来专属于我国。

池边进一步就我国崇拜变为政事论曰:

神武天皇四年(前657)春二月诏曰:"我皇之灵也,自天降临,光助朕躬。今诸虏已平,海内无事,可以郊祀天神,申大孝也……"这是东征成功之后,祭祀皇祖天神时,所谓尽报本之礼时说的话。在《古语拾遗》中,关于此时之事记载如下:"礼祀皇天,偏秩群望,以答神祇之恩。""皇祖之灵"云云,"天神"云云,"地祇"云云,毕竟是向皇祖皇宗尽报本反始之大礼

也。(《法制论纂》第 125 页以下)

从以上所引当知,上古时期,祭祀被当成了重要的政事。崇敬之念从敬畏神明、祖先开始,认为从天地的创立,到生命、身体、日常生活的资料,都出自其恩惠。这应该是君临天下者无不反复说到的神明之崇高及其祖先之威灵的原因,此古今东西不曾改变,盖人情自然之归向如此。

[注一]如果参看足立栗园的《神道发达史》上卷第四章,将足以知道我国历世敬神的事实,以及我们的祖先是如何富于淳朴虔诚之念的。

[注二]按国权(主权)观念的变迁,统治权力受之于神明之说乃出现于最初时期。但经历数千年后,今日各国的君主尚祈祷四时之神佑,不忘祭祀祖先,这无疑完全是历史上的基因带来的。国权神授说的由来也可说很久了。

继君权神授说而起的是君主主权说,其后国民主权说、国家主权说递次相继。若演绎学说的变迁,对于解说国家法理虽不无裨益,但对其详细解说并非本论的目的,姑略之。

三

我国上古之世祭政一致的状态略如上述。但在政教已经分离的今天,若还非要依据祖先教的观念,我是无法从公法上作出解释的。宣称天皇是以天职享有统治之大任(帝国宪法第一条及第四条)是其一,今日尚将祭祀作为重要政事是其二(参看穗积陈重著英文《祖先崇拜与日本法律》第 12 页以下),登基的时候要继承神器是其三(《皇室典范》第 10 条),大婚的时候,要奉告于贤所、皇灵殿、神殿，派遣奉币使前往神宫、神武天皇山陵、先帝先后的山陵是其四(《皇室婚嫁令》第 1 条)，践祚之时(《登极令》第 1 条)、确定行即位礼及大尝祭的日期(同上第 1 条)及当日(同上第 12 条)乃至结束之时(同上第 16 条及 17 条)、摄政就任之时(《摄政令》第 1 条)、举行立太子令之礼的当日(《立储令》第 6 条)及结束之时(同上第 6 条)，举行天皇成年礼的当日(《皇室成年令》第 3 条)及完成之时(同上第 5 条)等亦类似是其五。大凡这种重要的国事若不从祖先教的观念里寻找根据，实难理解。而此等事实的存在，怎能作为君主乃帝国主体的证据？

四

近世学者举出民众、领域、国权三者作为国家的要素，称有这些要素国家才存立，无这些要素则无国家。又说国权乃国家所固有，而非民众所共有，亦非君主所私有。此为至当之论。唯人类必须共同生活，在亚里士多德(アリストートル)论述之前早已存在。而为了维持公安，增进福利，不得不服从于一定权力之下，并共同遵循其他权利关系的约束。这毕竟是民众得以独立自主的原因，也是国家作为社团，在众庶之外享有独立生命和目的的原因。因此，国家以国权作为自立的要素，原本是必然的要求。这一学说，夙为希腊、罗马的政治学者所究明，特别是在十六世纪以降，格劳秀斯(グローチウス)、博丹(ボーダン)诸人已经对此论证无余。法国学者迈斯特(メストル)曾在其所著《主权原论》中如此论述国权必然属于国家：

> 主权与国民密不可分,就如同蜜蜂若无蜂王就无法做成母巢、子巢一样,在人类社会,若无主权,即无法成就国民……因此,社会与主权的存立是由人的选择与协议而来的学说纯属空想,社会及主权的存立乃自然的作用。(陆实译,第14—15页)

由此足以窥见其论旨之所在。

五

对国家是权力团体之间关系的必然结果这样的论定,并非没有相反的学说,现举穗积八束的学说如下:

> 权力团体的兴起,就如同人类在原始社会普遍存在的祖先崇拜的习惯之出现一般……在血族团体中,最自然的应该保有权力的是父亲和祖先。夫妇、亲子组成家庭是自然发展的结果,为维持家团体(上述血缘形成的团体)的秩序,一般情况下,家里的父亲在体力、智力都有优势,应当有权利保护家族,维持其秩序。(东京帝国大学之《宪法讲义》)

但是,这或许是片面的真理吧。博士(按:穗积八束,下同)又曾论及祖先教,说:

> 崇拜双亲即崇拜权力。在崇拜双亲一事上,认为父亲死后,其灵魂还会守护我家,这种观念,在印度人和欧罗巴人中也能见到……即使是野蛮时代的人,哪怕是最优等之人也不

会和祖先相异,这样的结论,应该不是无理之言。(《祖先教是公法之源》,《国家学会杂志》第60号)

博士进一步说明子孙遵奉亲命的理由:

> 为什么要团结亲族、遵奉亲命呢?其家是祖先之家,其双亲代表祖先推行一家之政治,故服从双亲之命即是孝顺祖先。正是这样的观念,成为权力得以推行的基础,是权力得以推行的所在。(同上论文)

正如祖先崇拜的观念本为爱敬至情之源(参看穗积陈重著英文《祖先崇拜与日本法律》第3页以下,户水宽人著《祖先崇拜之根源》第18页以下),而敬畏之念生出服从,服从之念生出权力,权力之念则是公法的源泉。博士进而说明这一道理云:

> 所有称为国家或家族者,二者的权力都与公法有关,此事即使分别考察,最后也不得不归于一。故从家族制度转向国家制度时,探寻家族制度的缘起,可知权力崇拜的起因。权力崇拜一事,乃是从尊亲崇祖而来。(同上论文)

祖先崇拜的观念或许可能是公法的源泉之一,但若将其视为唯一源泉,则绝对是不当的见解。盖祖先教止于一家一族,不能依此解释清楚国家统治的理法。何况一国的组织未必限于同一血族,而是与此相反,一国之中包含了众多的种族。这是我不能赞同博士学说的原因,也是欲将国家的统治关系归于人类基于自觉的必然结果的原因。

六

国权是国家成立的一个要素,故将国权归于国家而不归于人,这是无须多言的。因此,穗积八束将祖先崇拜之念推演,认为对天祖的奉公乃君主是帝国主体的原因,对这种说法,我不得不否认。盖祖先教事实之存在,不仅不能推导出帝国主体的结论,且国权的作用,即统治权是否属于君主,实属于别的问题。

[注]我在本文中屡屡用"国权"二字取代从来惯用的"主权"二字,盖"主权"的字义,自中世纪以来,因时因地而异,特别是德意志学派勃兴以后,正如容许体用二样的解释一般,在我国也是两义均用,故我认为关乎国家的时候当用"国权"二字,关乎君主的时候,因多数属于国权的作用,主要用"统治权"。这不是故发奇论,而是因为与我的主张有不少关系。

七

有将帝国国权的体与用同归属于君主的学说,这类似统治权的总揽者当然是权力的本体的思维。但是,国家机关在理论上并非固有权力,不过担任行使一定的权限而已。因此,即使是作为统治权的总揽者,其权限也不能从国家渊源出发,更不能将之认为是权力的本体,这是非常明白的道理。因此,认为君主同时拥有国权的体、用的两面之说,是毫无道理的。

八

古史上所说的天神、地祇，人们无由认识，而八大洲是天神所生的传说（本居宣长《神代正语》）更无法令人相信，至于皇祖皇宗的懿德宏谟，举国钦仰，不可终止，但是，不必多言，以这样的事实作为君主是国家之主体的凭据是不可以的。然而，学者中或有认为帝国恰如以君主为家督，或认为其统治不过如实现皇室自治一般，这种解说的真意何在，苦苦追寻，终不可得。大抵以家督国家的观念无法解释清楚今日的国家组织，此点不必多言。特别是，征诸大化时代的诏命中有"国家之民"这样的语句，而《大宝律》则将对天皇一身之罪与对君主地位之罪分别规定等事实（有贺博士著《国法学》上卷第196页以下），据此也应能窥知帝国统治的性质。

九

穗积博士曾经论道：

> 从历史的角度来观察我国的成立，我国的组织属于所谓血族团体的种类，国民是同一人种，其人种基于祖先崇拜的信仰而拥戴皇位，这是历史所显示的证据，也是数千年来我民族所确信的思想，这成为团体的基础……天祖是我民族的共同始祖，推演崇拜天祖之念，遂变成对今日天皇的服从，他因系天祖的直系皇胤而占有皇位。（《宪法讲义》）

帝国由血族团体组织一事，不足以作为以君主为帝国主体的证据,事理极为明了。盖一国的成立多由同一血族组织,这在原始社会是普遍现象,并非我国所特有的现象。征诸博士现在所论的"欧洲固有的法制,以祖先教为本源,崇拜祖先神灵是其建国的基础"(《耶稣以前之欧洲家制》,《国家学会杂志》第54号),也颇明白。何况博士所说,有无视帝国历史之嫌。

一〇

史载:"神武自日向起,平筑紫之国,渡安艺之国,经吉备之国,遂讨平大和之国,开亩傍之山,至即帝位于橿原之宫,凡历十年,始成帝业。"(新井君美《读史余论》)今从穗积博士之说,以国人都与天祖同始祖为前提,神武为了同胞的私斗而浪费十年之事,不得不论决。如果真是如此,博士岂不是无视古今无数史乘,抹杀我光荣国史的第一人吗?我确信,作为学界之师表且为人恭谦的博士,其真意绝对不是这样的。但博士精透的理论,在这一点上,遂有不能一贯的遗憾。盖在当时,筑紫有熊袭,东方有虾夷,无论哪方,其人种都不同,关于这一点,早为历史学家及人类学者论证无余,何况神武天皇四年(前657)二月的诏敕中有"现今诸虏已平"之语呢?所谓"诸虏",是指这类不同人种,如天日之昭昭。这是我确信我国皇祖的创业,不是出于天孙的私斗,实是削平诸虏之美果的原因。

[注]:论证帝国是由许多种族缔造而来的学者不在少数,今举其二三。

(一)三宅米吉论证了本国人种有两种以上,他是通过现在的种族、帝国群岛的位置并对照国史来展开证明的。(《日本史学提要》第一编,第18—94页)

(二)日本考古学著名学者八木奘三郎也将本国人种分为日本人种及"阿伊努"人种。(第12—57页)①

(三)横山由清持三分法:旧住的土人、天神的子孙、后来由支那和三韩渡来的人种。(《学艺志林》第23册)

(四)鸟居邦太郎也在其所著《日本考古学提要》一书中论道:去今两千年以前,有被称为"克鲁波克鲁"(クロボックル)的人种和被称为"阿伊努"的人种杂居于我国本土(这就是古所谓虾夷),其他尚有被称为土蜘蛛、隼人等的杂人种与克鲁波克鲁、阿伊努两人种杂居,其年代好像在克鲁波克鲁之前。(第32页)

(五)贝鲁慈博士也分为三种,曰:一,阿伊努人种,是栖息于日本北部和中部的人种;二,蒙古人种,是越过日本海移住于本土西南部,渐次在本土繁衍的人种;三,类黄色人种,即移住于九州南部,渐次征服四方,遂掌握海内的人种,现今的萨摩人尚遗存了其纯然的性质。(《日本考古学提要》第29页)

(六)有贺博士也持三种说,即一,日本人种,即所谓天孙人种。二,枭帅人种,即与熊袭同人种。三,穴居人种,这是太古民族中最野蛮的,其中特别勇悍者称为"虾夷",又称"东夷"。(《国法学》上卷,第5页以下)

(七)八木冬岭所著《考古指南》中,附有阿伊努、土蜘蛛、天孙各人种的遗物,是非常有益的富有兴味的论证,也是本邦人种非单一的凭据。

(八)坪井博士之说:日本人为数区区,系混交种族,班班可考。不仅仅是从体格上,就是从风俗习惯上,也可想见各种交流居住的情形。从古代的遗物亦可看出,来自马来的分子,来自大

---

① 此处未写书名,原如此。

陆的分子,来自阿伊努的分子等等,经历了多次的混居。(在早稻田大学的《人类学讲义》)

(九)大鸟居弃三之说:日本人是世界上有名的杂人种,容貌、体格、皮肤等复杂多样,毋庸置疑,少说也是由朝鲜人、阿伊努人、马来人等混淆而来。或许,在以上所举之外,还有石器时代人民及南洋诸岛人民之杂种混入,这也是难于计算的。(《世界诸人种》)

(十)题写了《日本民族之故乡》的久米邦武的一席谈:组成日本国民的民族不是一个两个。有马来种,有蒙古种,也有高加索种。现在冈山县的东备前美作挖出的陶棺(其一放在博物馆)有菊花图案,其制作方法完全是巴比伦式,跟在巴比伦出土的图案是一样的。又,我国上古时代的国民所用的曲玉的原料是中国甘肃产的。由此应该可知,我国民是由种种人种混合而形成的。(明治三十九年[1906]十月中《东京日日新闻》所载)

总而言之,日本有史以来就是由两种以上的民族所组成,毋庸置疑。既非同一血族组成,哪有崇拜同一始祖之理?也许有人要说,异人种已经被讨灭了,但奈今日还有"阿伊努"种族之存续何?或许有人还要说,大家都尊崇天祖的威灵,但奈祖先崇拜仅限于同一血族何?由此观之,以祖宗崇拜的事迹解说帝国统治的基本法理是不足的。

一二

穗积博士又论曰:

> 天皇作为统治帝国的权力主体,与帝国共存亡。帝国依

皇位而存,皇位与帝国共始终。(《宪法讲义》)

这是博士以天皇为帝国的主体的情况下理所当然的观点。但是,只要天皇与国家不是同一观念,皇统的断绝(非敢为不详之言,只因在解说上不得不如此)显然无关乎帝国的存亡,这大抵是由于君主并非国家的要素。如此说来,皇统断绝之时,必然会变更宪法,随之还会改变国体吧,但即使这样,日本帝国依然存在,由此亦可知皇位与帝国的关系。不唯日本如此,法国革命也与其国之存亡无关,这在理论上是相等的。看吧,近百年间,法国推倒王政变为共和,再变而为帝政,三变而为王政复古,四变而归复共和,五变而复帝政,六变而又共和,以至于今日。其国体、政体不啻猫眼的善变,但法国依然存在。由此,国体、政体的变革与国家存亡无关的理由应该十分明了。或许有人要说,法国号称王与帝的人,仅仅是没有期限的大统领而已,以之与我神圣的皇位对比,真是僭越之极!哎呀,这不是将我帝国视为所谓家督国家吗?道德之谈未必与法理一致,冷静简朴的法家的头脑最终只会因无感激之血液而遗憾。

一二

归根结底,祖先崇拜,作为法理上君主是帝国之主体的证据是不足信的,只是在解释历史上天皇何以会享有天职、万世不朽、唯神至圣方面多少有所裨益。(明治三十七年[1904]霜月二十日夜半记之)

[参考]

各国君主之地位

君主之地位在法理上未必是唯一的,因此,必须不拘泥于名义,而是稽之于历史,并征之于条规惯例,而明其地位。以下且以二三君主为观察对象。

◎**英国皇帝**

关于英国皇帝的地位,向来议论多歧。有人以君主为统治权的总揽者,有人认为是君主和议会共同行使统治权,有人认为议会握有主权。英国①是依据实际的断例来宰理国政的,这是议论纷纷的原因所在。那么,且看看该国学者如何论说?

斯塔布斯(スタッブス)在以《主权之法理》为题的一节中提出,英国国王的权力,在法理上绝对无限,与专制政治(absolutism)近似,且说②:

> 所幸擅制的法理在事实上能为强力且严正的限制所调和,以至于在一般人民③的观念里,国王仅仅是作为名义上的主权者登极的。盖理查(リチャード)一世及约翰(ジョン)王即位的时候都颁布了关于国民自由的大典,这是亲自限制绝对权力的由来……在内有百官的直接制止,在外有国民作为大臣的后援,能阻遏其专横,加之阁僚亦同进退,故即使以约

---

① "英国",《大清宪法案理由书》作"英国没有成文宪法"。
② "且说",《大清宪法案理由书》作"进而考察其实际,论道"。
③ "人民",《大清宪法案理由书》作"国民"。

翰王的暴虐之资,尚且无法擅权。作为皇室屏藩的贵族也投入时流,遂致力于厉行大典。(W. Stubbs, *The Constitutional History of England.* Vol.1. p. 620-621.)

白芝浩(バジホット)也以《君主与政治》为题,对英王的地位论述颇为详密,其要旨为:

> 君主政治成为稳固政治的最大理由,可以归结为所谓贤良政治①(一);而且,在英国,君主政治就像宗教信仰一样坚固(二);我们的君主实际上同时是社会上的首长(三);作为道义的渊源,得到了国民的钦仰(四);然宪法上的君主仅仅进行假装的行动(五)。(W. Bagehot, *The English Constitution.* p.33-56.)

据两人中任何一人的学说,都尚不足以知道英国君主在法理上的地位。只有陶德(トッド)对此做了最简洁②的解释,他在《主权》的标题下论道:

> 国家最高行政权就不消说了,民政、军事、裁判及宗教权,均是国王的天职,由其掌握。国王是国家的权力、威严、名誉的源泉,总揽政权。国王还掌握立法权,这也不消说。一切立法,均依其裁可而成立。国王代表帝国,处理一切国际关系,

---

① "贤良政治",《大清宪法案理由书》作"贤明政治"。
② "简洁",《大清宪法案理由书》作"简明"。

如宣战、讲和及缔结各种条约,均依其亲裁,不允许其他机关干涉①。(Todd, *Parliamentary Government in England*, Vol. 1. p.167.)

施政的实权伴随时势潮流,因掌握者而异,这在各国历史上屡见不鲜。就英国最近百年来的形势观之,很多人都有下院②权势强大、国王徒拥虚器之感。于是,像白芝浩(バジホット)那样,提出国王只有"假装的行动"也是无妨的。但这只是政治的趋势③,不足以作为冷静的法理断定。盖实权虽由议会掌握,但君主仍居于统治权总揽者的地位,有很多断例,已对此证明无余。④

有那么一派论者,特别是如清水博士那样,认为"英国国王没有总揽统治权,像在君主国里专属于元首的立法权,在英国仅仅属于国会,而不属于国王。尤其是,虽然国王对国会的议决得行不裁可权(veto),但两百年来几乎从未行使过,立法权无限制地专属于国会,国会专行此权"。(《宪法篇》第4版,第63页)无法解释清水博士为何会持这种见解,大抵博士持有类似不行使权力等于权力当然消灭的见解,但是,不唯公法上没有这样的法理,英国历代君主都未曾抛弃不裁可权,并且,今日依然在行使裁可权。征之这样的事实,到底无法认可博士的说法。若将博士的论证方法运用于我们帝国的宪法,则不得不得出跟英国一样立法权专属于议会的

---

① "干涉",《大清宪法案理由书》作"参与"。
② "下院",《大清宪法案理由书》作"众议院"。
③ "政治的趋势",《大清宪法案理由书》作"政势"。
④ 《大清宪法案理由书》对于本条的解释,到此即已结束。

结论。因为自议会开设以来,天皇未曾拒绝裁可,跟英国是同一道理。(拥有裁可权,当然就有拒绝裁可的自由,这一点不难推知。然而或许有学者要说,我所主张的拥有裁可权则不裁可权之名实俱存的观点误解了裁可的本质。为什么我持这种见解呢?所谓不裁可权,在有不裁可的自由这一点上,毕竟还是裁可权的作用。)

博士又说:"国务大臣虽然由国王(英国)任免,但无法阻止伴随政党消长带来的更迭,大臣任免权实际上也属于国会,我相信这一判断是没有错的。"(同上第63页及64页)这也是将权限的存否与任免的方法混为一谈的谬见。党首的推荐,本来是方便君主采择的,不论君主有没有拒否,如果找不出证据说明君主在任免方面没有自由意思,那就没有理由如此论定。据此,仅能知道大臣任免权与其形式无关。因此,如果非要将博士的见解贯彻的话,像我国,后任内阁也多由元老,如现任首相推荐而成立,博士在不能否认这一公然事实的情况下,也就不得不下一彼此同一的结论了。若到那一步,那就只能惊叹博士的奇论了。之所以会出现这样的学说,说白了,乃是将法理与事实混同所致。世上往往有人不顾宪法条文,将国会解释成万能之府,这就像将专制强加于君主一样,都难免是失去中正之论。这是攻究法理最该慎重注意之处。(参照第五十条说明)

◎ **德意志皇帝**

关于德意志皇帝的地位,也是学说纷纭,无法归一。有人说统治权不归皇帝单独掌握,联邦各国的王侯也享有。有人说统治权由皇帝和联邦议会共有,相较而言,皇帝居于最高地位。有人说主权由联邦政府独占。凡此等学说,德意志学者常常钻研不懈,但似乎尚难首肯。之所以会生出如此分歧的议论,不外乎时至今日,联邦各部的王侯还是到处割据,如公使的授受,联邦议会宛如使臣会议、普鲁士以外的联邦国民对待皇帝还不如对待邻国大统领,依然未脱去封建遗风,与此同时,学者也多少有偏执于自己所属之国风的倾向。然而,这些事情本不用对法理的论定产生任何影响,应该仅根据宪法明文考察皇帝的地位。①

德意志帝国宪法第十一条第一项:

> 联邦首长由享有德意志皇帝之名义的普鲁士国王担任,皇帝有权在公法上代表帝国,以帝国之名义宣战、媾和,与外国缔结同盟及其他条约,有权差遣公使、接受外国使节。

由此可知,皇帝居于主上的地位。立法权如何?

> 帝国之立法,由联邦议会及帝国议会行使。(第五条第一项)
>
> 皇帝亲署帝国法律,公布法律,并监督法律之施行。(第一七条第一项)

关于行政权,虽无概括性的条文,但重要政务都以皇帝的御

---

① 从"关于德意志皇帝的地位"到"应该仅根据宪法明文考察皇帝的地位"一段,《大清宪法案理由书》无。

名①行之。关于司法权,虽无明确规定,但如乔治·迈尔(ゲ·マイエル)②所论,皇帝总揽统治权:

> 君主总揽统治权,此权力系以君主自身之权利而享有,作为国家代表而行使之,不像摄政及民主主义国家的君主那样,是以他人的名义行使权力。君主集全部国权于一身,这一原则,以前在德意志联邦的法律及多数诸国的宪法中都有明文规定,就算无明文规定的宪法,也无不怀抱此思想。(乾氏等译《德意志国法论》,第335页以下)

乔治·迈尔主要是基于德意志的法制沿革,③比照现时巴威伦、撒逊、符腾堡(ウェルテンベルヒ)等国的宪法明文,而作出如此推论的。然而,德意志皇帝受联邦议会牵制,恰与总统和议会的关系酷似④。因此,我觉得,在实质上,与其称之为皇帝,不如称之为世袭总统更恰当。这是其国情自然之结果,不得拘泥于名义,以一般君主国之例来推论。故相比较而言,其独裁之范围比较狭小,有人由此而将主权归属于联邦议会。虽如此,但终不过是用语的争论,今暂不予讨论⑤。

---

① "皇帝的御名",《大清宪法案理由书》作"皇帝之名"。
② 查日本译书,原作者为 Mayer. Georg。
③ 从"但如乔治·迈尔"到"乔治·迈尔主要是基于德意志的法制沿革"一段,《大清宪法案理由书》为如下一句:"但乔治·迈尔(ゲ·マイエル)一派学者,以皇帝为统治权的总揽者,其论据,主要是基于德意志的法制沿革。"
④ "酷似",《大清宪法案理由书》作"相似"。
⑤ "今暂不予讨论",《大清宪法案理由书》作"故在此不予辩论"。

◎ 普鲁士国王

普鲁士是纯粹的君主国,若拘泥于宪法字面,多少还有些令人怀疑,这不过是模仿民主主义的比利时宪法之余弊,国王是统治权的总揽者,可以从宪法正条得到充分证明。即立法权与议会共同行使(第62条第1项)、行政权属于国王的专权,大臣以下文武百官均由其任免(第45条及第47条);司法权以国王之御名由裁判所行之(第86条)。可见,其权力的宏大,非德意志皇帝所能比拟。这不外是国情不同的结果。

◎ 俄国皇帝

俄国虽在1905年(明治三十八年,光绪三十一年①)改行立宪政体,但皇帝的地位依然如故。而仅仅从新设的议会制度,便可将专擅之余沥浸润于宪法的情形一览无余。即第四条明言皇帝享有最高独裁权,而立法权依两院之协赞而行之(第七条),裁可权由皇帝享有(第九条),行政、司法之权亦握于其手中,同在第一章明白规定。若稽查宪法内容,可以说是冠以国会名义的咨议局的一种君主独裁制色彩浓厚的变体的立宪制。

◎ 日本皇帝

天皇总揽百政,负有统治帝国之大任,这是宪法所明文规定的。其以天职君临帝国,是数千年来历史的结果,在宪法发布前后,其地位没有什么异动②。其万世不朽的国体,与宪法条章一起,永远作为君主国的模范,这是日本臣民自豪之处。

---

① "明治三十八年,光绪三十一年",《大清宪法案理由书》作"光绪三十一年"。
② "其地位没有什么异动",《大清宪法案理由书》作"其地位没有变化"。

第二条 皇位依皇室大典之规定继承。

[参照]日二。俄六。普五三、五四。比六〇乃至六二。①

皇位不可一日旷废,因此,皇帝崩殂时,继嗣即践祚。皇位继承是君主国一大典例,自来都会根据国情,规定序次,不可纷更。在继嗣②问题上若有容许臣下发表意见的余地,那不仅冒犯了天子尊严,且难保成为扰乱国家的种子,早为东西各国史迹充分证明,这是近世各国宪法③要预为规定的原因。

按清室之法,并无确定皇嗣的准则。不唯未必长子继承,且未必问血统远近。加之册立太子的仪式仅在康熙朝及前代有其事例(但都因故废立),④常态大都是以先帝遗志决定。这种方法,与其说是世袭制,毋宁说近于选举制比较妥当。这虽近似于唯才是举,但流弊也很大。因此,应该事先参酌⑤宗室的先例,制定不磨的典则,以立帝室万年之基。⑥

[注]清朝自太祖至同治,十代连绵,直系相续。但因同治帝没有皇子,以道光帝第七子、咸丰帝的皇弟和硕醇亲王之子载湉

---

① "比六〇乃至六二",《大清宪法案理由书》无。
② "继嗣",《大清宪法案理由书》作"次序"。
③ "宪法",《大清宪法案理由书》作"宪法及皇室法"。
④ "且未必问血统远近。加之册立太子的仪式仅在康熙朝及前代有其事例(但都因故废立)",《大清宪法案理由书》作"且不问嫡庶和血统远近"。
⑤ "参酌",《大清宪法案理由书》作"采酌"。
⑥《大清宪法案理由书》对于本条的解释,到此处即已结束。

入继大统,这就是光绪帝。后来,光绪皇帝龙驭上宾,也没有储贰,乃定皇弟醇亲王载沣(现摄政王)之子溥仪为其后嗣,这就是今上。由此看来,因光绪帝以降,前后二代均由旁系入承大统之故,清室直系相传的惯例到光绪帝时已自行中绝,这是出于不得已。现将最近五代的系谱揭载于下,以便观览。

```
宣宗成皇帝 [八代道光]
   │
   ├── 文宗显皇帝（道光第四子）[九代咸丰]
   │      │
   │      └── 穆宗毅皇帝（咸丰第一子）[十代同治]
   │
   └── 和硕醇亲王奕譞（道光第七子）
          │
          ├── 德宗景皇帝 [十一代光绪]
          │
          └── 醇亲王载沣（光绪皇弟）
                 │
                 └── 今上 [十二代宣统]
```

有学者论及皇位继承与国法的关系:

此后天皇在继承之时,其统治权依据前代天皇到其崩御时为止所发的大量法令,附加了条件。这些条件,后之天皇在依据正当的形式将其改废之前,对新天皇也是有约束力的,其对臣民的约束力更不待言。盖后代天皇系从前代天皇而拥有如此之条件从而继承统治权的。(市村学士《宪法要论》再版二〇一页、二〇二页)

如此论证,恐有所误解。君主交替一事对既定国法没有什么影响,是以国家永续为前提。所谓"君主不死"(king never dies),毕竟是认识到这层关系的立言,将统治者的地位视为一体不朽。由此可知,不可将皇法之继承视作有损国法效力。但将其等同于民法上的权利,不仅是思想的根底有错误,而且,所谓"有条件状态之统治权"云云,终究无法从法理上推测。何况如果承认这一学说,则不得不得出伴随着皇嗣旷缺,国法要全盘废止的结论呢。

第三条　皇帝神圣不可侵犯。

[参照] 日三。英。俄五。普四三。奥四之一。比六三。① 法一之六。美二之四。

因皇帝总揽统治权,无由以权威与之对抗,也不存在对其问责

---

① "比六三",《大清宪法案理由书》无。

的情理。① 关于这一点,虽不待明文规定都知道,但还是特意规定,主要是基于沿革上的理由。

  [注一]君主不可侵的观念,虽从罗马时代就已存在,但在欧洲诸国特以明文规定,②则是鉴于1649年英王查尔斯一世、1793年法王路易十六世被戕弑的事实。而在日本,古来就有天子居于唯神至圣地位的观念,固然不待明文,但特意规定,不过是基于沿革上的理由,③本案也不过是沿袭多数先例而已。

  [注二]1851年的法国宪法第五条规定:"共和国总统对法兰西国民负责。"翌年,总统路易·拿破仑声明:"凡宪法中特意规定国家元首无责任,实不唯有害公众之感情,且惹起无根之妄念。但是,虽然这种妄想已屡屡被革命所破坏,今日之宪法还是应该规定,国家元首对选举了自己的人民负其责任。"④后来虽改为帝政,但仍固执于这一主义,堪称近代一大变例。就我所知,近来已无采取这种主义的国家了。连法国现行宪法中,尚且有大统领无

---

① "因皇帝总揽统治权,无由以权威与之对抗,也不存在对其问责的情理",《大清宪法案理由书》作"因皇帝居于自尊之位,当然不能以凡人律之。因其为权力之源泉,无由以威力对抗,也无责问的情理"。
② "君主不可侵的观念,虽从罗马时代就已存在,但在欧洲诸国特以明文规定",《大清宪法案理由书》作"在欧洲诸国,君主不可侵的观念,虽从罗马时代就已存在,但特意为此设立明文"。
③ "固然不待明文,但特意规定,不过是基于沿革上的理由",《大清宪法案理由书》作"与西欧诸国在根本思想上就不同,只是鉴于一般法例而做此规定"。
④ 从"1851年的法国宪法第五条规定"到"国家元首对选举了自己的人民负其责任",《大清宪法案理由书》作"宪法上声明元首无责任,属于一般的立法例"。因此,1851年,作为法国总统的路易·拿破仑(ルイ·ナポレオン)宣言:"宪法中大书规定国家元首无责任,实不唯欺骗公众之感情,且惹起无根之妄念。但是,虽然这种妄想已屡屡被革命破坏,今日之宪法还是应该规定,国家元首对选举了自己的人民负其责任。"

责任的规定,亦可知保障元首无责任是立法上的普遍原则。

君主无责任涉及国法上公私一切行为。所谓"国王不能为恶"(king① can do no wrong),其意不是事实上②没有做恶事的能力,而是即使有应该评定为恶事的事实,但在国法上无责任③。若其事关乎宪法,则民法、刑法不能过问。④ 然中外多数学者却将财产权上的诉求排除在限制之外,不知其论据何在。大凡讲到财产权,也都是基于法律行为的,有以获得了不当利益为理由的,有基于法律的直接保护而主张权利关系的,有关乎因不法行为造成的债权的,而这种诉讼,因其基本请求权的性质不同,因此不能一概而论,义理明白。即是说,因不法行为引起的诉讼,本是以被告的责任能力为前提,因作为被告的君主居于无责任的地位,原告没有诉讼权,被告得以其无诉讼权抗辩,申请撤讼,而裁判所又可以不能依其职权受理为由拒绝,这是本案之性质与君主不可侵之明文相抵触的原因。反之,法律行为基于其他权利关系之诉求,即使是对于君主也不妨行使,因为君主之责任没有何等繁难。由此可知,在论述是否允许诉讼的时候,必须稽查其诉讼权的性质,且若不究明其与不可侵犯权的关系,就无法触及问题的核心。但是,如果停留于说明容许之的必要性,到底难免粗笨之讥。特别是在限于强制执行时否认之的场合,无法解释是什么意思。为什么呢?执行权之否认,不限于剥夺依判决应该取得的利益,且可禁止诉讼。如此,究竟是试

---

① "king",《大清宪法案理由书》作"the king"。
② "事实上",《大清宪法案理由书》无此三字。
③ "但在国法上无责任",《大清宪法案理由书》作"但在国法上仍然视作没有这种事实,因而没有责任"。
④《大清宪法案理由书》关于本条的解释,到此即已结束。

图以片面的感情解释法理造成的谬见,其说理之不透彻也就不足为怪了。虽然如此,若事涉帝室,就该主要参酌国情,勉力避免片面之弊,这是不待言的。因此,作为立法理论,帝室与人民间的民事诉讼,不问帝室是原告还是被告,当然都要以内廷所属的官吏来担任,不许对帝室实行强制执行,由判决所得之利益全部都要以请愿的形式获得,与关于皇族诉讼手续一道,将其作为特别法一揽子规定下来。

在日本,虽然有关于皇族的特别诉讼手续,但尚无对于帝室的规定,故解释为不允许帝室与人民间的诉讼应该是恰当的。这是因为,他国有规定,本国无规定,可以得出本国在这方面本有不允许的宗旨,这是古来惯例,理所当然,不待言明。假若允许,则必然生出人民对于皇族的诉讼,不限于东京控诉院管辖,对帝室的诉讼,依据普通法,不能不归地方裁判所审理这种不合理的情形(《皇室典范》第五〇条、第五一条。《裁判所构成法》第三八条、第四一条、第五〇条)。这不是轻重颠倒又是什么呢?这样说来,明治三十八年[1905]三月岐阜地方裁判所援引《宫内省官制》第三十四条,对御料局长所做的其对御料财产拥有一切裁判上及裁判外之权限的判决,恐怕不能说得其正鹄。

反过来,考虑一下实际上是否便利,超越帝室的特有财产权,帝室与人民间发生法律关系实属自然,难保会引起诉讼,不受制于区区感情,断然以特别法,将权利关系规定,应是可行的。这不仅仅是维持帝室财产之一法,为了一般人民的利益,无疑也是适宜的措置。至于诉讼手续,自有方便之法,不必深忧。

在清国的现行法制里,皇族之间、皇族与人民之间的民事诉讼,可以认为专属大理院(相当于我国的大审院)。依大清会典,这类诉讼本来是要与宗人府及户部(现在的度支部)会审的,但依光绪三十二年(明治三十九年)[1906]九月的上谕,似乎可以解释成清国特有的会审制度由此全部被废除,同时将其归最高法院管辖。(其理由,本案第七章司法第五六条的说明中详之)现今从理论上来考虑,他日确立司法制度时,这类案件归高等审判厅管辖应该是最适宜的。因为大审院专任复审,这是其全部能做的事。而不可扩张其诉讼范围,使帝室与人民间的诉讼归其管辖,理由如前述。

在刑法上对君主科以犯罪,判以重刑,以不可侵权之结果做出说明的也有,但恐怕是错误的。刑法上受一定保护,这是凡人和君主都无法选择的。若采用这种说法,则使宪法上的规定因此而变得无意味了。又,将强制君主禅让之事无故归于同一结果之说,也可以说是错误的。由此当可知彼此均与不可侵权没有什么关系。

第四条　皇帝经帝国议会之协赞行使立法权。

[参照]日五。英。俄七、八。普六二。德四、五。比二六①。法一之一。美一之一。

往昔②英国国王行使立法权的时候,未必经国会协赞。将经国会协赞作为条件,乃是西历1322年,其时爱德华(エドワード)二世在位。议会以职权的方式参与立法,起源于此时。我在本条也

---

① "比二六",《大清宪法案理由书》无。
② "往昔",原文印作"住昔",误。《大清宪法案理由书》为"往昔"。

声明同一主义,是想依此使立法机能圆满①,而并无将立法权归为国会之专权的用意,这点无须多论。昔日英王查尔斯②(チャアルス)一世不召集国会十又一年,其间以敕令立法,③遂至王政被推倒,共和政治前后达十又二年,这毕竟是蹂躏民权的必然结果。④本条以不革除政体为限度,制定永远遵行之洪范,不待言,对国民而言是一大保障。

所谓协赞,是协翼参赞之义,不外乎议会作为君主的补助机关参与立法权之意。而以议会的参与作为国法上的要件,若不使参与则无立法的法理,可以说依此条可以昭明。因此,裁可即立法之说不能不招致误解。因议会的协赞是立法的要件,裁可是对既定法案的认可条件,二者相续,完成立法,不能说裁可即立法。也许有学者要说,如此规定,对君主的地位有害,但这毋宁说仅是杞忧。因为君主保留了裁可权,议会无由独立行使立法权。立法权的名实都掌握在君主手里,而不在议会手里,如日之昭昭,甚为明白。如果解释为以议会为立法权的主体,若不是误解了裁可权的本质,就是惊怖于一时的政治热潮而忘却了法理,无足深辩。

广义的立法权,凡是基于统治权之发动的法规的制定都包括

---

① "是想依此使立法机能圆满",《大清宪法案理由书》作"是出于使立法之机能圆满的旨趣"。
② 在"这点无须多论"与"昔日英王查尔斯"之间,《大清宪法案理由书》尚有如下一句:"但是,由于本条以协赞立法为议会的职权,君主当然不能单独立法,倘若有违反宪法条文的立法,就会发生立法无效的结果,这不外出于——尊重国民的意思,君民同心协力完成立法之事的法意。"
③ "其间以敕令立法",《大清宪法案理由书》作"其间以敕令代法律,专立法之权"。
④ "这毕竟是蹂躏民权的必然结果",《大清宪法案理由书》作"这是由蹂躏宪法条规、事实上破坏国会制度造成的"。

第一章 皇帝

在内。但本条所说的立法权,只局限于被称为法律的特定法规的制定。事详本案第三十六条①的说明。

将立法权委之于议会的专权,不无与君主国的本质相反的嫌疑。盖君主当总揽国政②,将国权归各特定机关专司的时候,会造成无法统一。美、法等国③,尚且有大统领再议请求权,尤其是美国各邦中,除罗德岛(ロードアイランド)等七州,其他各州的宪法里,都有将行政府的认可视为法律成立的要件的规定,征诸这些事实,当可充分认识到以议会为立法当局之不当了吧。凡国家机关,在相互节制的同时,若无调和的机关,则各部孤立,遂至政务旷废。在这一点上,君主国在构成④上无疑是最理想的。因为君主一身肩负节制与统一之任⑤,施政⑥自能协调顺利,征之于各国,甚为明了,不待具翁⑦之证明。

有人或许要说,英国就是以国会为立法权的主体,⑧这也是只看政治实际而无视法理之论。因为英国国王古来在立法权上拥有裁可权,这是毫无疑问的⑨。即⑩皇帝亲临议院裁决,或派敕使到

---

① "第三十六条",《大清宪法案理由书》作"第三十八条"。
② "国政",《大清宪法案理由书》作"百政"。
③ "美、法等国",《大清宪法案理由书》作"民主主义的美、法等国"。
④ "构成",《大清宪法案理由书》为"国家构成"。
⑤ "统一之任",《大清宪法案理由书》作"统一各部之任"。
⑥ "施政",《大清宪法案理由书》作"国家机关之运转"。
⑦ "具翁",《大清宪法案理由书》作"グラッドストン翁","グラッドストン"当指英国政治家威廉·尤尔特·格莱斯顿(William Ewart Gladstone,1809—1898)。格莱斯顿的名字用日语片假名标注,其第一个片假名是"グ",与"具"的音读读法一样。
⑧ 《大清宪法案理由书》在此后有"君主并未被赋予此权"一句。
⑨ "这是毫无疑问的",《大清宪法案理由书》作"这在宪法上是没有疑问的"。
⑩ "即",《大清宪法案理由书》作"现在"。

议院传达①圣旨,这是一千年来未曾改变过的典例。克拉伦登(クラレンドン)卿说:"据王国(英国)②的宪法及古来的惯例,总议案在两院③通过之后,国会书记官将其提交给宫内书记官,宫内书记官更进而将其提交给检事总长,检事总长将其进呈于位于枢密院的国王。而国王则倾听枢密顾问的自由讨论,作为法律发布,国王所关注的,是裁可之,或不能否定之的理由,或废弃之。"这不是国王拥有裁可权的明证吗?又,1606年5月,詹姆士(ジェームス)一世在宣布议会闭会的诏书的一节中有言:"裁可两议院通过的总议案,系出朕之特惠,裁可一切法律案,这在从前没有类似的例子。"由此也可知国王是如何自由行使裁可权的。或许有人要说,这仅是三百年前的事情,今天已不是这样了。这种思维,类似于漫然以女皇安妮(アン)在1707年拒绝裁可苏国民兵法案(scotch militia bill)以降再无相同的案例为理由,认为国王没有裁可权。这不仅无视现行典例,也是对裁可权的谬解。若果然如此,则在英国,也是国王掌握了立法权,国会不过拥有其协赞权,毕竟与本案可以归于同一法理。

[注]所谓拒否权(veto),是节制立法;所谓裁可权,则是以完成立法为目的。以此之故,其行使的结果,一个是法律案之废弃,而另一个则是使法律案有效成立。因此,二者的性质和效果全然不同。故裁可权之不行使与拒否权之行使,虽然在结果上归于同一,但不消说,其行为的性质是不同的。既然二者性质相异,不容

---

① "传达",《大清宪法案理由书》作"宣告"。
② "王国(英国)",《大清宪法案理由书》作"王国"。
③ "两院",《大清宪法案理由书》作"两议院"。

第一章 皇帝

有一点置疑的是,拒否权之不行使无法生出裁可权之丧失的结果来。①

立宪政体之所长,②在于万机决于公论,以公论为施政的准绳。议会的议决在性质上是君主最为敬重的,若不顾这一点,经常拒绝裁可,拒绝公议,只听官宦之言,成为常态,议会就要成为无用之长物了③。议会的行动固然未必都代表民众的意思,时常因为狂热而演出痴态的事例散见于各国宪法史上,但也不能因此而归罪于议会制度。毕竟议会有为国事尽力的赤诚,君主又勉力敬重议会的意思,这是宪政的一大要义④,迪斯累利(チスレリー)所谓"交让主义"(concessionary principle)真不失为握要之论⑤。美人库欣(クッシング)曾经说:"国王(英国)拒绝裁可之必要一事,近年来演变成了'天子离开宰相的意思,没有别的意思',以此作为宪法上的主义,严格遵守,避免拒绝裁可之事发生。盖宰相是得到国会信任期间的宰相,若得不到国会信任,也就失去了宰相之职。因此,国会议决的事情而不经天子裁可者,在近世是没有的。"这岂非今日英国宪政的情形?想一想,英国国会近百年来骎骎然收得宪政的美果,凡立宪国无不以英国为模范,能得到如此好命运,既是以英人素来固有的资性为基础,也是君主权力适宜所致。以前开过三次国会,而前两次都遭遇解散的悲惨命运,正在怀疑前途是否有协和

---

① 这一段注释,《大清宪法案理由书》无。
② "立宪政体之所长",手抄本"立宪政体的善美之处"。
③ 《大清宪法案理由书》在此之后尚有"宪政之不祥,岂有逾于此者"一句。
④ "这是宪政的一大要义",《大清宪法案理由书》作"以不侮蔑其职司,这是宪政的一大无言的要义"。
⑤ "真不失为握要之论",《大清宪法案理由书》作"诚为发挥宪政精神的握要之论"。

之望时,第三次议会在政府干涉之下渐渐将官僚党的多数制服,①这是俄国的近情。想一想,习惯于武断政治的一派官僚不容易倾听舆论,而议会又急于救济民众的疾苦,官民都没有妥协精神,这是导致解散的原因所在。第三次议会仅得小康,自身亦不无反动。如此说来,政界的前途实不易推测。伦敦《评论之评论》的主笔斯蒂德(ステッド)曾经评论俄国政局的前途,断言官民交让实唯一的救济之策,可谓卓识。清国的情形与俄国相似,故在此赘言。

第五条　皇帝裁可法律,并命其公布与执行。

[参照]日六。英。俄九。普四五。德一七。奥四之一〇。比六九。② 法一之三、三之七。美一之七。

凡经议会的协赞议决的法律案③,若得不到君主的裁可,就没有法律效力。盖裁可是对法律案赋予国法效力的条件,是与议会的协赞一起完成立法行为。④ 而君主在裁可法律案时不得更正其

---

① "第三次议会在政府干涉之下渐渐将官僚党的多数制服",《大清宪法案理由书》作"第三次议会在政府干涉之下渐得官僚党之多数"。
② "比六九",《大清宪法案理由书》无。
③ "凡经议会的协赞议决的法律案",《大清宪法案理由书》作"本条与前条一起,规定立法权行使之方法。即依前条经议会协赞的法律案怎样才能成为国法执行,唯依本条可知其所以。议会虽有参与行使立法权的职权,但并无制定法律的权能,因此,经议会的协赞议决的法律案"。
④ "盖裁可是对法律案赋予国法效力的条件,是与议会的协赞一起完成立法行为",《大清宪法案理由书》作"即裁可是对法律案赋予国法效力的条件,可以看作是与议会的协赞一起使法律开始成立"。

内容,这是由协赞的效力而来,议会之议决不同于学会之议决和调查委员①的草案,由此当可知协赞、裁可同为立法的要素和条件。

学者一般认为,法律的拘束力由裁可而生。所谓拘束力,若指作为国法的效力之义则可,否则,若是指遵由之效力,则是绝对失当的见解。因为遵由之效力是仅在施行法律时发生。有人说,法律之成立仅依公布才能知道,尚未公布的法律无由觉知其存在,这是将法律之成立与其公示之方法、关系混同的产物。公布系将既成的国法通过宣示的形式,不能以此等同于国法成立。就好比裁判所的判决,在法理上,宣布之前虽已成立,但当事者在事实上觉知此事只能依靠宣判一样。由此当可知,法律的公布、判决的宣布,不外乎宣明既成事实的方法而已。又或有学者提出,将没有拘束力的法律当作国法是不可想象的,而裁可是在给予法律约束力的同时确定其内容,这种论述,也是将裁可、公布及执行的法理混同的谬见。已经裁可尚未公布的法律,虽然有国法的效力,但没有拘束力,这恰与公布了但尚未施行的法律相同,这不外是法律之拘束力仅在施行的时候发生之故。如此说来,有关学者看到只有现行法律有拘束力,就很快推断所有法律都有拘束力,其不问公布与施行的事实之有无,毕竟难免粗笨之讥。如果法律是因裁可而生拘束力,那为什么要公布之,为什么要命令执行之? 同样,假如是由裁可而生拘束力,那又奈终无可拘束之物何? 盖国家机关尚未公布,且未命令执行的法律,当然不存在约束的理由,一般国民也没有接受尚未实施的法律约束的理由。又或有学者叫嚷,裁可是

---

① "调查委员",《大清宪法案理由书》作"起草委员"。

"以在法律上没有多大的效力、意义的形式为之,最令人怀疑,不能不少加解释"。裁可是法律成立不可或缺的一大要件,但不能作出如此妄断,无须进一步辨明。宪法在裁可之外还承认公布,即是因为,由裁可带来的法律之成立,只止于法理上之推论,因此有必要进一步公布。原来法律不待公布即能成立,征诸以往未必公布国法的事实也能明白,公布不外乎公告仪式,古今法理,如出一辙。果然如此,我们无法知道由公布而应该直接产生拘束力。我们不能否定法理上法律之成立,这是基于裁可之效力;不能怀疑其事实上是否存在,这是由公布的效力带来的;而我们不能拒绝遵守,不外乎由于执行之效力。由此当可知三者性质和效力各异。

现欲将上述法理适用于事实,以证明我们不敢为无稽之谈。帝国改正刑法是经议会协赞后,君主裁可。因经过裁可而成了法律,新刑法在裁可的同时,已经有了国法的效力,我们无法否认其在法理上成立,是因为基于裁可的直接效力,已如前述。但这只能止于从法理上主观地推测其成立,仍不得确认其事实上客观的存在。在这一点上,新刑法以明治四十年[1907]四月法律第四十五号公布,因为公布是将既成的法律做一般的宣示,我们同时不能否定其事实上的存在,这是基于公布的效力(参看下文注一)。既而由于宣示该法于明治四十一年[1908]十月一日开始实施,意味着我们在新法之下作规律的举动是从那一天开始。这是我们得出法律之效力只因其施行而发生这一结论的由来。若据一般学说,法律在裁可之后即生拘束力,那么就会发生我们受未公布的法律羁束的结果;而若依由公布而完成之说,命令施行就不过是无用之手续。当知两说均不足采信。

[注一]考虑一下基于裁可的法律之成立与基于公布而存在之法律,因二者效力不同而生的结果,前者因只止于法理上推测之故,在诉讼上当事者有负担以它为立证之责任,而后者则不需要,这应该可算一例。盖国法之存否属于事实的问题,且是所谓显著事实之一,已经公布的国法,无须以之立证,这属于诉讼上之原则。(参看《日本民事诉讼法》第二一八条)

[注二]凡法律,不以公布的同时就实施为原则(日本法例第一条,参看同公式令第一一条)。不当从公布之时当然生出拘束力,事理极为明白,因为法律的拘束力当然只因执行而发生,与此同时,无法找到法理不同的理由。由此当可知不能彼此混同。

裁可是否可以取消,这是自来学者论争的所在。但因公布以后是不能取消的,因此这一问应该说局限于公布以前。因裁可有使法律成立的效力,与裁可同时,法律上的效力确定。因此,由于不能将已经发生的效力废灭,因此从理论上可以说不得将裁可取消。这样说来,即使有取消的自由,但也只能以事实之能否来解释法理。①

---

① 从"学者一般认为"到"但也只能以事实之能否来解释法理",《大清宪法案理由书》作"凡法律,不以公布的同时就实施为原则。而像从公布之日起,或从公布之后发生一定的事实之日起开始实施,或如即使公布,但不特意指出实施的日期,而俟诸他日,毋宁说均属例外。(日本法例第一条,参看同公式令第一一条)。像这样,宪法甄别法律的公布与实施,不当从公布之时当然生出拘束力,事理极为明白,因为法律之拘束力当然只因执行而发生,公布、实施的时间不同的情况不必说了,即使二者同时,也看不出其法理有不同的理由。因此,不能将二者视为有相同效力,无须详论"。《大清宪法案理由书》中的这一段,与《大清宪法案》这一大段中的注释二有类似之处,但不同之处也颇多。

第六条 皇帝召集帝国议会,命其开会、闭会、停会,以及解散众议院。

解散众议院时,国务大臣须及时公示奏请解散之理由。

[参照]日七。英。俄五六、五七、六三。普五一、五二。德一二、二四、二六。比七〇乃至七二。① 法一之五、三之一乃至三。美一之四。

议会本是②作为君主的补助机关设立的机构,因此非经大命③不得自由集散、开闭,可以说是由其④地位而来的自然结果。不过,像法、美、比及德意志诸邦,每年在一定的时日,议会会自行集散。虽然有这样的例子,但在理论上,不仅仅归于元首的专权是至当的,并且,像法、美诸邦那样,在实际上也有所不便。因此,本案仿日、俄、英、普、德等国的立法及典例,规定召集议会等全部属于大权⑤。因此,即使两院议员全部恣意集会⑥,因不由大命之集会得不到宪法认可,其所议定的事项在国法上不会发生任何效力,其

---

① "比七〇乃至七二",《大清宪法案理由书》无。
② "议会本是",《大清宪法案理由书》作"按议会之制,是"。
③ "大命",《大清宪法案理由书》作"君命"。
④ "其",《大清宪法案理由书》作"议会的"。
⑤ "大权",《大清宪法案理由书》作"君主之大权"。
⑥ "即使两院议员全部恣意集会",《大清宪法案理由书》作"即使两院议员全部自行集会,议定国事"。

集会只止于受一般警察法管辖。

召集是使现在担任议员之职的人在一定场合集会之谓。故议员即使依大命集会,若无大命,尚不能开始议事。这是因为召集只是开会的预备。待确定了议员之所属,且选定了干事,议院才算成立,这时颁布开会的诏令,此是普通的顺序。议事开始是开会之效力的基础。一时的停止谓之停会,休止谓之休会。停会是出于诏命①,休会则是议会本身的行为,故虽然在议事终止这一点上是一样的,但一个是基于强制处分,在此期间不得开议,与之相反,一个是任意为之,不妨随时开议。会期终了之际,开议的效力同时消灭,但议院还是成立的,这是会期终了并不理所当然意味着闭会,需要另外颁布闭会之大命的原因。因此,闭会造成的直接效果,在于撤销议会的成立这一点。② 由此当可知,不可将会期终了与闭会视为一事。因议会在特定会期内有当然开议权,与是否有议案无关,君主在会期中不得命其闭会。这是由会期的效力所生的必然结论。因此,日本第七次议会会期终了前命令闭会一事,难免违宪之讥③。

会期终了时,所有未议定的议案全部废弃。依所谓会期不继续之原则,其中必要的议案,当在下一个会期中通过新的协赞。这是基于会期终了之效果。盖与会期终了相伴随,开会权消灭,没有理由再附议未了的议案。④

---

① "诏命",《大清宪法案理由书》作"大命"。
② "因此,闭会造成的直接效果,在于撤销议会的成立这一点",《大清宪法案理由书》作"因此,闭会不是使开议的效果消灭,而是破坏议院的成立"。
③ "难免违宪之讥",《大清宪法案理由书》作"断断难免违宪之讥"。
④ 从"会期终了时"到"没有理由再附议未了的议案",《大清宪法案理由书》无。

解散是撤销议院的构成之谓。其结果只是解除议员的现职。解散通常行之于议会开会期间,但也无妨在闭会中行之。由于闭会止于单纯地撤销议会的成立,而解散则撤销议院的构成,一者对议员之现职没有什么影响,一者则生出解除议员现职的结果,这是由二者的本质不同所造成的。

本案仿多数的立法事例,规定解散只对下院行之。盖预计上议院中,超过半数的议员,其任期是终身的,①因此没有必要解散(参看本案第四章帝国议会第三四条)②。在外国,认可解散两院的,只有普鲁士(参照其宪法第五一条),但也未必要解散两院,也可只解散一院,这是变例。而一般不解散上院,不外乎构成的性质使然。

解散是政府与议会所见互异的时候,政府以下院为被告③,以诉诸舆论法庭为目的。因此,若新选议员的多数与解散前的议会见解相同,则可视为政府败诉,内阁即总辞职,这是英国政治上的典例。但即使是在英国,十七、十八世纪的时候也有屡屡滥施解散之事,这在宪法史上能得到证明④。这一惯例之渐次形成⑤,是在十九世纪中叶以降的事情。即1841年保守党领袖罗伯特·皮尔爵士(サー·ロバート·ビール),因有名的谷物条例废止问题而提

---

① "盖预计上议院中,超过半数的议员,其任期是终身的",《大清宪法案理由书》作"盖本案预定上议院由皇族和敕任议员组成,其过半数的任期是终身的"。
② "参看本案第四章帝国议会第三四条",《大清宪法案理由书》作"参看本案第三五条"。
③ "政府以下院为被告",《大清宪法案理由书》作"政府立于原告地位,以下院为被告"。
④ "这在宪法史上能得到证明",《大清宪法案理由书》作"这是宪法史告诉我们的"。
⑤ "这一惯例之渐次形成",《大清宪法案理由书》作"这一不成文的成例之渐次形成"。

出内阁不信任案,以一票之多数在下院通过,首相墨尔本(メルボルン)遂将庶民院①解散。然改选的结果,政府之与党改进党得二百六十八个议席,与之相比,保守党得三百六十七席,政府最终败于议会,皮尔(ビール)组阁。其后,在1868年总选举中,为了控制在野党多数,首相迪斯累利(ヂスレリー)开创了在新议会召集之前辞职的惯例,后来,1874年的格莱斯顿(グラッドストーン),以及1880年的迪斯累利(ヂスレリー)内阁都依据了同一惯例。但到了1885年,索尔兹伯里(サリスベりー)卿为了确保保守党与帕内尔(バーネル)党②联合之必胜,在议会开会前总辞职,但失败了,只能挂冠而去,这似乎与前面数例相反,但也可以看作是墨尔本(メルボルン)内阁之例。降及1905年,贝尔福(バルフォーア)内阁不顾在议会中尚占六十多席多数而辞职,似乎可以称为异例,但在精神上则可以看作彼此无异。盖既已失去民信,却依然恋栈的行为不为典例所许,贝尔福(バルフォーア)内阁的行动,仅是蹈袭前例。现在自由党的坎贝尔·班纳文(カメル·バンナアマン)组阁,总选举的结果果然是获得空前大多数支持,仅自由党就足以占议会之优胜,若与其友党劳动党、国民党合并计算,比前内阁党即统一党要多350多席,从自由党的如此好运,足以窥探③此中消息。

反过来观察日本的状况,议会开设以来,执行解散之事前后凡

---

① "庶民院",《大清宪法案理由书》作"议院"。
② 帕内尔党,当指以查尔斯·斯图尔特·帕内尔(Charles Stewart Parnell)为首的党,帕内尔,1846—1891,是爱尔兰自治运动的领袖。
③ "窥探",《大清宪法案理由书》作"了解"。

七回,不仅多数与英国的成例相反,甚至在解释其解散目的时不无难处。

第一回解散由松方内阁在明治二十四年(1891)十二月执行,起因于议会否决了制舰费及制钢所设立费。民党不顾政府的激烈干涉,依然控制多数,议会最终以154对111的多数通过了选举干涉案,表决了对政府的不信任案。但是,首相放言,不会因这一轻举妄动而决定进退,故虽然装作毫不关心的样子,在议会闭会之后两个月宣布辞职,毋宁说不无遗憾地失去了时机。大抵政府没有胜算,这在选举执行的当时已明了,若真有尊重民意的意思,就不可以在议会开会前处理。

第二回是在明治二十六年(1893)十二月,第三回是明治二十七年(1894)六月,均由伊藤内阁决定执行。连续解散议会,是从根底上破坏宪政的基础,当时中外都因此深感帝国宪政的危机,不是没有原因的。特别是,政府不顾第六次议会,劈头议决的第一件事就是政府前次解散议会违法,进而以153对139的多数议决了弹劾上奏案的情况,尚未对此作出处理,即复行解散,这绝对不能被称为立宪大臣的举措。何况情况很清楚,政府并无以此而改变政局的胜算。恰好中日甲午战争爆发,举国一致应付外难之议起,政府竟然获得了未曾期望的小康,可以说是意外之幸。

第四回是在明治三十年(1897)十二月由松方内阁所为,起因于识破了下院将通过内阁不信任案的形势。但政府也在解散议会的当日瓦解,真所谓争执两成败,不失为宪法史上的一个奇迹。盖对政府而言,对要不要辞职的认知,自与要不要解散议会无关,解散议会之后,举行合理的选举,根据选举的结果决定进退,才是最恰当的。

　　第五回系明治三十一年(1898)六月伊藤内阁所执行,原因是以247对27的大多数否决了地租增征案。而这一次解散,成为帝国未曾有的一大政党成立的动机。即是说,当时的两大在野党自由、进步两党解散,成立了新的宪政党。伊藤首相看透了这一形势,乃推荐新政党的首领大隈、板垣二伯,伏阙请辞,随后成立了所谓政党内阁,这实际上是解散议会当月的事情,解散议会是树立政党内阁的权舆。作为帝国宪法史上开出一个新时代的标志,伊藤公的勇断与力量,无人能够否认。议者或许要说,伊藤公在松方内阁瓦解之后,紧接着向临时议会提出增税案是失计之举,应该在次期的通常会即第十三次议会上提出,问问是否可行。但是,公敢于将其提出于刚刚解散的议会,是由于确有信心,但不幸遭到议会大多数的反对而被否决,在理义上当然只有辞职一途。但公解散议会,并欲与新选议会争曲直,这也是尚可的。看到自、进两党联合组织成一大政党后,立即提出辞表,公之心底之一片信念无由得伸,前后举措相符,可无遗憾。这不是毫无道理,但宪政党的创立即将政府陷于死地,政界之大势不必等到选举已可知晓。如果说,公在选举前辞职,可以说是不失时机,那么,在动辄嫉视政党、视之为有害之物的藩阀的重围之中,断然奏荐多年的政敌隈、板二伯,由此而成就开启政党内阁之美举,在宪法史上放射永久光芒,应该体谅公之苦心,其时机如何,且可不问。更何况大势已明的话,即使政府能一时控制议会的多数,也未必有留任的必要,就如1905年贝尔福(バルフォーア)内阁辞职,权谋策略相似,但伊藤公的做法更近于正道。立宪大臣的进退,不必以常规律之,毋宁观察当时的政局,然后再做判断,庶几近似。这是我认为第三次伊藤内阁的进退,未必可视为偏离常轨的行为之原因所在。

第六回解散是明治三十五年(1902)十二月由桂内阁(按:桂太郎内阁)所执行,起因于政府看透了地租增征案将以大多数否决的形势。继而在新选议会的委员会上,以31对4的大多数再次将地租增征案否决了。事已至此,政府在理义上只能辞职。但是,政府与当时的多数党政友会妥协,竟然将地租案撤回来了。这等于政府否认了此前的解散行为,可知政府一点信用都没有。没有将是非决于公论的勇气,一味解散议会,这是玩弄天下公器。借妥协之名,舍弃主义,抛掷政见,恬然不顾,这是欺瞒民众。没有定见的相互谦让,匹夫尚耻之,堂堂政府、政党竟敢如此,因此,对其批评之词遂不堪闻知。

第七回解散系明治三十六年(1903)十二月桂内阁所行,起因是开院式的敕语奉答语不是原文。自第一届议会以来,根据仪式的表文奉答敕语,已成定例,但河野议长所撰写的,却纯粹是弹劾阁臣的奏议。议长的举措,即使在形式上不无可议,但无疑代表了民意。但是,奏疏尚未上达天听,解散之大命就下来了。刚好日俄战争爆发,政府仅保持余命,毋宁说是侥幸。

要而言之,在日本的解散,多数有滥用政柄之嫌,甚为遗憾。毕竟是政机运转不纯熟所致,政治家宜鉴之。①

---

① 从"反过来观察日本的状况"到"政治家宜鉴之",《大清宪法案理由书》作"在日本,执行解散之事前后七回,不仅多数与英国的成例相反,甚至在解释其解散目的时不无难处。今日且不对其细评,要而言之,多数有滥用大权之迹,这是我们非常遗憾的地方。这是由于不惯于宪政运行造成的,政治家当引以为鉴"。

解散权本胚胎于节制立法府之意①，故政府在奏请施行的时候，自必有重大理由，否则②，阁臣就必须对上对下谢罪。这是在本案第二项中规定公示理由是阁臣的法定义务的原因。但是，虽然③似乎可以将其归入政治公德的问题，但仔细考察清国情形的时候，就会相信将此明文规定，有百利，无一害。因为所有官僚常年习惯于独裁政治，若遇到议会的反抗，则难保动辄解散。同时，革命党那一派盘踞议会内外，应该会时常有激烈反对之举，甚为明了④，如若武断推行无意义的解散，宪政之前途可就堪忧了。这是特意限制解散的理由。

在日本，虽无明文⑤规定，但松方内阁在解散第二议会的时候，开了公示其奏疏的先例。作为立宪大臣的举措，这无疑是颇适机宜的。因为公示奏疏，在发表政府的信念的同时，也表明了自身的责任。但这个好的先例，只有伊藤内阁解散第六次议会时承袭，而后若将此废绝，那真该为宪政抱憾。

---

① "解散权本胚胎于节制立法府之意"，《大清宪法案理由书》作"解散权本胚胎于行政府节制立法部之意"。
② "否则"，《大清宪法案理由书》作"若不具备理由"。
③ "但是，虽然"，《大清宪法案理由书》作"有人认为"。
④ "甚为明了"，《大清宪法案理由书》作"此为自然趋势"。
⑤ "明文"，《大清宪法案理由书》作"宪法明文"。

第七条　皇帝为保持公安,避免公共灾厄,因紧急之必要,有权在帝国议会闭会之时,颁发与法律具有同一效力之敕令。

前项之敕令,须于次期帝国议会提出,求其承认。但在会期前已废止者不在此限。

议会拒绝讨论政府提出之敕令,或在讨论尚未结束时就闭会或被解散时,视作对此敕令不承认。政府不能提出时,亦视同议会不承认。

第一项之敕令,议会不承认,或视作不承认时,政府须立即宣布其失去效力。

[参照]日八①。普六三。

在立宪国家②,原则上,主要条规均以法律规定,但若将之视为不变的原则,则也难免胶柱之讥。这是紧急命令制度之所以重要的原因。

在以议会为立法专局的国家,因与其根本之主义不相容,不承认紧急命令制度。比如在英国,遇到急迫之事时,经常会发生国务大臣以其责任之所在,断然施行违法之事的情况。这是不得已的

---

① 《大清宪法案理由书》在"日八"之后,尚有"英"。
② "在立宪国家",《大清宪法案理由书》作"作为法制主义"。

穷极之策。法国及比利时也推行与英国相同的制度。英国国王原本掌握着以敕令作一切规定的权力,伴随着国会权力的膨胀,渐次缩小。亨利(ヘンリー)八世的时候,尚依照法律,与人民的生命、土地相关的问题除外,其余都属于敕令规定之范围,不受拘束。国会在爱德华(アドワード)六世御宇期间,将其废止。法官爱德华·柯克爵士(サー·エドワード·コーク)曾经在回答詹姆士(ジェームス)一世(1603—1625)的咨询时说:"吾王不能以敕令(imperial ordinance)设立新刑罚,如果可以这么做的话,那就可以废止任何国法。因此,吾王只需以敕令谕告人民守法、不要犯罪,而制裁则只按法律之规定。吾王也不能将星法院(the star chamber)不能处罚的犯人归于其管辖范围之下。"由此足知国会当时已经掌握了立法权的大部。这是政府在紧急事变之际除执行变通之策别无他法的原因。

本案仿日本及普鲁士的制度,规定君主有权发与法律具有同一效力的敕令。其结果,如果英、法、比诸国的主义可以归结为同一的话,则在彼原本是违法行为,与此相反,在我则属于大权之执行,故可以说在根本上存在巨大差别。而本案与日本宪法相同,不仅仅奉行法令并立的主义,而且,敕令规定的范围,也不像西欧诸国狭小,因此,似乎没有承认紧急命令的必要,但在紧急场合,自然不能没有变通的政策,认识到这一点,本案特意保留了发令权。

所谓紧急敕令,因与法律有同一的效力,故不止于将现行法律废除、变更,在凡是法律规定所能及的范围内,不论何等事项,均可无限制地立法。因此,紧急敕令与法律形式不同但效力相同,而与次条之命令相比,则形式相同而效力不同,此不具论。与本案相当的日本宪法第八条的说法是"代法律之敕令",普鲁士宪法第六十三条的说法则是"以法律之效力,发布与宪法不相抵触的敕令",文字虽异,其意相同。但是,由于日、普宪法在解释上都存在异论,因此本案明确说明是"与法律具有同一效力之敕令",用意在于避免疑义。

发布紧急敕令,(一)必须表明保持公安、避免灾厄之意,如此,其目的是消极的,不能积极地为保全公序或增进福利而发布。(二)此等发令须系紧急之必要,这是其名称之所由来。(三)须是在议会闭会期间,闭会期间,是从其闭会或解散之日起,到开会之日止。故议会休会或停会,若系在议会开会期间,不得发布此等敕令。这是本条只能适用于无法等待议会召集的场合的由来。

发布了紧急敕令的场合,政府须在下一次帝国议会提出,求其承认。这毕竟是尊重议会职权之需要。而议会则在认为其有存续之必要的时候就该承认之,认为其没有存续之必要的时候就该拒否之。承认与是否存续相联系。或许有人要说,因为发令当时的情况也该成为审查的目的,因此即使在会期前撤废,也该提出于议会,这是将基于发令的责任问题与是否存续的问题混同带来的观点。因为在不具备发令条件的时候,政府当然要负责任。议会纠弹政府的时机与方法均无穷尽之理,因此责任问题与敕令提出之有无没有关系。由此可知,会期前已废止时,自无提出之必要。因此,本案第二项但书,虽看似画蛇添足,实际是由于从来异论不少,故特意将其注明。

议会尚未讨论政府提出之敕令,或尚未讨论完毕就闭会,或被解散时,或政府在提出之前议会被解散,其承认与否,不能无疑。

据日本的先例,是以没有明白的承认为由,应该提出于次期之议会。本案可以视作不承认这种做法,因此规定无须提出于次期之议会。因为紧急敕令在性质上没有永续的必要,在议会没有作出何等决定时,不如将其视为不承认来得简便。

议会没有明示承认时,以及应该视作不承认时,政府当毫不迟滞地公布敕令失去效力之旨。这是因为,不承认的决议并不包含其当然失去效力之意。故因不承认带来的直接效果,只止于政府负有公布其失效之义务。因此,不必多言,政府不履行其义务时,当然要负违宪之责,敕令则依然保有其效力。

第八条　皇帝为执行法律,或保持公安,或增进公益,得发布命令,或使发布命令,但不得以命令变更法律。

[参照] 日九。俄一一。普四五。奥四之一一。比六七。

行政以维持公安、增进民福为目的,不仅仅是执行法律,百政相互联系,多须临机裁量,不能预设条框,限定其活动范围。因此,在性质上,不能像司法那样以适应既有法律为能事,不得期望其能在应接百般事实的时候没有遗算。本条的规定,不失为使其机能完全的一个方法。

行政命令是为执行法律而规定其细节、为保持公安或增进公益而制定条规。前者通常被称为执行命令,后者通常被称为独立命令或补充命令。之所以称之为独立命令,是因为其特立于法律之外;之所以称之为补充命令,是因为其以补足法律之规定为目的。行政命令除由君主发布,让行政官府有发布之权是方便的。因此本条特别声明之。

命令制定权与所谓立法权并立,其间并无优劣之分。这是本案所采用的主义,与欧洲多数宪法不同。不得以命令变更法律,①是对命令制定权唯一的限制。因为宪法特意指示当以法律规定的事项,若让命令有变更法律的自由,就会有纷更宪法之虞。②

在西欧各国,以在为执行法律或因法律之委任之外不能发命令为原则,这有过度限制元首权能的嫌疑,其主义与本案根本不同。但仔细考察各国立法的趋势,有渐渐以委任条款(empowering clause)的方式不断扩张命令规定的范围的事实。即在比利时和法兰西仅限于在执行命令方面认可委任条款,而普鲁士又模仿之,与英国一样,在讲求以委任命令补充法律之不足方面如出一辙。在结果方面似乎与本案相同,但因彼此发命令权的依据不同,在范围之广狭与立法是否方便方面均不可同日而语。

第九条　皇帝定行政各部之官制及文武官员之俸禄,任命文武官员,但有特例之处,不受此限。

[参照]日一〇。英。俄一一、一七、一八。普四五、四七。德一八。奥四之二、四之三。比二九、六五、六六。法一之三。美二之一。

---

① 《大清宪法案理由书》在此后尚有"如本条但书所明示"一分句。
② "就会有纷更宪法之虞",《大清宪法案理由书》作"就不唯会生出纷更宪法的结果,还有以行政破坏司法之虞"。

定行政各部的官制及任免文武百官之权,向为清朝列圣掌握,本条依然将其作为大权保留。不将官制及任免权特立出来,是因为行政常常难免立法府的干涉。因此,列国在原则上将其作为国家元首的专属权力。定俸给之权也是如此。但是,审判厅、都察院、审计院的组织权限及其职员的任免,以法律设立了特例的,当然不能以命令干犯。倘若为了行政方便,使之有随意改变其组织、任免其职员的自由,必至破坏特别设立这一制度的基础。

[参考]

关于官制改革①

光绪皇帝在明治三十九年(光绪三十二年)[1906]九月宣布预备立宪当从官制着手的谕旨。后来,在十一月,中央官制改革完成。接着又经二三改革,遂成如下的现行官制要领。

◎军机处

虽是雍正年间从内阁分离的使之参与军国机密的临时特设机构,但因时事之必要,遂延续至今,现为清国最高的议政府,职司与我国的内阁略同。

◎内阁

所谓内阁,其性质与立宪各国的内阁(cabinet)完全不同。其职司的重点,在上谕、谕旨之立案,上奏之检阅,玉玺之保管,典礼

---

① "关于官制改革",《大清宪法案理由书》作"关于中央官制改革"。

之执行,不过如此而已。虽在清国是最高荣誉的官员,实际上难免让人感觉徒拥虚器而已。

◎**政务处**

由于在改革的上谕中没有涉及其权限,不容置疑,是要按旧制办事。本处与内阁、军机处一起,是三大衙门之一,其职权在各部之上。是在光绪二十七年(明治三十五年)[1902]受变法自强之声的促动而新设的机构①,职掌略与军机处同。

◎**外务部**

司外交之事。咸丰九年(安政六年)[1859]创设时称为总理各国事务衙门,②明治三十四年[1901]改今名。

◎**吏部**

司文官之任免、叙勋等事。

◎**民政部**

原称民警部,主司警察之事。

◎**度支部**

司财政之事。原称户部,并入财政处,新称度支部。

◎**礼部**

司典礼之事。太常(圣拜局)、光禄(帝室飨宴局)、鸿胪(帝室典礼局)三寺并入。

◎**学部**

司教育之事。

---

① 此处时间有误,光绪二十七年是1901年,而明治三十五年是1902年,政务处成立于1901年。
② 此处时间有误,总理衙门成立于咸丰十一年(1861),而非咸丰九年。

◎**陆军部**

由兵部改,练兵处、太仆寺(帝室马政局)并入。

◎**海军部**

目前暂在陆军部办事。

◎**法部**

旧称刑部,专任司法之事。

◎**农工商部**

原工部、商部并入。

◎**邮传部**①

司轮船、铁路、电线、邮政之事。

◎**理藩部**

原称理藩院,专管藩属地的行政。

以上内阁、军机处、政务处及外务部均为合议组织,其他各部尚书(大臣)一人、侍郎(次官)二人,满汉不分。

◎**军咨府**

相当于我国的参谋本部。也是暂在陆军部办事。

◎**大理院**

前大理寺。其地位、职司略与我国大审院相同。

◎**都察院**

纠察行政官员。职司指陈缺失、伸理冤滞。

◎**资政院**

本院是依光绪三十三年(明治四十年)[1907]八月十三日之上

---

① 原文写作"邮电部",误。

谕设立的,据去年清历六月十日发布的该院章程来看,似乎可以视作一种元老院。本院以博采群言为目的,欲使之成为将来议院的基础。预定本年举行议员选举,明年开院。议员由年满三十岁以上的下列人员中选举(参看同院章程第九条乃至第一四条):

一、王公世爵(有世袭爵位者)

定员:十人。

二、宗室觉罗(直系、旁系之皇族)

定员:五人。

三、各部院衙门官四品以下者(但除去审判官、检察官及巡警官)

定员:百人。

四、拥有一百万元以上之资产,有咨议局(地方议会)议员被选资格者。

定员:十人。

五、各省咨议局议员

定员:各省议员定额总数之十分之一。

◎ **审计院**

本院是在光绪三十二年(明治三十九年)[1906]官制改革的时候,欲与资政院一同设立的机构,其职司是核查经费,相当于我国的会计检查院。现预定在宣统七年(明治四十八年)[1915]与会计法之实施相伴而设立。这样,虽然不应该将本院与其他衙门一同列入现行官制之中,但由于它也属于前揭改革上谕中宣示过的,现且收录于此。

以上所述之外,翰林院(司修史、撰文等事)、宗人府(皇室人事局)、内务府(类似我国的宫内省)、太医院(侍医局)、钦天监(相当于我国的中央气象台),以及其他各衙门,因在改革的上谕中毫无言及,可以说是全都存续旧制。其详细之处,因无特别必要,将其省略。①

总之,十一月改革的主要着眼点可归结为如下数点②:(一)撤废满汉钳制之法;(二)各部尚书由二人改为一人;(三)官衙之废合增设。支那的官制,每于改朝换代之际,多继承前代遗制,历朝相承,极少改废。他们的孔夫子说过:"殷因于夏礼,所损益,可知也。周因于殷礼,所损益,可知也。其或继周者,虽百世,可知也。"真可谓一语道破古今贯通之原则。③ 因此,想了解清制,不查看明制自然是不行的。还有个别的制度,不溯及千年以前,就不容易捕捉到真相。由此当知其由来之久远,因此足以明白,要在一朝一夕将其改革,实为至难。若行急遽的改革,难保成为邦家动乱的原因,戊戌(明治三十一年,光绪二十四年)[1898]之政变已充分证明这一点。上谕中所说"此次斟酌损益,原为立宪始基,实行预备,如有未尽合宜之处,仍著体察情形,随时修改,循序渐进,以臻至善",真可谓得当。因此,若希望破坏清国现行制度,一跃而模仿立宪诸国,

---

① 从"光绪皇帝在明治三十九年(光绪三十二年)[1906]九月宣布预备立宪当从官制着手的谕旨"到"将其省略",《大清宪法案理由书》无。
② "总之,十一月改革的主要着眼点可归结为如下数点",《大清宪法案理由书》作"光绪三十二年九月官制改革的主要着眼点是"。
③ 从"他们的孔夫子说过"到"真可谓一语道破古今贯通之原则",《大清宪法案理由书》无。

那真属于"言易行难"者流,不过,现在仍有许多改善之余地,则是我辈不惮断言的。当从根本上撤去满汉平衡的观念是其一,图谋政务之统一是其二,明定责成是其三,正确区分宫中、府中是其四,废止冗官是其五,增加俸禄是其六。凡此等处,依清国的现情,是一日也不容忽视的。若不涉及根本,而止于废除合并二三局课,减免一部分官吏,即使再来几次,也无改革之实,这是不待智者可知的。

(一)满汉钳制之法,原本来自太宗皇帝的政纲。太宗说:"以满人对抗汉人,以防遏汉人势力之偏重。"①迩来二百多年,作为国宪,存续至今。因此,昔日改革之上谕称"满汉不分",乍一看似乎是要破除祖训,但仔细考察其后来任命大官的情况,则依然是墨守祖宗成法,令人不得不怀疑将来会永久存续下去。想一想,今日的清国,真是到了危急存亡之秋。在这样的时候还保守这种陋习,不唯阻碍国家进步,且难保成为扰乱国家的原因。清国官民应当深思熟虑一番。(既崇尚祖宗遗训又实施宪政,究竟无法维持,其原因,参看本案第三十五条下议院组织一节中"议员选出部分与满汉两族之关系"。)

(二)十一月改革未致力于政务统一,令人遗憾。军机处、内阁、政务处,其地位、职权均居行政各部之首脑。而其掌管的事务,在实质上无大差异,因此无妨以一个奉行大政。计不出此,却汲汲于保存旧制,实属不妥。初议的草案多么恰当,规定将军机处改并于内阁,设总理大臣统率百官,设左右副大臣,与总理大臣协同掌

---

① 此处系自日文翻译,尚未找到这句话的中文出处。

理庶政。若推行这一方案,应该是改革上的一大进步。议论的结果,竟然放弃此方案,甚为遗憾。军机处向为合议之府,更以各部尚书组织一种内阁,使政务统一愈形困难,其无法有政绩,早为旧制充分证明。完全不考虑这一点,最终葬送于模棱之间,真是一大瑕疵!或许有人要说,总理大臣配以两个副大臣的话,与数人的军机大臣相比,在实质上没有任何差别。虽然如此,我仍不拘泥于名义,只想在简约的组织下得到庶政统一之实。按现行法制,一旦有需要阁议之事,先须经军机处合议,此外,军机大臣和各部尚书当然要联合会议,根据事宜的性质,有些还需经政务处会议。然而,将三大衙门合一,以各部尚书组织内阁,不仅再无此等烦累,且政务自然统一,还可以达到责任明确、无推卸之途的效果。其利害岂可同日而语!昔日官制改革中的总核大臣的奏议中有言:"行政之事则专属之内阁各部大臣,内阁有总理大臣,各部尚书,亦均为内阁政务大臣,故分之为各部,合之皆为政府,而情无隔阂,入则参阁议,出则各治部务,而事可贯通。如是则中央集权之势成,而政策统一之效著。"此言甚善。而三大衙门依然存续,早晚需要一大改革,无须多言。

(三)明确宫中、府中之畛域,是近世政治组织的原则。两者混同,不但与责任政治的观念不相容,而且往往还有使皇室成为众怨之府之虞。在立宪各国,皇族多入军籍,成为惯例,即是由这一情实而来。今日清国中外多事,似乎有必要让皇室俊才全部进入政府,但也并非因为无人。与实施宪政同时,应该更改因袭之旧俗。这是使皇室永远成为国民钦仰之源的正道。

皇室典礼由内廷诸官司掌,嘉礼、祭礼应归其专管,各外藩的朝贡、使节的接待,以及外国使臣的谒见等随时与理藩部或外务部交涉,可以主要由宫廷掌管。从前那样由政务大臣掌管,非但没有必要,甚至还有政府干涉内廷之虞。因此,应该将现存的礼部全部废去,单在内廷设一局课。

清室现在的内廷组织非常繁缛,因此,在扩大内务府(类似我国的宫内省)、将前述礼部并入之外,王府(司与王子相关的事务)、宗人府(皇室人事局)、太医院(侍医局)、也应该与之合并,归其管辖。钦天监(相当于我国的中央气象台)应隶属于邮电部①或农工商部,翰林院(司修史、撰文等事)全部废去,其一部归内务府,另一部合并于现时的内阁,各作为一局课就好。这些衙门当然没有必要成为独立的机构,由此,将宫中、府中加以区分,自是符合治道的。其利岂止是淘汰冗员、节减冗费?②

(四)十一月改革致力于改废官府、减免官吏,这是值得肯定的。将财政处并入户部成立度支部,合并兵部、练兵处、太仆寺设置陆军部,三寺并入礼部,商工二部合一等,不失为适合机宜的举措。但是,尚该改正之处也不少。吏部没有必要作为独立的部是其一,官吏的任免、升陟或叙勋、授爵,在性质上应该依各部院尚书的意见,经过阁议,由首班大臣上奏请皇上裁可,特设政务大臣来主管,非但没有必要,而且有百弊丛生之虞,因此,宜将其全部废去,使之成为军机处的一局课。各部侍郎当减为一员是其二。设置左右侍郎,本是基于落实满汉钳制之意,如此,会给将来埋下祸

---

① "邮电部",原文如此,当为"邮传部"。
② 从"清室现在的内廷组织非常繁缛"到"其利岂止是淘汰冗员、节减冗费",《大清宪法案理由书》无。

根,已如前述。何况因此而相互倾陷排挤,阻滞政务之弊已为现时情况所证明。① 军机处及外务部的组织改善也是其一。② 既然保存了各政务大臣合会之法,各部没有必要采用合议制,事理极其明了。尤其像涉外事件,在性质上大多需要经过阁议,其主管的衙门,还不如作为单独官府迅速明白自己的责任。③

(五)司法机关之改善,一作为立宪的预备,一因对外成约的关系,早晚都得实行,此自不待说。而昔日改刑部为法部,总理司法行政,改大理寺为大理院,专掌审判之事,这些举措,甚为正确。至于审判厅的构成及管辖,在本案第七章将详论。

(六)增加俸给,保持官吏威信,不失为方今急务之一。清国官吏的俸禄失于菲薄,尚且不够衣食之费。而上下即使不是出于自觉,但还是墨守旧制,不敢改革。而且,国帑流为私费也大都被默许,不被追究,可谓甚为奇特。这是国库的收支自然不得不暧昧的原因,也是古来收贿之弊不绝的原本。因此,在今日,要求官员清廉,毋宁说是过于酷烈。毋庸置疑,增加俸给,有助于振肃纲纪。叙述至此,应该考察一下的,是其与财政的关系。然事涉繁杂,今姑略之。

---

① "何况因此而相互倾陷排挤,阻滞政务之弊已为现时情况所证明"一句,《大清宪法案理由书》无。
② "军机处及外务部的组织改善也是其一",《大清宪法案理由书》作"改军机处及外务部之制,使其不为单独官府,这也是将来应该改善的一点"。
③ "既然保存了各政务大臣合会之法,各部没有必要采用合议制,事理极其明了。尤其像涉外事件,在性质上大多需要经过阁议,其主管的衙门,还不如作为单独官府迅速明白自己的责任",《大清宪法案理由书》作"盖合议之府虽有慎重熟议的特长,但有不能灵敏行动的遗憾,特别是涉外事件,由于在性质上多要经阁议,不唯看不出来其主管部门要是合议之府,且无法避免使责成葬送于模棱之间的弊端,因此应该改成跟其他部同一的制度"。

第十条　皇帝统帅海陆军,并定其编制及常备兵额。

[参照]日一一、一二。英。俄一四、五四、五五。普三五、三六。德五、五九乃至六五。比六八。法一之三。美一之八、二之二。

虽然按清国的制度,军权属于皇帝的大权,但这不过是法理之论。兵权早已下移,君主无统帅之实,政府无司令之权。清国的兵权本掌握在君主手中,但在嘉庆年间有白莲教匪之乱,借助民团,才得以削平,渐开下移之端。后从咸丰以至同治,发匪之大乱起,遂至将兵柄全委诸督抚,这是今日疆臣各拥兵马、宛如联邦王国的原因。今依立宪国家的制度,兵马之权莫不归中央总揽,未见有实行分权制度者。将兵权放任地方节制的时候,不但会导致国家防御废弛,而且还有阻害国家统一之虞。

因此,清国当鉴于此种情形,削去督抚兵权,甄别文武,军队统帅之权归皇帝亲揽,其治理工作全归中央政府主管。或许有人要说,兵柄下移只是自然的趋势,现在若集中于政府,地方纷扰怎么办?但是,统一军权才能确立国家万年之基,何须顾虑局部动乱呢!何况若在今日一味墨守现制,终将造成没有收回的机会呢?数年前,有像前直隶总督袁氏那样将兵权的一部分奉还的先例,统一之业也未必太难。这是本案推究此种情理,特将军权归皇上的原因。①

因为军备是维持国家独立之体面的,对于与之相伴的各种经费,应当置于一定的保障之下,不容议会漫然干涉,无疑是最为得宜的措置。② 国防计划在性质上不能在短期内收效,若有轻易变更的自由,不唯军备之充实无期,且有酿成国家经济上很大损失之虞。这是本案对军制特别致意的原因。(参看本案第六六条)对欧洲诸国,不能不作如是观:大抵因军备之故而不议定预算,依预算,军备极其有限。现时的英国,依1689年的权利宣言,断定未得议会之承诺而设立常备军是非法的,延续至今,两百余年未曾改变其主义③。在大陆诸国,鉴于屡屡发生以兵力压制的事情,也采用依议定预算限制军备的主义。像这样,当可看到议会拼死力削弱军队势力的倾向。④ 但由于现在国际上的情形,军备不可一日废弛,经费之不懈供给,无关乎条规惯例,而须基于实际之必要。伴随着政局的转变,议会的态度谁都难于推测。由此当可明白,(欧洲诸国)与本案所持的主义相比,国家元首权力的强弱不可同日而论。若

---

① 从"虽然按清国的制度"到"特将军权归皇上的原因",《大清宪法案理由书》作"陆海军由皇帝统帅,这是支那历朝的制度,也是清国遗传来的旧法,其编制及定常备兵额之权也是如此"。
② "因为军备是维持国家独立之体面的,对于与之相伴的各种经费,应当置于一定的保障之下,不容议会漫然干涉,无疑是最为得宜的措置",《大清宪法案理由书》作"因为军备是维持国家独立之体面的,当考察中外之情形,以确定其计划。因此,将军制权保留于大权,置于议会干涉之外,其经常费额,不经政府之同意,不得自由废除削减,无疑是最得机宜的措置"。
③ "两百余年未曾改变其主义",《大清宪法案理由书》作"尔来尚固执于同一主义"。
④ "像这样,当可看到议会拼死力削弱军队势力的倾向"一句,《大清宪法案理由书》无。

想将国家址基永远巩固,不可采用欧洲的主义,其原因不待详言。①

第十一条　皇帝宣战、媾和、缔结条约并命其执行。

　　[参照]日一三。英。俄一二、一三。普四八。德一一。奥四之五、四之六。比六八。法三之八。美一之八、二之二。

　　由于皇帝居于对外代表国家的地位,将外交权保留于大权本属自然之理数。但从立法事例来说,可大致分为两种:将其归于元首专权,或以议会干预为必要条件。执行第一种主义的有日、英、俄数国,普、德、奥、比、法、美、意、西、葡和丹等诸国执行第二种主义。本案鉴于国情与外交之性质,采用第一种主义。

　　德意志帝国宪法规定,在宣战的时候,以经过联邦议会的讨论为必要条件,美国宪法也将其委为议会的专属权,虽是国情使然,也不无过度限制元首权力之嫌。且不论这么做有贻误军机之虞,当依据各种情况推断舆论之所归,看不出有必要特别咨询公议。②德意志帝国宪法规定外寇之场合除外,毋宁说显示了立法者未脱

---

① "伴随着政局的转变,议会的态度谁都难于推测。由此当可明白,(欧洲诸国)与本案所持的主义相比,国家元首权力的强弱不可同日而论。若想将国家址基永远巩固,不可采用欧洲的主义,其原因不待详言",《大清宪法案理由书》作"在理论上,其权力的强弱,固不可与本案所采之主义同日而语,这是需要注意的"。
② "且不论这么做有贻误军机之虞,当依据各种情况推断舆论之所归,看不出有必要特别咨询公议",《大清宪法案理由书》作"盖像宣战之利害、要否等问题,即使不待公议,也可依据各种情况推断国论之所归,不唯此也,不难想象,由议会决定的做法有贻误军机之虞"。

稚气。曾经与德、美持同一主义的法国,到了1879年,断然废弃这一规定,足以看出,法国人立法的眼力比德、美略高一筹。这是本案在大权执行方面不设置任何限制的原因。

以议会的干预作为条约成立的要件的法制,作为主义,未必能说其不可。但缔约在性质上多须机密,且贵敏捷,因此,真不知道将其一一咨询群议的原因何在。这是本案特意委之为元首专权的原因。因此,由于君主在缔结条约的时候,事先不需要经议会协赞,事后不要求其承认,如果国际法上是有效成立的条约,不言而喻,在宪法上也是有效的。这是与欧美多数之立法不同的地方。但是,如果遇到为了执行条约而需要国帑或改废法律的情况,①不消说,是需要经过议会协赞的。议定预算、协赞立法属于议会的职司,没有理由为执行外交大权而做任何限制。

条约的公布是公告既存事实,由此生出国民不能在国法上否认其存在的效果,这是基于公布条约的唯一效力。或有学者要说,在公布的同时,条约生出法规的性质,且有废止、变更既存法律的效力,这终究是谬误的见解。法规中没有的条约,没有因条约的公布而改变其性质的理由,这与预算在公布之后其本质没有变化完全是同一个道理。这是凭常识都不难推知的。何况由此而有废止变更法律效力一事,究竟无法得知其根据何在。

为执行条约而有必要制定或改废法律时,要经议会协赞,不容丝毫置疑。这是因为,君主只有命令执行条约之权,并无为此而废止变更法律之权。或许有学者要将其解说为这是对君主大权的不

---

① "如果遇到为了执行条约而需要国帑或改废法律的情况",《大清宪法案理由书》作"虽然命令执行条约属于君主之大权,倘若为此而需要国帑或改废法律"。

当限制，真不知其命意何在。大概是忘记外交大权与议会职权并立，不得互相干犯。若依论者所说，因条约而需要增税时，无须经议会协赞，因公布条约而当然有改废法律的效力，将呈现国民要尽无法律依据的纳税义务的奇观，结果，以至于议会的职权因外交大权的执行而被自由伸缩。凡法律，不依法律不得废止变更是普遍原则。论者居然以一纸没有法规性质的条约改废法律，可知为不通之论。

议会在否决与履行条约相伴随的预算案或法律案的时候，因为君主不能履行条约上的义务，当然不能负担由此而产生的国际法上的责任。君主事实上处于不能履行责任的地位，如果不能以议会的协赞作为停止条件，则无由免除其责任。或许有论者要说，国际法上有效成立的条约，在国法上也必须执行。但条约的成立与其执行自属不同的关系，因此，即使条约成立，也未必能预先断定能执行。又有人说，国家的意思是一而不是二，国际法上有效的意思，国法上也有效，故有效成立的条约不能执行，不但意思冲突，而且，这不是造成了两个以上的意思均成立的状况吗？然而，国家的意思在法理上不可不单一，虽然不无道理，但是同时，两个以上的意思成立，这样的情况并不足怪。国家机关各在其权限之内表达自己的意思，都是成立的，不难推测，有同时两个以上的意思成立这种情况，就像对于同一个诉讼事件，两个裁判所的判决并立一样，这不是恰当的例子吗？君主与议会见解不同的场合也是这样。因此，如果非要维持本说，则对于外交权附带的、牵连的一切预算及立法，都不许议会干预，否则就会经常得出议会没有协赞的自由这种结论，这可不是符合法意之论。何况本说在根本上将条约的成立与其执行混为一谈了呢。①

第十二条　皇帝宣告戒严。
　　关于戒严之事项，以法律定之。

[参照]日一四。俄一五、四一。德六八。

戒严是在战时或事变②之际，为了警戒起见，在特定地域停止常法，将司法及警察权的全部或一部移交给军司令之谓。在非常紧急的场合，不容拘于常法，否则会导致事实上不能执行，因此有必要在平时将处分的方法预为规定。而其宣告的时期、形式及效力全都以法律规定，与立法例一致，其缘由不外是事态本身重大。

第十三条　皇帝授予爵位、勋章及其他荣典。

[参照]日一五。英。俄一九。普五〇。奥四之四。比七五、七六。

赏赐文武功臣、表彰善行美举，作为"荣誉之源泉"（fountain of honour）归于君主，是古今东西一致的法制。这是与其地位相伴随的自然要求。而定其品级和礼遇的程度、方法，均听君主独裁，不

---

① 从"条约的公布是公告既存事实"到"何况本说在根本上将条约的成立与其执行混为一谈了呢"，《大清宪法案理由书》无。
② "事变"，北鬼原文写作"时变"。

105

容其他一切干涉。

第十四条　皇帝命实行大赦、特赦、减刑及复权。

[参照]日一六。英。俄二三。普四九。奥三之十三。比七三。法一之三。美二之二。

周密的立法未必是洞悉社会百般人事之谓,虽然说司法官在解释法令上倾注心血,也难保没有万一的过失。本案所定的赦免大权,不外乎推究这一情理,一以弥补立法的缺漏,一以维持审判的公平。而将其保留于大权,是因为君主是"正道之源泉"(fountain of justice),为国民所钦仰。

大赦是针对特种罪犯,将其赦免;特赦是针对特定犯人,免除执行其刑罚;减刑是减免已定之刑;复权是恢复已被剥夺了的公权。而大赦有两种法制,一种是不问是在裁判确定之前还是之后均可行之,一种是只限于判刑之后行之。实行第一种制度时,若在裁判确定前特赦,会生出将公诉权和刑法执行权一并抛弃的结果。执行第二种制度,则只止于抛弃刑罚执行权。这是二者的差异。虽未必能断定其利害,但不如采用第一种法制便利。

对因议院弹劾而带来的国务大臣职务上的犯罪之赦免,与对于一般犯罪旨趣不同,故不得不另行规定。在英国,虽然对普通犯罪实行第一种法制,但因议院弹劾带来的犯罪,在审理中的,不得赦免,被告也不能以君主的赦免为由拒绝公诉。如在 1679 年丹比(ダンビー)伯爵弹劾事件的审理中,伯爵虽然抗辩说他已得到君主特赦,但终被驳回,也不外乎此。其后虽然依威廉(ウヰリアム)三世即位第十二年及第十三年的王位继承条例提出特赦状,但仍规定不得以之作为拒绝公诉的理由。从那以后,赦免大权便只限于在审判确定之后行使。在普鲁士,有国王只能在收到议院的弹劾上奏的场合才能赦免的规定。在法国,因特赦属于总统的专权,不问犯罪的性质如何,均得自由行使,但大赦必须依法律执行。美国大统领因为只对一般犯罪有赦免权,对于因弹劾带来的大臣犯罪,不能以其职权做任何事情。而在本案中,因为认定没有必要移植所谓弹劾制度(impeachment),特地在关于赦免权方面不做任何规定。其理由,留待与大臣责任有关的本案第五十一条说明。

第十五条 皇帝确定货币,并命其通用。
币制之改定,经帝国议会之协赞而行。

[参照]英。俄一六。普五〇。德四。奥四之七。比七四。

币制的良否直接影响财界的盛衰,并与国家的隆替关系甚深,古来实例不胜枚举。因此,应该有心理准备,勤于依据时机经常改善币制,慎重熟议,以期万无一失。此乃将币制权归于元首,尚需接受议会干预的原因。

俄、普、德、奥等国的宪法中有跟币制相关的规定,而像日本宪法则没有明文。《宪法义解》说:"宪法所载,以既举其大纲,又罗列其节目中的要领为标准。故像铸币权、定度量衡之权不一一详及,其省略的,就是包括的。"(第三十页)在日本宪法里,因为以天皇为统治权的总揽者,当然可以推论出凡是没有明文规定属于议会的其他职权,全都属于君主大权的结论。本案在解释上与日本宪法相同,那么本条立案的理由是什么？不外乎因为有必要将币制的现情说清楚。

　　[注]由于清国从来没有一定的法定货币,价格的标准五花八门,作为支付的工具,现在有各种各样的马蹄银、弗银、小银钱、当十铜钱、当五铜钱、铜钱、两与弗的兑换券、铜货与铜钱的钱票、钱庄发行的庄票。而金属货币的重量、纯度各异,银钱、铜钱的比价虽多少依照习惯,但主要是依银、铜等金属的相互市价来确定,变动无常,因此,公私生活的不便,超出我们的想象。说起来,币制统一是清国积年老题目,先有上谕的颁布,委员的任命,上海、香港、天津等处各商业会议所的联合决议、总税务司罗伯特·赫德爵士(サー・ロバート・ハート)的提议、美国汇兑委员会的提案、王公大臣的奏议、银钱的试铸,胶着多年,终于在去年十月再发上谕,公布采用银本位的宗旨,具有划时代的意义。虽然从世界金融市场的大势推断,当然以采用金本位为当,但从清国的现情推断,这到底还是言易行难。因此,政府执行先采用银本位制,待收到整顿币制的实效之后,慢慢转移到金本位制的政策,对此,恐怕中外有识之士会不吝赞同。而依上谕,将以库平银一两作单位,另铸造库平五钱、一钱及五分的小银钱做辅币,预定标准货币及五钱银币的纯度都是98.2,一钱及五分银币的纯度是88。不以向来在开港商场流通最多的墨西哥弗,即相当于库平银七钱二分的元银为本位,而采用库平的两银为本位,听说主要是因为作为征税的标准,库平银相对而言通用的范围更广。

第一章　皇帝

原来，清国的币制改革，属于对日、英、美诸国条约上的义务。而今看到其确定本位，可谓中外之幸。(据最近北京的情报，依度支部的奏请，有将标准货币改为弗银的意见，政务处正在再审中。若真如此，则既定的政策难保又要变更。但即便如此，本位的确定也只是改革的第一步，至于与其相伴的百般措施，任何一个都是经济财政上的重大问题，不易解决。举一例来说，将铸币权收归中央政府，已属至难之事。由铸币带来的利益是各省重要的财源，因此，由失去铸币权造成的财政缺陷是否有填补的办法？或者依然存续现在的制度？毕竟，改革不是空名可了。何况，当想到与币制相伴的官场之无穷情弊时，改革之前途还远远不能乐观呢。)①

---

① 从"胶着多年"到"改革之前途还远远不能乐观呢"，《大清宪法案理由书》作"现在是政府在改革方面持续焦虑的事实。而币制改革，以对日、英、美条约上之义务为契机，宣示将与币制相关的一切权能保留于大权，其改正随时与议会一起行之，我相信这应该是邦家永远的利益。但是，由铸币带来的利益是各省重要的财源，突然将铸币权收归中央不易办到，同时，当想到与币制相伴随的几多官场情弊，当知改革币制毕竟不是言论所能决定的"。

109

第二章　摄政

　　清朝的摄政制度起源于顺治时代的郑亲王、睿亲王辅政。而现代的摄政王名分，不外袭用睿亲王的先例。顺治帝以降，康熙帝在位时的辅政大臣、同治帝时代的议政王，都未曾有摄政王的名分。但由于其地位、权限前后大异，不能拘泥于名义，将其等同于立宪国的摄政制度，这是不用多说的。不过，今上既已继承先帝遗志，宣示要完成立宪鸿业，因此，不难推测，他日制定钦定宪法的时候，摄政的地位、权限当与方今立宪诸国同轨。这是本章特意考鉴立宪国的条规惯例，并参酌清室的事例，将其昭明的理由。

第十六条　摄政以皇帝之名行使统治权。

　　　　［参照］日一七。普五八。

第二章 摄政

由于统治大权归皇上固有是清朝历世不变的原则,虽然万机均系于摄政的独裁,但大权仍归至尊掌握,摄政不过是以天子的名义摄行而已。而其统治权的执行,意味着并非以皇帝代理之义执行其权限。因此,摄政与君主之间没有发生委任代理关系的余地,事实上也没有对君主的能力进行补充,可知,摄政乃宪法上独立于君主之外的国家机关。因此,以摄政为与君主合体行使大权的说法,可谓无视摄政的特立地位。又,虽然现在不无将摄政视为太傅,即监护人的明文和学说,但在今日,不存在将其视为私的制度的余地,无待多言。

凡国家之政务由摄政总持,要以正条明确规定。按今日清国摄政王的地位权限,其上任的翌日,即光绪三十四年(明治四十一年)[1908]十月二十一日的上谕云:"著摄政王载沣为监国,所有军国政事,悉秉承予(光绪皇帝)之训示,裁度施行。"①又其翌日之上谕云:"嗣后军国政事,均由摄政王裁定,遇有重大事件,有必须请皇太后懿旨者,由摄政王随时面请施行。"究竟与本案的旨趣归于同一,无须多论。也可以说和立宪诸国的摄政地位权限相同。

[注]光绪三十四年(明治四十一年)[1908]公布的清国《监国摄政王礼节》②,究竟难免杜撰之讥。因为摄政的地位权限已由上谕昭明,似乎没有必要画蛇添足。不过,特地在立法上最先将其声明,则属于至当的顺序。仅就第二条推测其一斑的话,可以

---

① 此处括号中的注释,系北鬼原注。实则此处之"予",是慈禧太后,而非光绪皇帝。
② 《监国摄政王礼节》,光绪三十四年十一月十八日奉旨依议,见《内阁阁部院会奏监国摄政王礼节折(并单)》,光绪三十四年十一月二十一日《政治官报》,第7—11页。这一文件,北鬼三郎在本章中均写作"摄政格式权限令",翻译时全改为《监国摄政王礼节》。

说立论不成体统。更在第五条规定君权之事,不解其意何在。如果立法者有在第二条里一并将其地位、权限加以规定之意,第五条当然归于无用。不可否认的是,如果第二条只是单纯规定颁布诏旨的形式的话,那么,其他条款中,又只规定军权是什么意思?或许因收回军权之一念,若不及于此就不无疑问,但是,此事并不以该条是否存在为转移,这是不待言的。我敢说,第五条的这一规定,毕竟是不辨事体的措置。至于这一法令编成之次序纷乱,毫无规律,无须在此细评。

由于摄政的权限广大无穷,难保不生大弊,各国宪法莫不对之加以限制。即如日本、荷兰、比利时及卢森堡(ルクセンブルグ)的宪法里,规定摄政在任时完全禁止变更宪法,而德意志诸邦的宪法中,有禁止特定事项、在附加条件下允许变更宪法、其效力受局限数条规定。其他如不许变更皇室典范(日本)、只限于不允许变更皇位继承顺序(英吉利)、设置任免大官的限制(瑞典、巴威伦、瓦天堡),各国的条规惯例各不相同。本案鉴于摄政的地位,规定不要一切限制。因为摄政都是君主的最近亲者担任,这是常例。可以断言,其在任期间不会有故意图谋不利于帝室,或阻害国家进步的行为。又,如果摄政是无意遵奉宪法的人,则无论设置如何严格的限制,毕竟还是会变为空文,因此在立法上可以不做机械的限制。何况伴随着时世的变化而改变宪章,如果因摄政在任之故而全部拒绝的话,就不免胶柱之讥了。

垂帘听政之事,散见于东西史乘,未必为清国所特有,但是,同治以降连续三代发生类似的事情,堪称一大奇观。光绪三十四年(明治四十一年)[1908]十月二十一日的上谕称:"军国政事,均由摄政王裁定。遇有重大事件,有必须请皇太后懿旨者,由摄政王随时面请施行。"由此看来,摄政王是在皇太后(光绪皇后)的训政之下,这是毫无疑问的。现代的训政制度来源于支那固有的家族观念孕育的相互匡救("相保")精神,似乎未必是以限制摄政王的权限为目的。鉴于《监国摄政王礼节》的规定,并征之于上谕中"著摄政王载沣为监国,所有军国政事,悉秉承予(光绪皇帝)之训示,裁度施行","嗣后军国政事,均由摄政王裁定",百政均归摄政王裁定是基本原则。因此,关于重大事件,与摄政王是否奉太后懿旨无关,按照适宜的办法将谕旨公布施行,其在国法上的效力当无损害。由于事件之轻重任由摄政王判断,毕竟训政是对摄政王内训,对外部没有任何关涉。可知皇太后不是对抗摄政王的特立的国家机关。若非如此,则不仅对事件性质的判决权之所在不能无疑,而且发生以太后懿旨成为谕旨发生效力的条件时,官民终不知其归着之所。虽然有人认为,依《监国摄政王礼节》第九条,摄政王的署名钤章与军机大臣之副署并列,难保有妨碍其效力之处,但是,在所谓重大事件的范围不明确,且无由探究有无奉懿旨的事实的情况下,对其有怀疑,乃是必然的理数。何况,如果采用这种解释,自然就不能不得出摄政之上的摄政的认识,其结果,必至无视摄政王的监国之名实。

[注一]训政政治滥觞于乾隆帝之治世。帝在位六十年之久,让位于嘉庆帝,自称太上皇,垂拱训政,与我国中古的法皇的院政事同一例。而太后垂帘之仪,则属于同治以降之事实。咸丰帝于热河驾崩,同治帝七岁践祚,在这种情况下,圣母慈禧皇太后(西太后)、母后慈安皇太后(东太后)并立,总持庶政,此为皇太后训政的起始。同治十二年,帝十八岁,亲政,由于同治在翌年驾崩,

光绪帝仅四岁入承大统,于是复行东西两宫垂帘之仪。七年,东后殂落,政权自归西后。十二年,帝十六岁之时,虽有从翌年起归皇帝亲政的懿旨,至十五年,帝十九岁时才有还政之事,这是以前代的遗制为准则,也与各国国宪一致。碰巧戊戌(光绪二十四年,明治三十一年)的政变发生,清历八月六日,又颁发了西后垂帘的上谕,至其殂落为止的十又一年间,遂再无还政之事。因此,光绪帝的亲政时期仅仅十年,还徒有其名。如此,可以说西太后自同治以降,前后四十余年掌握国家实权。

[注二]训政由太上皇或皇太后行之,既如上述。但一个发生于主权者退隐之后,一个则不过因事实上的关系而已,可以说二者差异很大。乾隆让位后的训政,在理论上可以看作自己保留一部分主权,至于太后的垂帘,则可断言为在国法上没有什么根据,不外乎任意行使威权而已。同治年间西太后的秉政,史传系基于先帝遗旨,但且不论无法征之于谕旨,当时以幼主名义颁布的上谕中,所谓"我朝向无皇太后垂帘之仪,朕受皇考大行皇帝付托之重,唯以国计民生为念,岂能拘守常例,此所谓事贵从权",终可视作是假装之托言,没有办法从国法上对其加以评论。光绪初年的训政,也可这样看。至于戊戌政变后的训政,我们尚记忆犹新,在今天,有必要究明是否存在上谕吗?要之,可以说,前两次的太后训政,哪一个都不能说是基于正当法理取得,与现代的训政,性质当然不同。

议者或许要说,前两代的训政,哪一个都源于先帝的付托,其权力之正当,不容有丝毫置疑。但奈何所谓付托,在上谕之外找不到证据。又有人说,训政本源于皇帝的恳求,同时将主权的一部分割让给太后。但是,奈何所谓请求仅仅是假装的,不足为凭,且太后常总揽百政,无法论证论者的说法。又有人说,戊戌政变后西太后之地位源于既成的事实,不妨视为摄政。但所谓既成事实,当然不存在认可的理义。不仅如此,清之家法,与其说是认为存在将其变为成法,不如说是要否定之。难保有人要以近年的成例多非以会典为准据,但彼此事体不同,到底无法承认反对之说。何况在公文中找不到足够事例可以确认西太后的地位。

按清廷惯例,凡对外公文,均以皇帝的御名行之,未曾有以太后懿旨宣示的。不仅如此,也未曾副署太后的御名。这是论者所谓太后训政不是摄政的一个理由。难道不是这样吗?摄政在任期间,公文不论对内对外,必当以其资格署名,这是理所当然的,也可以说是深得立法神髓的。在理论上,即使君主的御名阙如,摄政的署名必须有。素来在对外关系上,是只以君主的御名,还是与摄政联署,国际法是不管的,因此,由清国从来的惯例,即使不能直接作为否认西太后地位的资料,若从公文书上不存在与君主一视同仁的摄政名分来看,毋宁说清国自身否定了西太后摄政。然而,上谕与外交文书不同,每每特别表记系奉太后懿旨,但这只是表示尊敬的辞令,不得解释成对摄政的太后的称呼。在皇帝玉体无碍的情况下,且不论太后当以摄政的资格奉行谕旨,事实上是完全与之相反,这在义理上是不能容许的。何况,硬是以太后为摄政的话,就不能不承认这是在君主之外,居于君主之上的国家机关。

[注三]考虑到将来绝对不容许太上皇训政,本案当然没有作任何规定,因此认为没有必要特别究明其性质,在此避免详论。但是,否认太上皇训政,似有无视崇尚祖制的清国习惯之处。虽然如此,一旦想到让位带来的弊害,应该就看不到盲从先例的理由了。

在清国的《监国摄政王礼节》中,第九条规定,凡谕旨,摄政王署名钤章之后,军机大臣要副署,奉皇太后懿旨的场合也是如此。又,日本《摄政令》第三条也规定摄政须署名,都可谓至当之立法。因为摄政在任期间,宣示其身份,乃是法理上必然的要求。叙述至此,应该讲一句的是清国的上谕的形式。即在太后训政的场合,作为同治以来的惯例,上谕以"朕钦奉某皇太后懿旨"开头一事,可以断言,这只是胚胎于支那孝道的表示敬意的辞令,在法理上没有什么价值。到了当代,只能由此推论出摄政王遵行先帝遗旨的事实。因此,凡谕旨,有摄政的署名和大臣的副署,在效力上毫无缺失,故可知在理论上,不必问有没有奉体懿旨一句。

第十七条　摄政施行统治权时,不负责任。

由于摄政隶属于君主,不存在享有不可侵权的理义。因此,如果摄政有违反国宪的时候,不待言,当然要对君主负责。虽然如此,但考之于情理,摄政在任期间,不唯皇上不能亲自问责,弹劾机关即使弹劾他,在事实上也终究没有执行的理由,毋宁声明其无责任,不失为保持摄政威严之一法。这是虽然立法上类似的例子不多,但本案依然特意规定的理由。现行宪法中声明摄政无责任的,仅葡萄牙宪法第九十七条及德意志的索逊·科堡·哥达(サクセン・コーブルヒ・コータ)宪法第二十一条。

本条为何只规定关于摄行大权的责任呢? 不仅是因为涉及刑事责任的话有冒渎摄政懿德之嫌,而且,如果将来不幸酿出邦家不幸之事,既可听其自裁,又可依皇族会议评定,临机处置,我相信这么做是无妨的。

[注]明治四十二年(1909)二月十一日公布的日本《摄政令》第四条称:"摄政在任期间,不受刑事诉讼。"我对本法令的起草者不能无憾。不起草摄政令也就罢了,如果认为有必要特意立法,那么,为何却不言及与其摄行大权相伴随的责任呢?立案者或许认为,这一规定没有存在的必要,但是,因为摄政的所有行为,都跨越政法两界,若没有无责任的规定,则摄政对君主负责理所当然,但究竟无法使摄政特立于议会议论之外,这层道理是清晰的。何况,仅限于任期中不起诉,毋宁说有侮辱摄政人格的嫌疑呢!假若有不祥的重大事情发生,倒不是说有办法处理之,而是在遇到了万一的场合,本条的规定却会产生有害的结果,这一点,不待识者可知。如此看来,关于在国法上是否要规定摄政责任的问题,我确信没有必要争论。但是,本令不备,终无由掩饰。尤其是像其第四条那样,我敢毫不犹豫地断言,其为既不合情也不合理的规定。

本条规定的实益,主要在使摄政特立于弹劾机关之外一点。我相信,随着议会一次次召开,本条的效用自然会发挥出来。

第十八条 关于摄政进退之事项,以皇室大典规定之。

[参照]日一七。普五六、五七。

清廷昔日虽有摄政的部分礼节权限之规定,但属于应对眼前急务的立法,其不完备,本不足怪。虽然如此,但还是应该以他日施行宪政为先机,参稽中外古今的事例,将其大纲规定于宪法,其细节规定于皇室大典,作为永久之洪范。而将其分别规定,用意不外乎使其可以适当省略。

　　凡摄政,是在君主幼冲或玉体有碍时设置,各国成例,如出一辙。但关于其就任,则有预先规定资格与顺序的(日本);有限定于特定场合,由两院会合选定的(普鲁士);又有随时将其交给议会评定的(英吉利),如此等等,有各种各样的规定。但是,采用日本的立法,应该是最适当的吧。因为关于摄政的进退,没有漫然容许臣下讨论的余地。清国的《监国摄政王礼节》第十五条规定,皇帝大婚举行后,待臣工集议之后,确定亲裁大政的时期。与其如此,不如将时间确定下来。因为在事实上不难想象,经由臣工会议难以得到正确的意见,不仅如此,还有使还政的时期不确定之虞。何况因该条之故,还使帝室的大事付于私议了呢!

　　清室从来没有关于皇帝丁年的条规,此为国宪不完备之处。按:同治帝到十八岁时亲政,光绪帝到十九岁时总揽万机。而稽考列国多数成规,并考虑以上先例,规定满十八岁为皇帝成年是适当的,因为天子的资性、教养当然不应与凡人一例。皇上的丁年既定,才可知其亲政的时期。在补充现行法之不备的同时,也是预防大弊的一道。

第三章　臣民权利义务

将民权在大典上规定下来,应该是以1215年英国的《大宪章》为嚆矢。作为一般立法之模范,则可推美国弗吉尼亚(ヴィジニア)州的宪法,其次是同年美国的《独立宣言》,1787年美国宪法之制定,两年后法国的《人权宣言》,以及两年后该国第一宪法成立,依成法保障民权一事遂成恒例。

民权思想孕育于英人固有的资性,七百年前就已经宣布《大宪章》(*Magna Charta*),1628制定《权利请愿书》(*Petition of Right*),1689年制定《权利法案》(Bill of Rights),由这些事实,不难窥其一斑①。而以美国的《独立宣言》、法国的《人权宣言》为发端的近世各国宪法都以这三大法典为渊源。如1791年9月3日法国第一宪法列举民权一事,以1789年8月26日该国之《人权宣言》为本源,

---

① "由这些事实,不难窥其一斑",《大清宪法案理由书》作"任何一个都是君民相争的结果"。

《人权宣言》以1776年美国弗吉尼亚(ヴィジニア)州及其他州的宪法为根据,美国的《独立宣言》则是从英国航海过来的移民制定的。由此可知,人权之观念、民权之思想不是出自法人先天的资性,也不是法国革命的产物,而是孕育于英人固有之思想。但是,英国的典章都是依据习惯上已成之权利编成,而在美、法,则认定为天赋固有的权利,将其作为一种抽象的立法原则加以声明。这是他们的国情和时代思潮使然,都成为确认民权、永远增进众庶幸福的基址,成为值得在立法史上大书特书之事。

由于本章的规定属于所谓立法事项,自在命令规定的范围之外。或者有学者要说,这只止于保障臣民的权利,因无限制君主命令权的旨趣,如果发生命令与民权条文冲突,则本章的规定都会归于无用。考察一下宪法上特意将臣民权利、义务的设定与得丧交付议会讨论的法理及其沿革,则很清楚,不能如此断定。本章所列记的事项,除依法律或法律的授权外,不得以命令规定,不待多言。

或许有人要说,因为臣民的权利依法律而定,因此没有必要在宪章中一一揭载。这是知其一不知其二的见解。所谓法令的规定本以宪法为原本,使臣民的基本权利、义务不因行政权威动摇,这是设定本章的根本义,也不失为立宪的一项美果。若从论者之说,法令的畛域混沌,无由甄别,宪法上没有特意将其分别的必要,如此,臣民的权利、义务全由行政府的好恶自由伸缩,其结果,必至立宪成为空名。如此,本章的规定不仅仅是徒饰宪法之外观,实际上是永远确定立宪基址的途径。①

---

① 从"或许有人要说"到"实际上是永远确定立宪基址的途径",《大清宪法案理由书》无。

清国惯例,称臣的仅限于在官的汉人,满人常称奴才。因此,本章标题中所冠的"臣民"二字,似乎与现情不合,姑从一般君主国之用例。①

第十九条　清国臣民国籍之获得与丧失,以法律定之。

[参照]日一八。俄二七。普三。德三。奥一之一。比四、五。

将国籍称为国民的身份,原因在于公私权利义务之得失。其细节以法律定之,这在立法上是一致的。

移民("归化人")没法取得和与生俱来的国民同样的公权,这在立法事例上也是一致的。在英国,移民不能成为国会议员是1606年以来的惯例,后依威廉(ウィリアム)三世即位十二年及十三年的敕令,也规定了相同的限制。在日本也是如此。但都规定,经过一定的年限之后,其限制可以解除。其他规定,如不得担任国务大臣、枢密顾问、陆海军将官等职务,一概都是出于对移民忠诚的怀疑。以私权为限,近来以不分内外、享有相同的权利为原则,对移民没有什么限制,可以说是当然的事理。

---

① 从"清国惯例"到"姑从一般君主国之用例",《大清宪法案理由书》作:"清国惯例,称臣的仅限于在官的汉人,满人常称奴才。这是本章特意避开'臣'字的原因。但近时有人提倡不问朝野,不分满汉,均称臣下,这虽未为不可,但本案姑且参酌旧例,今且不改,即使与一般君主的用例似乎相背,亦所不顾。"

第二十条　清国臣民依法律规定,有服兵役之义务。

[参照]日二〇。俄二八。普三四。德五七、五九、六〇。

兵役与纳税是臣民奉公的最先义务,又是维持国家生存所不可缺的。这是特意揭载,致以慎重之意的原因。①

征兵之法,各国不一,但大致可以分为以强征为主,和任意、强制并行两大类。前者是所谓国民皆兵主义,以达到一定年龄,不论何人都有负担兵役义务为基本原则。现在日、德、普、法、俄诸国采用这一主义。后者是英美主义,只限于战时用强制征募之法,一般情况下以佣兵为原则。而清国现时的办法,虽然部分地区在试办以一定的壮丁服三年兵役,但从章程中所说的"但地方风气未开,不尚强迫,不愿当兵者,概从其便"②来看,当然不能说是四民皆兵的主义,从各种情形推断,毋宁说近似于佣兵制度。要之,他日当改为强征制度,是不待多言的。

---

① "这是特意揭载,致以慎重之意的原因",《大清宪法案理由书》无。
② 此语当出自光绪二十三年(1897)的《安徽征兵总章》第六章,北鬼引用时,漏了一个"有"字,原文为:"此次征兵,重在招集本地土著,为将来实行征兵之准备,但地方风气未开,不尚强迫,有不愿当兵者,概从其便。"戴文林等主编、安徽省地方志编纂委员会编:《安徽省志　18　军事志》,合肥:安徽人民出版社,1995年,第818页。

第二十一条　清国臣民依法律规定,有纳税之义务。

[参照]日二一。英。俄二九。德五八。

国家所需要的经费当由国民分担,这是事理所当然,不待宪法规定也当知道的。国家必需一定之经费,恰如我们的日常衣食薪炭不可或缺。因此,国家强制纳税乃是其自立的第一步,国民之意思如何,无须过问。① 应当知道,不是以纳税作为国家提供保护的报偿,也不是作为保险金而提供的。

往昔的国费,原则上是以王室财产支办,不足之处,用献金、贡纳补充。② 至于四民均等负担纳税义务,则属于近一百年来的事实。在开始的时候,征收金钱和贵重物品的多寡由君主、有司的爱憎决定,还有对部分种族的租税特免制度,有将资产没收入官之法,其负担的不公平,非言语所能形容。这样,生民常不安其业,空自嗟怨,屈从数十百年。及欧洲发生天地间一大反动,确定凡征收租税须得国民的承诺与纳税是四民平等的义务两大原则,现在已成为立宪诸国在财政上的金科玉律。在今日,无论何人,非依法律,不负担纳税义务,均系受其余荫。

支那的税制,由来颇古。周代已有课税之事,到了汉唐,规模

---

① "因此,国家强制纳税乃是其自立的第一步,国民之意思如何,无须过问",《大清宪法案理由书》作"这是政府可以不问国民之意思如何,强制征税的原因"。
② "往昔的国费,原则上是以王室财产支办,不足之处,用献金、贡纳补充",《大清宪法案理由书》作"在往昔,不问东洋西洋,国费以王室财产支办为原则,若遇不足,始以献金、贡纳补充"。

略具。而古来以田租为主要岁入,现时虽有金钱、谷物各种赋税,但负担不公,又无确定纳税的保障,国民处于不安状态,这是无可掩饰的事实。因此,若不在宪法实施前预先改良税制,并特别讲求一扫租税征收中的积弊的方法,则本条将归于空文。关于税制的现在及将来,本案第六十一条另述。①

第二十二条 清国臣民依法律所定,均得担任文武官吏及其他公务。

[参照]日一九。英。普四。奥一之三。比六。②

往昔,不论在哪个国家,担任公职都归于特种门阀所专有,职务世袭。如此,不但无法推荐有才之人,还有将大政委之于庸愚之虞。因此,在欧洲,确认了法律面前人人平等的原则并一扫官职垄断的弊端。在日本,维新改革的当时就已奉行同一主义,宪法上也特地保障这一点,可谓伴随着时代要求的当然措施。在清国,自入关以来,满汉在任官方面就存在差异,且还存在世袭之制,宜于今天打破,虽然朝廷似乎认识到了这些弊端,不无废除两种畛域之意,但实际上仍有墨守旧制的迹象,这是无法掩饰的。本条的设定,不仅仅是急于模仿外国之法,而且,我相信,这一陋习不能除去

---

① "关于税制的现在及将来,本案第六十一条另述",《大清宪法案理由书》作"(关于税制之现在及将来,本案第六十五条另述)"。
②《大清宪法案理由书》此处尚有如下一句:"本条欲一扫古来之陋习,宣示不问种族、门第,只要有才,谁都可以登于显要。"

的话,无望看到将来的光明。

第二十三条　清国臣民在法令范围之内,不论种族与身份异同,享有婚姻自由。

[参照]普一九。奥一之一九。

清国之法,本不许满汉通婚。近年颁发上谕,鼓励两族通婚,是时势使然罢。仔细考察清国现情,没有比融和满汉之间的反感更急的事务,追求两族融合,没有比容许两族通婚更好的措施。所幸二者精神上一致,在事实上表现出来,国运自会因之而发展,这一点谁也不怀疑。只是奈何事属久远,短期内无法收效,唯有抱憾。但是,当用心想到一百年之后的情形,就能相信,本条绝非无用之举。

第二十四条　清国臣民,除有法律规定之场合外,未经其许可,其住所不得被侵入和搜索。

[参照]日二五。英。俄三三。普六。奥一之九。比一〇。美修三、四。

查塔姆(チャタム)伯爵曾经在《权利》一节中论道:"腐朽了的茅屋,可能会受到风雨的侵袭,但是,英国国王却不能无故侵入。"尊尚家宅权,并非只有英人如此,毋宁说是西人的一般观念。征之于罗马法及日耳曼(ゲルマン)古法中将侵入家宅视为一种犯罪，保护家宅权的事实，当可明白。西人一般相信"人之家宅是其城郭"(Man's house is his own castle)，法兰西革命以降的宪法上特意规定之，也是源于这一思想。在支那，也以"无故入人家"入罪，清律尚保存这一规定。要之，保护家宅安全并不仅仅是沿革上的理由，毋宁说属于个人生活上最先之要务。

第二十五条　清国臣民受法定审判官审判之权不得被剥夺。

[参照]日二四。英。普七。比八。美修五、七。

审判厅的构成以法律定之，司法官仅限于任用有法定资格者，司法官特立于威权之外，执公平之柄，这是立宪的美果之一。审判作为王公擅权的利器，史上不乏其例，尤其是像英王詹姆士(ジェームス)二世，独断设立临时审判厅，恣意黜陟审判官，且裁判都只奉行国王意旨，还在西班牙特设异教徒审问所(inquisition)，判处重刑，都是最为显著的事例。而在英国，1689年的《权利法案》中，宣告詹姆士王的处置为不法，两百多年后的今天，尚作为国宪遵行。由此当可知本条移置之由来。

第二十六条　清国臣民，无法律依据，不受逮捕、监禁、审问、处罚。

[参照]日二三。英。俄三〇乃至三二。普五、八、一〇。奥一之八。比七、八。美修四。

将人不法拘禁、断狱,将人身自由从根底上废灭,人类之不幸,莫甚于此。而古今东西其事不绝,岂不令人浩叹？英国《大宪章》第三十九条规定:"不论何人,非据国法,不得被逮捕、监禁,或没收财产。"《权利请愿》《权利典章》中也有同样的规定,都是对专擅枉法的民声的反响。1791年9月法国《人权宣言》①第七条声明:"不论何人,若非法定之场合,依法定之形式,不得被公诉、拘捕或拘留。"这可以说是时代潮流使然。近世各国宪法中存在类似规定,毕竟是使国民发展的基础安固的途径,并非仅仅模仿先例。

俄国宪法第三十条乃至三十二条虽然也保障人身之自由,但遗憾的是,国民未曾沐浴到宪法上的恩惠。据1907年初俄国报刊的报道,在最近两年中,成为革命运动牺牲品的,死者总数26 000人,伤者总数不下31 000人,其中被处死刑者1650人,被判处禁锢(含终身禁锢)者9412人,在如此短的时间里,仅据公报的总数,就超过了尼古拉(ニコラス)一世、亚历山大(アレキサンダー)二世及三世时代牺牲者的总数。而据尔后的统计,处刑者的数量并无

---

① 原文如此,《人权宣言》颁布于1789年8月26日。

减少的倾向。① 法国大革命造成了惨剧,但法国仅以数年时间就恢复了国内秩序。而俄国革命党在相同的主义之下,上演悲剧前后三十年,其间几无间断。这是由斯拉夫(スラブ)民族的偏执特性所致,并非什么极端之论。俄国实施宪法以来,虐杀时时公行,常法屡屡停废,断讼治狱多以军律行之,不审问事实,无由辩护,很多人无辜地死于极刑。如此这般,不外法国革命时的恐怖时代的再现,所谓宪政仅是欺蒙世俗的假面具。特记之,不烦经世家一考。

第二十七条　清国臣民,除法律规定之场合,通信秘密不受侵犯。

[参照]日二六。英。普六、三三。奥一之一〇。比二二。

由于通信是处理日常百般事务的利器,若任第三者有窥知其内容的自由,将使社会秩序无由保持。这是要特意保障通信秘密的理由。但是,在战时、事变之际,在必要的时候,对其加以检查,或为了检举犯罪及其他理由,扣押或没收目的物,固然是有关于公益,当然不能无所限制。而限制以法律规定之,不容行政官府干涉。

各国宪法所保障的只限于书信,有未能紧扣社会现情的遗憾。因此,本书特意声明是通信,不单单止于书信,电报、电话之类当然包括,如果其目的在于通信,不问其方法如何,全都包含在内,此意

---

① "而据尔后的统计,处刑者的数量并无减少的倾向"一句,《大清宪法案理由书》无。

甚明。因为推究立法精神,发现没有理由仅局限于书信。

第二十八条　清国臣民,其所有权不受侵害。
为公益而做必要处分,须依法律所定。

[参照]日二七。英。俄三五。普九、一〇。德四。奥一之五乃至七。比一一、一二。美修五。

以前犯罪时,私产动辄被官府没收,又借口公用,无偿征收财物,此类事件,散见于各国史籍。现在,比利时宪法第十二条规定:"不得定没收财产之刑。"普鲁士宪法第十条也声明同一旨趣,另,以英国《大宪章》第三十九条及《权利典章》第一部与第二部、美国马萨诸塞(マサチューセット)州《权利典章》第十条及该国佛蒙特(ヴァモント)州《权利典章》、法国《人权及公民权宣言》第十七条为起始,比利时宪法第十一条、美国修正宪法第五条、普鲁士宪法第九条、俄国宪法第三十五条等都规定,公用征收必须赔偿,都无外乎当时遗留的习俗的反映。而各国一齐一扫从前陋习,完全是非常恰当的措施,由此,不唯各人的生计可望安全,无疑还会成为国家富强的原因。这是私产保护一事不可不放在心上的理由。

凡动产、不动产自不必说,在民法上可以视为以所有权为目的者,全都属于本条保护的范围。那些只规定不动产的,主要是基于沿革上的理由,但私产保护,没有理由只限于不动产,因此本案只用"所有权"的称谓,以明保护的范围及于一般物品的意思。

公用征收或征发当赔偿相当的代价,这是一般立法上的原则。

但由于这本来属于执行国权,未必有赔偿的道理。因为处分的结果,只给特定的人以痛苦,这不外是慰藉的旨趣。由此可知,所谓赔偿,不是侵害私权的补偿,不是买卖代价的给付,也不是对于使用所带来的收益的报酬。而本案在赔偿方面没有明确规定,不是无视一般立法事例,不过是表明将与征用相关的一切事项都交给法律之意。

第二十九条　清国臣民,以不扰害公安为限,有信教自由。

　　与信教相关之事项,以法律定之。

　　[参照]日二八。英。俄三九。普一二乃至一四、一七。奥一之一四乃至一七。比一四乃至一六。

　　将身命托于天,求得现世的安心,本是出于人类的常情。因此,古来几多强迫信教或禁止信教的政策,无不以失败告终,毕竟以世俗权力支配心理是一种浅见,今日多数国家保障信教自由,毋宁说是数百年来迷梦的觉醒。

　　祭政一致、政教混同,在世界各国都是一度经历过的,如今尚有遗风。现今法、西、英诸国教会与教育分离的问题纷议不绝,不外是老题目尚未解决的证据。想来圣、俗二权的包合分离,是古来最大的问题,欧洲历史所记全是此事。东洋诸国没有如彼之甚,可谓至幸。特别是在中国,虽然现在道教、佛教、藏传佛教、伊斯兰教、耶稣新旧教等杂然流布,但政教关系比较平静,不可不说是值得庆幸的事情。而在现今欧洲,维持国教制度的虽不止俄、英、希等二三国家,但都渐次有政教分离的倾向,这是不可掩的事实。如英国,前年①下院以一百多名的多数废除了英兰教会亦名监督教会(*Episcopal Charch*)的国教地位的议案,由此足以看清其趋势。议事当日,文部卿巴奈尔(バーレル)说:"我作为个人,切望教会能跳出国家的桎梏,复归精神的权威之地位。同时也是因为政府目前面临很多紧急问题,故无意担负执行本案决议之责任。"因此,可以明白班纳文(バンナーマン)内阁无意以政教问题与上院抗争,虽然如此,但早晚会国论沸腾,上院将被卷入舆论的漩涡中,这是不难推测的。英兰教会属于耶稣新教的一派,三百年前承亨利(ヘンリー)八世之意,与罗马教皇分离,以国王作为教会的首长,费用的一部分由国帑支办,僧正之任命由王权行使,逐渐形成政教一致的形势,以至于今日。而英兰教会的特立,只止于以国王取代教皇,毫无宗教革新的实绩,而其弊端则有不堪忍受者。非国教团体相继而起的时机的到来,*congregationalist*②、*methodist*③ 之兴起,实不外乎此。近来政府极力压抑非国教团体之勃兴,并限制其信徒的世俗权利,遂被卷入大潮之中,五十年来,遂至要撤废国教。然而,由于现在国民的一半属于非国教徒,持续倡言由于另一半国民而国费负担不平,教会早晚要遭遇在政权之外特立自营的命运,这是谁都不怀疑的。国教制度并非与国运的发展和社会的进步相伴随,已为事实所证明,故毋宁采取放任主义,使宗教全然特立于政权之外。如此,清国也当鉴于这种趋势,将来永远采取放任主义。

---

① "前年",《大清宪法案理由书》作"去年"。
② 原文如此,即公理会。
③ 原文如此,即卫理公会。

本条规定的结果,不能以国法使人民偏信于特定的宗教,不但如此,尚包含国民有不被强迫归依于任何宗教的自由之意。因此,不会像往昔那样信教成为公权、私权获得与丧失的原因,又,不会再有以刑法强制之事,这是题中应有之义。但是,各种宗门之布教,以及与之相伴的结社、集会,自当以有关法规为准绳引导,不得以信教之故而免责,这是不消说的。

第三十条　清国臣民,在法律范围之内,有言论、著作、印行、集会及结社之自由。

[参照]日二九。英。俄三六乃至三八。普二〇、二七乃至三一、三八。德四。奥一之一二、一三、一七。比一八乃至二〇。美修一。

往昔过度束缚思想自由,若违背成规,即处以酷刑,东西各国,如出一辙。即如我国,二三十年前,尚未脱封建遗风,众所周知。在欧洲,德意志诸邦比英、美、法、比诸国解禁要迟,承认自由,只是三四十年以来的事实。最初宣明自由的,是美国的弗吉尼亚(ヴァジニア)、宾夕法尼亚(ベンシルヴァニア)州的《权利典章》,法国的《人权宣言》也确认了相同的原则,遂成为各国宪法的模范。

关于出版,各国均执行须先经行政官府检阅方能发行的制度,但是,由于并没有检阅的标准,一依当局的偏见决定可否,检阅不当是常事,荼毒文化,不知凡几。这是各国宪法欲一洗其陋习,一面将出版自由作为原则,一面揭櫫严禁检阅制度之宗旨的原因。

如比利时宪法第十八条、普鲁士宪法第二十七条、奥地利宪法第一部第十三条、美国修正宪法第一条均是。现时多数国家,唯一的管制,是要求每次出版的时候须向行政官府呈报。

对出版的一般禁令,在不许揭载诋毁帝室、淆乱国体的报道,不许暴露关于军事、外交的秘密,不得损毁他人名誉、坏乱风俗这些方面是一致的。但在制裁方面,各国的立法花样百出,自由刑、罚金刑之外,还有禁止发行等处分。论其得失,似乎刑罚在原则上应该以止于罚金刑为当。即使科以自由刑,但实际上以第三者代为受刑者居多,刑罚的目的遂无法达到。何况还有因此诱致国民反抗之虞,已为俄国现情充分证明。至于停止新闻杂志的发行,由此使发行单位蒙受金钱上的损害,在这一点上似乎跟罚金刑有同样的效果,但是,由停止发行而带来的课刑上的利益,却无法进一步看到。因此,我相信,停止发行一事,除可以视作复仇主义的遗物外,于情于理都没有认可的理由。

宣告制裁之权当归属于司法裁判所①,因为行政官的认定有很大弊端,这是各国相同的经验。因此,在清国,待他日审判厅完备,应归其专司。而一定之事项是否扰害公安由有关官宪认定,虽然不消说主要是拿当时的社会情状与被告事件核查以作出判断,但官吏的思想未必与社会情势一致,且其修养有深浅,见识有高低,

---

① "司法裁判所",《大清宪法案理由书》作"司法审判厅"。一般情况下,都是由《大清宪法案理由书》的"裁判所"改为《大清宪法案》的"审判厅",此处却是由《大清宪法案理由书》的"审判厅"改为了《大清宪法案》的"裁判所",可称特例。

其判决自然会宽严有差,这也是不得已的。①

俄国宪法虽然在第三十七条有保证言论自由的规定,但前年六月,与第二次解散议会同时,施行戒严令,且改订新闻条例,禁止刊载一切非难政府施政的报道、论说,违者以行政处分科以罚金,不交钱的就换成禁锢之刑。近来各地被科以罚金的甚多,少者一百卢布,多者达七千卢布,大多数是五百到一千卢布,不能完纳罚金而被处以禁锢者,据闻不知其数。苛政猛于虎,俄国现情真可痛心呀。②

关于集会及结社的立法事例,主要可分为只需要呈报和呈报后要获得许可两类。而作为原则,多执行呈报主义,原因在于,其可否在性质上颇难预先断定且这么做显有产生危害之虞;而且,若在现场发生危害,有临时处理的余地。像日本这样,虽然不论是在公共场所内外,只要呈报即可,仅室外的集会需要特别许可的法制并非没有,如比利时及普鲁士即是如此。但清国通过新的《结社集

---

① 在此之下,《大清宪法案理由书》尚有如下一段:"停止新闻杂志之发行,与立宪政治不两立。作为一种恶制度,我国在野党从国会开设以来,一直极力谋求废除,遭到冥顽的政府和守旧的上院反对,每每见其无由成立。到第十回议会,在松隈内阁之下,遂通过了废止案。无疑,这是十余年来舆论所望,与帝国的进步相伴随的措施。然第一次桂内阁在日比谷事件时,急遽利用非常权,一时再兴这一恶制,而且发布戒严令,呈现出战败国的国都也难得一睹的现象,真是失策,成为帝国宪法史上一大污点,无须深论。"
② "苛政猛于虎,俄国现情真可痛心呀",《大清宪法案理由书》作"俄国现情,看不出依宪法得到任何保障的迹象,弹压却日甚一日。苛政猛于虎,这应该是经世家研究的问题"。

会律》,采取许可主义,应是与该国文化程度相适应的措施。①

秘密结社为各国所一齐禁止,清国新法也是如此。② 由于日本的《治安警察法》在其第一条里规定主管者负有呈报的义务,任何人都不可秘密结社的法意无可怀疑。然而,同法又在第十四条里声明"禁止秘密结社",这就只是无用的废话了。目的和组织付诸秘密的集会、结社是不法的,不待这一条规定也知道。何况同法第二十八条还特地规定了与秘密结社有关的刑罚呢。

第三十一条　清国臣民,得依法律所定请愿。

[参照]日三〇。英。普三二。奥一之一二。比二一。美修一。

请愿权在性质上是为政者最为看重的,无论是否有成规,均致力于此,广为容许。如现在的英国,古来的两院不用说了,国王及各官衙也容许自由请愿。詹姆士(ジェームス)二世曾经无视请愿权,国会乃依 1689 年的《权利典章》宣告其为不法行为,后来更进一步以条例确认为既成惯例。在美国也是如此,其宪法不必说了,弗吉尼亚(ヴァジニア)、南北卡罗莱纳(カロリナ)、佐治亚(ジョ

---

① 从"像日本这样"到"应是与该国文化程度相适应的措施",《大清宪法案理由书》作"但也有限于对室外集会实行许可主义的,如普鲁士宪法第二十九条第二项、比利时宪法第十九条第二项即是"。
② "秘密结社为各国所一齐禁止,清国新法也是如此",《大清宪法案理由书》作"不容忍秘密结社,此事无一例外。作为原则,各国都命令当事者,使其负有提出呈报或申请的义务"。

ルジア)、路易斯安那(ルイジアナ)以外的州的宪法,无不保障请愿权,比利时、普鲁士、奥地利及日本宪法等也都承认请愿权。① 在清国,也将前朝一度裁去的通政使司恢复,以求言路通达,无疑出于相同的用意。本案乃鉴于中外的例规,特设本条之规定。

由于请愿原本就是以哀诉叹愿之意出之,辞令自当庄重恭敬,绝不可粗野倨傲。然日本宪法第三十条特意提醒"守相当之敬礼",《议院法》第六十八条则明示要"用哀愿之体式",不得不说,这只是无用的赘言,作为法律条文,失去了正确的体裁。因此,如同法第六十九条,也不过是为前面一条举例说明,他日改正的时候,应该将其作为前条的一项附在后面,不必多论。

请愿可以只允许限于关于一般立法及行政事件的事项,因为关于法规的制定与改正、行政法规的执行与裁量处分的事项,允许请愿,固然有百利而无一害,但是,司法事件,在性质上不存在允许请愿的理由。即,就前者而言,当局无法预见其遗漏与缺陷,或预想到难处居多,故请愿可以获得许多好处;至于后者,则在职务上没有容许任何权威、哀请的余地。因此,日本议院法第七十九条有"各议院不得接受干预司法及行政裁判之请愿"的规定,真可谓得当。像英国,也存在涉及司法权范围的(请愿)全部予以拒绝的惯例,可谓非常贴合实际。

日本议院法第六十七条规定:"各议院不得接受变更宪法之请愿。"这无疑是无用的限制。盖即使承认(人民有权请愿变更宪

---

① "比利时、普鲁士、奥地利及日本宪法等也都承认请愿权",《大清宪法案理由书》作"比利时宪法第二十一条、普鲁士宪法第三十二条、奥地利宪法第一部第十一条、日本宪法第三十条等也都承认请愿权"。

法），且不说于情于理没有什么障碍，帝国议会既然有上奏的自由，唯独禁止一般民众请愿，立法的旨趣不能前后一贯。如此，要说该条没有误解请愿的性质的话，则是将宪法视为神明之经典，我相信是根据这一点立法的。

第三十二条　地方行政组织及地方议会相关事项，以法律定之。

[参照]普一〇五。比三一。

在支那，自古就有自治制度，其根底甚为稳固，不易动摇，故清朝取代明朝时，虽中央官制多少有些改易，但自治制度则毫无染指。大抵在一朝一代之中，改变因袭的古俗不是一件容易的事，急遽的改革有民心离反之虞，这是历朝都沿袭前代遗制的原因。如此说来，今日的制度未必是清朝肇造，有些制度不追溯到汉唐以前，就无法知道其起源。本案推究这一情理，欲使所有关于地方自治的根本法的制定与改废均由公议决定，特为揭载，以资保障。

在英国，关于地方行政，以不容中央政府干涉为基本原则。仅警察一事由内务大臣直辖。这是英国人的资性富于自治观念，自然发达的结果，属于特例。而清国情形酷似英国，这是为何？历朝的治乱兴亡，自然涵养出自卫的习惯。① 试思支那的自治制度，系周以降特有之发展，到了明代，一旦大成，明末曾经颓废，清一统江

---

① "历朝的治乱兴亡，自然涵养出自卫的习惯"，《大清宪法案理由书》作"这是由于历朝治乱兴亡，若不能自治自卫，就没法过安全的生活"。

山之后，恢复旧观，及于今日。周之《礼记》所载，在当时是否确实推行过，不得而知。虽然如此，其关于地方大司徒，有"令五家为比，使之相保；五比为闾，使之相受；四闾为族，使之相葬；五族为党，使之相救；五党为州，使之相赒；五州为乡，使之相宾"的记载，由此可知，这是一种以五家为单位，称为比，二十五家为闾，百家为族，五百家为党，二千五百家为州，一万二千五百家为乡，各设其长，相互为保的制度。汉、唐、宋、元的制度大同小异，入明以后，施行以十户为单位，称之为甲，一百个甲为里，各设首长，称为里甲制度，后代所称的保甲制度即是这个。开始的时候，只是督办贡赋、均摊徭役，及至后来，且裁决辖区内的诉讼，并执行警察事务。当时的自治机关，有乡约、里社、社学、社仓之制。乡约职司诉讼、警察之事，里社职司祭祀，社学职司教育，社仓职司救恤之事，以此弥补乡里官治的不足。近来虽兴废无常，但至今仍存此习俗，将来讨论清国自治政治者，不可忽视这一点。相保之制，西洋诸国也有，我国孝德天皇时期也存在类似制度，到德川时代略为完备。征之于文书，并考虑到地方之遗风，不难看到，这一制度在地方教化、自卫方面具有很大效果。然而，我国在维新以来，凡事都醉心于文化的美名，无暇顾及利弊，将（古来的自治制度）抛得一干二净，旧貌无存，实堪遗憾。所幸清国今日尚保存这一美风，真令人高兴，将来应该执行进一步对其加以培育的方针。因此，仅仅是将外国法翻译过来，即加以实施，这种陋劣的学习，断非清国所当取。① 在此见解之下，考察光绪三十四年（明治四十一年）[1908]十二月二十七日公布的《奏定城镇乡地方自治章程》②，似乎大有驳难的余地。对其精细的评论，今暂从略。

设立地方议会制度，是施政上必需的要务。清国近来孜孜于筹办咨议局（地方议会），确实是值得表彰的。但据光绪三十四年（明治四十一年）[1908]六月二十四日的上谕，咨议局最迟也得在宣统元年（明治四十二年）[1909]初秋开会，是否能奉行上谕，不能无疑。由于咨议局的设立，必须有选举人、被选举人的名簿，自然涉及各省，不能不调查户口、经历及资产之一斑，就清国的现情来看，汇集此等资料，并不是一件容易的事。现据《调查户口章程》③，不到宣统四年（明治四十五年）[1912]，政府无由知道各省户口的正确数目，据此也可明白（制作选举人、被选举人名簿一事不容易）。如此，各省如何在短时间内制作选举名簿，如何据以执行选

---

① 从"在此见解之下"到本条法理说明的最后，《大清宪法案理由书》仅为如下一段："按，中历六月二十四日令各省速设咨议局的上谕云：'咨议局为采取舆论之所，并为资政院预储议员之阶，医院基础，即肇于此。'由此足以拜察圣意所在。但虽然宣示'自奉到章程之日起，限一年内一律办齐'，能否奉行纶言，则不能无疑。由于咨议局之设立，必须作成选举人、被选举人的名簿，此事涉及到各省，不能不调查（国民的）户口、经历及资产之一斑，就清国的现情来看，汇集此等资料不是一件容易的事情。不唯此也，各省人民的程度（民度）差异很大，有不能举国一致实行之虞。我曾经考究其情形，认为选择二三省份先行试办，渐次在各省变通应用比较好。窃以为，全国推行划一的制度，当以十年为预期。大诏一下，无可如何，实为憾事。事已至此，只有希望官民一体，呼吸相应，尽力奉体圣旨了。"
② 《奏定城镇乡地方自治章程》，原文如此，实则当时多称《城镇乡地方自治称》，也有称《钦定城镇乡地方自治章程》者，独少见称为《奏定城镇乡地方自治章程》者。
③ 《调查户口章程》，北鬼氏写作《户口调查章程》。

举,是我辈无法想象的。何况各省人民的程度差异很大,推行举国一致的新法,到底还是有难期成功之虞吧。我曾经考究其情理,认为选择二三省份先行试办,渐次在各省变通应用比较好。窃以为,全国推行划一的制度,预期当为十年之后。大诏一下,无可如何,实为憾事。事已至此,只有希望官民尽必死之努力了。

咨议局章程第一条云:"咨议局钦遵谕旨,为各省采取舆论之地,以指陈通省利弊、筹计地方治安为宗旨。各省咨议局设于督抚所驻之地。"据此,可知其地位。其主要职务权限(如下):

咨议局应办事件如左:

一、议决本省应兴应革事件。

二、议决本省岁出入预算事件。

三、议决本省岁出入决算事件。

四、议决本省税法及公债事件。

五、议决本省担任义务之增加事件。

六、议决本省单行章程规则之增删修改事件。

七、议决本省权利之存废事件。

八、选举资政院议员事件。

九、申复资政院咨询事件。

十、申复督抚咨询事件。

十一、公断、和解本省自治会之争议事件。

十二、收受本省自治会或人民陈请①建议事件。

(以上第二十一条)②

---

① "陈请",北鬼氏误作"陈情"。
② 原文如此

由此可知,其职权与立宪各国的地方议会没有大的差别。法制已具,所担心的,只剩运用一事了。

[参考]

关于地方官制改革

光绪三十三年(明治四十年)[1907]五月二十七日公布改正《各省官制通则》①一事,世人至今记忆犹新。其改革之要旨,在同日颁布之上谕中有云:"各省按察使,拟改为提法使,并增设巡警、劝业道缺,裁撤分守、分巡各道,酌留兵备道,及分设审判厅、增易佐治员各节,应即次第施行。"而新法现由东三省开办,直隶、江苏二省试办,即上谕所言"著由东三省先行开办,如实有与各省情形不同者,准由该督抚酌量变通,奏明请旨。此外直隶、江苏两省风气渐开,②亦应择地先为试办,俟著有成效,逐渐推广,③其余各省,均由该督抚体察情形,分年分地请旨办理,统限十五年一律通行"。由这些规定,当可知要旨之所在。如此,欲知现行法制之一斑,若不将新旧两法互为攻究,自是难得其要。但是,由于这次改革,除了开启甄别司法、行政之渐,对于根干部分,并看不出加了斧钺的痕迹,因此可以说新旧两法没有大的差异。因此,以下主要以新法为基础叙述其大体,只有在必要时才与旧制加以比照。

新官制第一条有云:"一省或数省设总督一员,总理该管地方

---

① 《各省官制通则》,北鬼氏误作《地方官制通则》。
② "此外直隶、江苏两省风气渐开",北鬼氏误作"直隶、江苏两省风气渐开"。
③ "俟著有成效,逐渐推广",北鬼氏误作"俟著有成功,遂渐推广"。

外交、军政,统辖该管地方文武官吏,并兼管所驻省份巡抚事,总理该省地方行政事宜。"

其第二条曰:"每省设巡抚一员,总理地方行政,统辖文武官吏,唯于该省外交、军政事宜,应商承本管总督办理,其并无总督兼辖者,即由该省巡抚自行核办。总督所驻省份,不另置巡抚,即以总督兼管该省巡抚事。"

第一条与《大清会典》所言"直省设总督,统辖文武,诘治军民"相等,第二条与《大清会典》所言"巡抚综理教养刑政"对应,可知其地位权限新旧无丝毫改易。这也是前文提到此次改革丝毫未触及根本的原因。

按:现在之总督配置如下:

官名	管辖区域	驻在地
东三省总督	盛京△、吉林△、黑龙江△	奉天
直隶总督	直隶	天津
四川总督	四川	成都
两江总督	江苏△、江西△、安徽△	南京
陕甘总督	陕西△、甘肃	兰州
闽浙①总督	福建、浙江②△	福州
湖广总督	湖北、湖南△	武昌
云贵总督	云南、贵州△	昆明③
两广总督	广东、广西△	广州④

---

① "闽浙",原书误作"闽浙"。
② "浙江",原书误作"浙江"。
③ "昆明",原书误作"崧蕃"。
④ "广州",原书误作"广东"。

[备考]

一、在直隶、四川、甘肃、福建、湖北、云南、广东七省,因不置巡抚,各本管总督当然兼掌巡抚事务。

二、不置总督,仅有巡抚驻在的山东、山西、河南、新疆四省,巡抚也一并核办总督之事务。

三、现今有巡抚驻在的,除前揭四省外,尚有表中附有 Δ 标记的诸省,总共十五员。

四、在福建、湖北、广东、云南,曾经设有巡抚,近年全都裁撤。另,在明治三十八年[1905]二月,将江苏分割,南部为江苏省,北部为江淮省,新设江淮巡抚,但很快废止。

总督、巡抚各有特立之官厅,不存在相互统属的关系。也就是说,巡抚当然总核省内行政事务,在没有总督兼辖的时候,关乎外交、军政的事项也可独断专行,因此,在这一点上,可以说跟总督的权限完全相同。又,即使在有总督兼辖的情况下,巡抚也只止于与总督协商办理,并非听命于总督,这一点是要注意的。新旧官制均以总督所驻之省份不另置巡抚由总督兼管为原则,是由于认识到在一省之内没有必要并设同等之官府。(但是,现在江苏、盛京两省,仍是督、抚两头并立,这是例外。)至于两者官秩不同(总督正二品①,巡抚从二品)虽是事实,但其权限没有何等轩轾,则不待言。唯与巡抚限于管辖一省相反,总督通常并辖二省或三省,其权限执行的范围有广狭之不同。

督抚除作为地方长官,在职务上还有兼衔,即总督兼兵部(现

---

① "正二品",原文作"正二位"。

陆军部)尚书及都察院右都御史、巡抚兼兵部侍郎及都察院右副都御史之类。这是督抚能在中央政府之外拥有特立的兵权,并可监察庶政的原因。直隶总督又当然兼北洋大臣、两江总督又当然兼南洋大臣,这是其综理与外国相关的通商事务的原因,前者司掌天津、芝罘、牛庄,后者司掌上述以外各港(中清及南清)之事务。

新官制规定了督抚衙门幕职的定员与职掌。其概要如下:

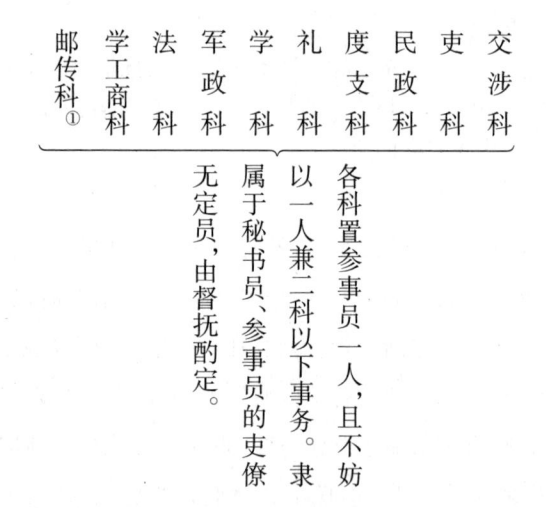

交涉科	各科置参事员一人,且不妨以一人兼二科以下事务。隶属于秘书员、参事员的吏僚无定员,由督抚酌定。
吏政科	
民政科	
度支科	
礼科	
学科	
军政科	
法科	
学工商科	
邮传科①	

秘书员一人,掌理机密文书,不属各科之事务,都隶属于本员。

依旧制,督抚均属"单独官府",不承认有辅助机关,但事实上有跟新官制所定的幕职大体相同的僚属。这里当说一句的是,新法对各省城(一省之首府)的守备队督标(由总督统率)及抚标(由巡抚统率)别无规定。唯不论新法旧法,督抚虽然综核所辖的军政,但我认为总该提及其与提标(以提督即与我国中将相当的官员

---

① "邮传科",原书误作"邮电科"。

为司令长官,班秩从一品),关于中军(任营务处司令,以与我国的佐官或尉官相当的官员充任)的存废也是同样道理。但在新法中却无所言及,是要将其放到幕职办事章程中规定吗?暂时存疑,待日后研究。

新官制规定,在督抚的节制之下,设置如下三司二道。

(一)布政司

置布政使一人,管理户口、疆理、财赋,并职司考核省内地方官吏。

布政使作为一省的财务长官,或者作为传达上级命令的机关,其职司新旧如出一辙。比如,凡朝命,经内阁或军机处到督抚,经督抚到布政使,布政使进而向府、州、厅、县亲民各官承流宣布。这是布政使之名的由来。

向来布政使的属官在库大使(出纳主任)之外,没有各省一致的僚属,且无定员,有的省份有经历(事务官)、照磨(事务官)、理问(事务官补)、都事(事务官补)等。凡此等诸官之设置,与其他的幕友、胥吏的人数一样,均由布政使酌定。新法在这方面亦无定制,是由于存有留待后日裁定之意。

(二)提学司

置提学使一人,管理省内教育事务,监督各学堂、学会。

提学司系光绪三十二年(明治三十九年)[1906]新设。作为新学勃兴的结果,是向来的学政(官名)的取代物。新官制依然将其作为各省常设机关,其地位、权限无所更易。其所属职员依学部章程确定。

（三）提法司

设提法使一人，管理省内与司法相关的行政事务。

旧法称为提刑按察使，作为地方的两大重官，与布政使并立，向来一省的刑名案件的审判及对下级审判的监督均归其掌管，但因新官制采用司法与行政分立的原则，其结果，提法使变得只有司法上的行政监督权了。但由于审判厅到宣统七年（明治四十八年）[1915]才会完备，在预备年限内，提法使应该依然执行按察使的职掌，经历以下的佐贰杂职也暂仍旧制。

（四）劝业道

置道官①一人，专管一省之农工商业及交通事务。

各省的驿传事务向归按察使统辖，现废其所管，归于本道，与一般劝业行政一起归其总辖。

（五）巡道

置道官一人，专管全省之巡警、消防、户籍、营缮、卫生事务。

这是与劝业道一起新设者，关于其属员的细则，由关系各部订定。

以上三司两道是各省常设官厅，以下各司道，可依各省的情况设置。

盐运司、盐法道或盐茶道（以上职司盐税及茶税事务）。

督粮道或粮储道、粮道（以上任何一个均职司粮税事务）。

关道（职司与海关相关的事务）。

河道（职司与水利、堤防相关的事务）。

---

① "道官"，即道员。按：清代各道的官员，称为道员，俗称观察，但也确有以"道官"为别称者。

上记各司道向来存在，依新官制废止的，是分守、分巡各道。但在远离省城之地，可以兵备道之名驻扎道员。

新官制将各省分为府、直隶州、直隶厅，并进而将府之所属地方分为州（散州）及县。府设知府，直隶州、散州设知州，直隶厅设同知，县设知县，均以一人为长官。与知府、直隶州知州并列的同知，承督抚及各司道长官之命，与散州知州并列的知县，承其本管知府或直隶州知州的指挥监督，处理所辖区域内的一切行政。今将其图解如下：

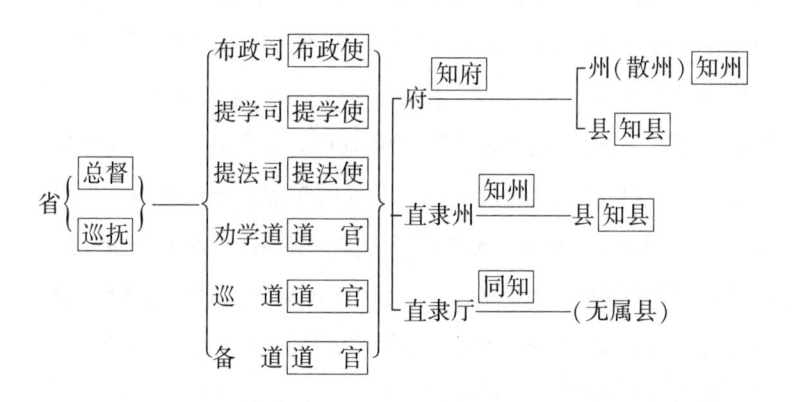

```
                  ┌ 布政司 [布政使] ┐   ┌ [知府] ┬── 州（散州）[知州]
                  │ 提学司 [提学使] │   │ 府 ────┤
     ┌ 总督 ┐     │ 提法司 [提法使] │   │        └ 县 [知县]
省 ──┤      ├─────┤                 ├───┤
     └ 巡抚 ┘     │ 劝学道 [道官]   │   │ 直隶州 [知州] ── 县 [知县]
                  │ 巡  道 [道官]   │   │
                  └ 备  道 [道官]   ┘   └ 直隶厅 [同知] ── （无属县）
```

［注］散州与直隶州对称，所谓直隶州、直隶厅，是不经过府，直接隶属于督抚以下各司道之义。如此，不消说，直隶州、直隶厅与府在法律上有同等的地位。州（散州）也与各县地位相同。而新旧制的不同可归纳为几点：向来隶属于布政、按察两司，职司刑名、钱谷的分守道、分巡道全部裁撤；有属县的直隶厅全都改成直隶州；各府的同知（作为副知府，各有专职）、通判（副知府补，其专职与同知同）有管辖区域的全改为州县，只有主管事务的全改为

同知,废除通判的名称;各州、厅、县佐治各官之改废。由此可知,亲民各官的统属关系不妨说新旧同一,甚少损益。

熟察清国现情,督抚拥有大权,俨然藩国,中央政府威权坠地,几乎与联邦国家之制无异。如此情形,且不说到底不是永远维持国威之道,在现情之下,如欲施行宪政,反而有阻塞国家前途之虞。因为督抚掌握外交、军政、财赋三大权,政府下一令,全国不能一致,其结果,必至外交不能确立一定之国是,由于军权下移无法统帅军队,必需的国帑无由获得的穷境,议会的决议也将多归无效。举一例来说,政府制定国防计划,并将其费用付议会协赞,但由于政府对督抚没有强制的实权,结果,不得不说,议案的死活在于督抚之好恶。果其然,则政体改革难免多此一举之讥。凡立宪之制,国权全归政府总揽,这是出于统一国家的考虑。今日清国情形,与立宪国家正相反。因此,欲维持现在的分权制,那就不要谈立宪;欲更新政体,则须废弃现制,必须有这样的觉悟。而今日既然已将立宪确定为国是,则地方制度的改革是其先决问题,理义极为明白。那么,该如何做呢?撤废督抚是其一;以布政使为一省之长官是其二;裁撤司道以下是其三;废除、合并府厅州县是其四。凡此等数事,若不同时进行,则无法预备立宪,也无法应付时局。而本案之决断,事态颇为重大,清国官民恐怕会踌躇逡巡。虽然如此,稽考立宪之精神,鉴察中外之形势,可知我所举各端绝非无稽之举。并且,在今日,确定国家永远之址基,除此之外,也看不出来还有别的措施可行。这是我敢于在这方面说几句的原因。

(一)清廷曩昔制定司法、行政分立的计划颇为得当,但未涉及甄别文武，是一大遗憾。以地方长官统辖军民两政，只有清国如此，别无他例。在殖民地、并领地、租借地推行的总督制度向为一时之权谋，不用说当然不能作为治道的根本原则，也不能作为维持现制的理由。清廷以督抚统辖军民两政，是诱致今日颓势的原因（关于兵权下移的由来，参看本案第十条说明），至于后来兼掌外交权，并不足怪。政府无划一的政策，即使有，也常难免其掣肘，无法确立颇为不易的国是，毋宁说是自然趋势。因此，国势不振的主要原因在于督抚权限失之过大。由此可知，废除督抚之制，将其所掌握的三大权收归中央，是使政府生色之道，也是符合治道的。

按：明初仿元制，分地方，置行省。洪武九年（1376）改行省为承宣布政司，置布政使一人为其长官。后复改革，置左右二人，总理一省行政。另有提刑按察使司，置按察使、按察副使各一人及佥事（无定员），掌理刑名按核之事。又另设都指挥使司，置都指挥使一人、同知二人、佥事四人，总辖军政。可知明朝的地方行政，是分为民、刑、兵三途予以总核。但是，清取代明，除新设督、抚二大官，藩、臬两司（布政司、按察司）隶属其下，裁都指挥使之外，道以下全以前代遗制为准则，及于今日。如此，督抚作为常设官厅，乃系本朝所创，不可将其视作千古不易的制度。何况在已明白其阻挠国运的今日，不能逆时势而行，依然认定其有存续的必要。

（二）本案已提出裁撤督抚之议，势必设置取代督抚的长官。乃欲每省置布政使一人，使之直隶中央政府。其官秩，依旧制，班列从二品即可。裁撤督抚，原本是由于其权限过大，以布政使取代之，自是合乎治道，且名实相符。唯清廷曩昔确立司法权特立之制，现本案将督抚掌握的外交、军务、财政三大权全归政府，所留下的,只有文治。因此,以布政使为主要承流宣布朝命的机关,向上居于政府节制之下,向下指挥监督亲民各官,这是统一国家权力的法门。若如此,政府对中外能保持威信,内政外交随之振作,对此,我辈深信无疑。

(三)裁撤督抚,以布政使为一省长官,自不能不将现在的组织从根柢改废。本案参酌现制,且稽核治务之繁简,拟重新在布政司设置如下各科,以之取代司道以下各官。

1.总务科。职司机密文书、文官杂职的进退及典礼之事。凡不属各科之事,均隶本科。(现在督抚衙门的秘书员、吏科、礼科并入)

2.度支科。职司财赋、营缮之事。(现在的度支科、布政司之一部、巡道之一部并入)

3.学务科。职司教育之事。(现在的学科、提学司并入)

4.劝业科。职司农工商业及交通事务。(现在的劝业道及农工商科、邮传科①并入)

5.巡警科。职司巡警、消防、户口、卫生事务。(现在的巡道及布政司之一部并入)

[备考]

一、各科直隶布政使,受其节制。

二、各科各置科长一人,主宰科务。官秩正三品乃至从四品。

三、各科不妨依事务之繁简,进一步分别局、课。

在这种场合,各局、课置首长,须明其责成。

四、衙门附属佐治各员及杂职,可斟酌诸般状况,与其员数一起,以

---

① "邮传科",原书误作"邮电科"。

官制规定其大体。但依据治务之情况,遇有难于根据其规定之时,当允许以政府的命令变通酌定。

本案改定的要旨,废止各司道的特立官厅是其一,图政务之简洁是其二,思冗官之淘汰是其三,执行军政归军衙、法务归高等审判厅以下专司的方针是其四。裁撤各司道,冗官徒然增多,有坏乱吏治之虞,这是使司法行政自治,贯彻其特立之精神的原因。又,军政不容布政使干预,不外是兵柄归政府专权之意。但是,当省内有非常急迫的事变之际,以无暇等候朝命之时为限,可以允许布政使与军司令官协同执行临机之措置。凡此数条改革一并断然实行,不难推测,由此节约的政费每省每年当在一百万两以上,总共两千万两的剩余,可以用来增加官员的薪俸,也可作为新政的经费。对于多数被罢免者,按其功过,或进官秩,或叙勋,或以公债或现金给予相当于一两年的俸银,一以使之沐浴朝廷德泽,一以助其生计,相信这是最得机宜的措置。

(四)按:汉以郡为地方最高区划,其下置县,县下有乡、亭、里三级。唐是道以下置州(或郡)县,宋是路以下置军、府、州(或郡)县,以统治地方。及明,以省为最上级,府、州、县次之。清承前代遗制,损益无多。现鉴于古来的沿革,又稽考土地的广狭与是否便利,拟将厅改为县,直隶州改为州,且对相应的府以下的州县加以分合:

区分 名称	现在实数	各州及厅县合计实数	假定减去总数的五分之一后所剩余的数量	减少实数
府	182	182	146	36
州（直隶）	67	210	168	42
州（散州）	143			
厅	79	1362	1090	272
县	1283			
计	1754	1754	1404	350

[备考]

一、本表东三省除外。

二、由于本表系基于新地方官制发布前的调查，与现数不符，只可提供大体考察之便利。

若作如上表之废除合并，一个衙门平均每年节约的费用如按 30 万两计算，总计节约可达 10500 万两，若按 50 万两计算的话，总计节约可达 17500 万两。何况因此而治务便捷、民赋轻减，其所带来的有形、无形的利益实出想象之外呢！下面拟考察一下吏治问题。

府、州、县的佐治各官仿布政司的组织，大体分为四五科，各定其责任者，且可依事务的繁简，允许适当兼任。又，关于佐贰杂职，当执行减少员数、优给俸禄以使其努力追求治绩的方针。从来书吏、差役的恶弊，为官民所共认，如果考虑到了这一点，却还不能改革的话，则行政的刷新终无由期待。如果一味墨守旧制，吏治日益败坏，则灿然之宪章终将归于空文。由此可知何以古来圣主要致意于监察亲民各官。

[参考]

新定清国地方官制通则①

(明治四十年[1907]八月公布)

第一条　一省或数省设总督一员,总理该管地方外交军政,统辖该管地方文武官吏,并兼管所驻省份巡抚事,总理该省地方行政事宜。

第二条　每省设巡抚一员,总理地方行政,统辖文武官吏。唯于该省外交军政事宜,应商承本管总督办理,其并无总督兼辖者,即由该省巡抚自行核办。总督所驻省份,不另置巡抚,即以总督兼管该省巡抚事。

第三条　总督巡抚于各部②咨行筹办事件,均有奉行之责。但督抚认为于地方情形窒碍难行者,得咨商各部酌量变通,或奏明请旨办理。

第四条　总督巡抚衙门各设幕职,佐理文牍,分科治事。

第五条　督抚衙门幕职员数、职掌如下:一,秘书员一人,承督抚之命,掌理机密折电函牍,凡不属各科之事皆隶。二,交涉科、吏科、民政科、度支科、礼科、学科、军政科、法科、农工商科、邮传科③参事员各一人,承督抚之命就主管事务,掌理各项文牍。但各科参

---

① 北鬼三郎笔下的《地方官制通则》,乃翻译自光绪三十三年(1907)颁布的《各省官制通则》,此处《清末筹备立宪档案史料》第506—510页所收《各省官制通则》。
② 本条中的"各部",北鬼误作"政府"。
③ "邮传科",北鬼误作"邮电科"。

事员有事简不必备设者,得由该省督抚酌量合并,以一人兼任三科①以下之事。三,秘书员参事员不作为官缺,统由各省督抚自行征辟,毋庸拘定官阶大小,但每年应将各员衔名及到差年月,分别奏咨存案。其办事得力之员随时切实保荐,以备简擢。四,秘书员、参事员以下应酌设助理及缮写人员者,均由各该省督抚酌定,毋庸奏咨。五,各省督抚衙门幕职办事章程,由该督抚自行订定。

第六条　各省督抚应于本署设会议厅,定期传集司道以下官会议紧要事件,决定施行。如有关地方之事,亦可由官酌择公正乡绅与议。

第七条　除东三省外,各省均置三司如下:布政司、提学司、提法司。

第八条　各省布政司设布政使一员,受本管督抚节制,管理该省户口疆理财赋,考核该省地方官吏。

第九条　各省布政司所属经历、理问、都事、照磨、库大使、仓大使等官,应仿照提学司属员分科治事,章程由吏部会同民政、度支等部另订职掌,酌量改置。

第十条　各省提学司设提学使一员,受本管督抚节制,管理该省教育事务,并监督各种学堂学会。

第十一条　各省提学司所属职员,应按照学部奏定章程行之。

第十二条　各省提法司设提法使一员(秩正三品,即以原设提刑按察司使改设),受本管督抚节制,管理该省司法上之行政事务,监督各审判厅,并调度检查事务。(各省于审判制度未经更改以

---

① "三科",北鬼误作"二科"。

前,应暂仍按察使旧制,唯从前所管驿传事务毋庸兼管。)

第十三条　各省提法司应设属员,即以原设按察司所属经历、知事、照磨、司狱等官,由法部拟定职掌,酌量改设。(按察使职掌未改省份,暂仍旧制。)

第十四条　各省除右列三司外应设两道如下:一,劝业道。专管全省农工商及各项交通事务,并将按察司旧管驿传事务,改归该道兼管。二,巡警道。专管全省巡警消防户籍营缮卫生事务。

第十五条　右列两道每省各设一员,两道各应酌设属员,分科治事。其细则由农工商、民政、邮传①等部订之。

第十六条　各省除右列各司道外,得视地方情形,酌设司道各员如下:盐运司、盐法道或茶盐道(其盐法道有原兼驿传字样者,一律撤去)。督粮道或粮储道(粮道除苏州、浙江两省督运应留,其余应由各省督抚酌量裁并,以归一律)。关道、河道。

第十七条　右列各司除主管事务,不得兼管地方行政事宜。其右列各司道以外,所有管理地方之守巡各道,一律裁撤。如距省较远之地,必须体制较崇之大员,以资震慑者,可仍留道缺,即名兵备道,或一员或二三员,专管督捕盗贼,调遣军队事务,应由各该督抚酌察情形,奏明办理。

第十八条　各省盐运司所属运同、运副、运判、监掣官、盐课提举、盐课大使、盐引批验大使、库大使、仓大使等官,应如何裁并酌改,由各该省督抚核议,奏明办理。其守道、巡道,原有属官,应与道员同时裁撤,酌量改用。

---

①　"邮传",北鬼氏误作"邮电"。

第十九条　各省督抚幕职,既已分科治事,所有原设各项局所,应视事务繁简,酌量裁并,由各该省督抚复议,具奏办理。

第二十条　各省所属地方得因区划广狭,治理繁简,分为三种:曰府,曰直隶州,曰直隶厅。

第二十一条　各府设知府一员,承该管督抚之命,并就布政司、提学司、劝业道、巡警道主管事务,承该长官之命,监督指挥所属州县各官,处理境内各项行政。

第二十二条　各直隶州设知州一员,承该管督抚之命,并就布政司、提学司、劝业道、巡警道主管事务,承该长官之命处理所治州境内各项行政,并监督指挥所属各县。

第二十三条　各省原设之直隶厅有属县者,一律改为直隶州。其无属县者,仍设同知一员,承该管督抚之命,并就各司道主管事务,承该长官之命,处理所治境内各项行政。

第二十四条　各府所属地方分为二种如左:曰州(散州),曰县。

第二十五条　各直隶州所属地方曰县。

第二十六条　各州设知州一员,受本管知府之监督指挥,各县设知县一员(秩正六品),受本管知府或本管直隶州知州之监督指挥,处理各该州县境内各项行政。

第二十七条　各省原设之同知、通判有辖境者,一律改为州县。其无辖境而有主管事务,如河南之河防,各省之海防、粮捕等同知、通判,均应由各省督抚择其事务繁要者,一律作为同知(撤去通判名目别于各级审判),明定责成以资治理。若不关紧要各员缺,应与各府所属佐贰杂职,一并斟酌改置,作为知府佐治员缺,由各该督抚体察情形,分别奏明办理。

第二十八条 各直隶州直隶厅及各州县应酌设佐治各官,分掌事务如左:一,警务长一员,掌理该州厅县消防户籍巡警营缮及卫生事宜。二,视学员一员,掌理该州厅县教育事宜。三,劝学员一员,掌理该州厅县农工商务及交通事宜。四,典狱一员,掌理该州厅县监狱事宜。五,主计员一员,掌理该州厅县收税事宜(此员应州厅县官俸公费确有定数实行支给,并将从前平余名目一律剔除后,再行设置)。其从前各直隶州直隶厅及各州县所设佐贰杂职,应即一律裁撤,酌量改用。

第二十九条 各直隶州直隶厅及各州县佐治各官,如因地小事简,不必备设者,得以一人兼任二职。但警务长及视学员,不得以他员兼任,亦不得兼任他职。

第三十条 各直隶州、直隶厅及各州县佐治员缺,应由司道各就本科考取国文通畅,科学谙习人员(凡佐贰等官,举人五贡及中学以上毕业生,均可与考),详请督抚委用。视学、劝业二员,并可参用本地士绅,由州县采访舆论,举其贤能端正者,一律详请与考委用,仍分咨各部存案。其考取委用详细章程,由考察政治馆会同各部议订施行。

第三十一条 各直隶州直隶厅及各州县,应将所管地方酌分若干区,各置区官一员,承本管长官之命,掌理本区巡警事务。其原设之分司巡检,应即一律裁撤,酌量改用。

第三十二条 各府州厅县,均设文庙奉祀官一员(秩正七品至从八品),掌理释奠洒扫事宜,仍听本管官统辖考核,应以原设教职酌量改用。

第三十三条　各省应就地方情形,分期设立府州厅县议事会董事会,其细则,由民政部议订奏定后通行各省办理。

第三十四条　各省应就地方情形,分期设立高等审判厅、地方审判厅、初级审判厅(原拟乡谳局,以命名尚未妥恰拟改),分别受理各项诉讼及上控事件。其细则另以法院编制法定之。(毕)

比利时宪法第七十条声明:"教育自由,禁止限制教育之一切手段。"普鲁士宪法第二十条规定:"学问及学说是自由之物。"是出于一洗为了政治、宗教而利用教育的陋习之意。考虑到清国现情,不仅感受不到特别保障教育自由的必要,且所谓学说之自由,既然已经保障言论自由,不消说,也没有必要别为规定。又,如普鲁士宪法,其第二十一条至二十六条,关于普通教育详细规定,在性质上,也看不出有必要在宪法上这么做,因此,本案执行全都交给特别法的方针。

俄国宪法第四十条:"居住于俄国的外国人,得行使与俄国臣民同一之权利,但须遵守法律所定之限制。"虽然在司法上采用中外均等主义属于最近的事实,但没有在宪法上认可的先例。固然,依同条的但书,以法律使之成为空文并非难事,并且,非但没有在宪法上特意为外人保障的理义,而且,还有因此引发事端之虞。这是本案没有类似规定的原因。

北美合众国修正宪法第九条明言:"不得因宪法中列举了权利,而拒绝、否认、减杀人民保有的其他权利。"同宪法第十条规定:"依本法未委任给合众国的,或各州未禁止之一切权利,保留于各州及人民。"凡法典,都不是教科书,看不出有设置这种注释性的正文的必要。又，比利时宪法在其第二十五条揭橥主权在民之说，近来1899年1月公布的菲律宾（フィリッビン）共和国宪法第三条有同样的规定，虽然原是出于表明国体本质之意，像这样的规定，毋宁放任为一般的学说好了。又清国《宪法大纲》中揭橥臣民有遵守法律之义务的宗旨，这也难免被讥为无用之长言。因为凡国法，并不待此等明文才生出遵奉之义务。要之，设置关于法理或学说之明文，毕竟有失立法之体统，这是不待论说的。这是本案排斥一切类似规定的原因。

第四章　帝国议会

国会制度起源于古日耳曼(ゲルマン)民族的民会,被推称为现今代议政体之祖国的英国国会似乎也源自该民会。按往昔部族的大事必依众议而决行,东西史迹一致,即如日耳曼民族和平与战时都要在民会议定,又如周代国危、国迁、立君询于万民之类。所谓国危,关乎兵寇的和战;所谓国迁,关乎都邑的迁徙;所谓立君,则是君主驾崩,无嫡子,从庶子中选定继嗣。此等大事询乎公议,是因为这是维持团体和平、巩固其存立的基础。后来,在欧洲大陆,伴随着王权的膨胀,民会之制多数废绝,偶或存在,也都只是以历史上的遗物的面貌呈现。在支那,国会之制的存在,也仅止于周代,随着帝权的昌隆,国会的踪迹荡然无存。然而,时势回转,帝业大成时,专制之弊达于极点,革命的炮火偶然爆发于法国的原野,欧洲的天地,伴随着自由民权的呼声,自然要求复兴民会之制,立宪代议制遂普及于宇宙。

英国国会由昔日的贤人会议(*witenagemot*)发展到现在的国会

制度(parliament system),经历了千年历史,随时势的变迁渐次发达,未曾中缀。而最近百年来的事迹,更是愈发达于善美之境,现在作为宪政的祖国,为世界各国所艳羡,各国立宪无不以英国为模范,这一点都不足怪。①

[注]关于英国国会的起源,学说不一,今揭其二三,聊资参考。

(一)史密斯(スミス)之说:

"英国国会称为 Parliament,似乎是以 1295 年 11 月 27 日于威斯敏斯特(ウェストミンスター)召开的议会为权舆,但此语之使用实始于 1246 年以后,其成法之使用出自 1275 年威斯敏斯特第一法典(即爱德华一世②即位第四年保障国民公权的重要法典)之标题。"(Smith, P.V. —History of the English Institutions. Vol. 1. p.3)

(二)又,斯塔布斯(スタッブス)称:

"英国的议会以拉丁语(羅典語)的 Colloquium 表示是通例。这一称呼与 1175 年以来依乔丹·范恩托兹姆(ジョーダン・フハントズム)惯用了的 Parliament 语义酷似,但至于用这个词的起源,拉丁史家论争多年,尚未解决。而在亨利(ヘンリー)三世御宇二十八年,即许行大典之当年的议会有 Parliamentum Runimedea 的称号,这是公文中使用 Parliament 之嚆矢。"(Stubbs, W.—The Constitutional History of England. Vol. 1. p.639-640.)

---

① 在此之下,《大清宪法案理由书》尚有"(关于英国国会的起源,该国学者所见不一,但议会大约经历了一千年,则是没有异议的。其详细的叙述,因与本案没有直接关系,且省略之)"。
② 北鬼三郎此处写作"エド一世"。

(三)户水博士之说：

"英国国会称为 Parliament 的起始问题，虽历有年所，但学者所言不一。或曰 1246 年，或言 1272 年。原来 Parliament 一语，相当于法语 Parler，即说话这一动词变化而来的 Parlement。由于在法国，Parlement 一语系 12 世纪用于表示集会之意的，在英国民间，此时也用 Parlement 一语。然此语用于公文书，则是 13 世纪中叶的事情了。"(《法律学小史》33 页、34 页)①

仔细考察社会进化之迹，就如欧美诸国大抵是从下层组织，东洋诸国则是从上层组织一样，政治组织方面，也是西洋以庶民为中心、为主要元素，与之相反，东洋是以上层之寡人为枢轴，下民唯有服从统治。这就是为何后来民权之风气在西洋炽盛，东洋则片影无存，像国会制度，也仅由西洋发展，东洋终无法生出的原因吧。本来支那与日本不同，开国之初，民主之风气甚炽，其变迁之迹毋宁说与西洋近似。但是，秦汉以降，帝权昌隆，与之相伴，国势自然一变，民会制度之发达被阻，遂与日本一样，因袭贵族政治。同时，古来支配东洋多数人类的儒教及佛教以服从为美德，以尽义务为本，因此，与以权利为生命、以个人为本位的欧洲诸国的人民相比，教养自是不同，社会进化的进程也随之而异。这是支那大抵与日本取同一之行径的原因。

帝国议会是作为宪法上的机关，以参与国家统治权的行使为职，而不是代表国民执行其意思。因此，以议会"代表全国之公议""议员都代表全国众民"(《宪法义解》)的说法，不过是表明制度的

---

① 从"[注]关于英国国会的起源"到"(《法律学小史》33 页、34 页)"，《大清宪法案理由书》无。

精神而已,这是值得注意的。然而,一直以来都有以议会在法律上代表国民的说法。现今比利时宪法第三十二条声明:"两院之议员代理全体国民。"普鲁士宪法第八十三条明言:"两议院之议员作为全体国民之代理,议员凭自信自由作出判断,不受嘱托、训令之牵制。"德意志帝国宪法第二十九条也规定:"帝国议会之议员作为全国人民之代表者,但不因其依赖及指挥而被束缚。"诸如此类,都不外是这一学说的反映。但所谓代理、代表的说法,毕竟不过是形容的词句,①在法理上没有正确的意义。然而,现在尚有不少有力的学者主张代表说。② 如舒尔茨(シュルチェ):

> 国会不是生活中的个体的集合之代表,而是代表民性之总存在……国会不是执行人民之意思,国会之意思在法律上当然是人民的意思,国会的意思之外不存在人民之意思,国会按其宪法上之形式议决之事,作为国民之意思而宣布,具有效力。从这一意义上来看,绝不能说(国会)是人民全体之代表会。

虽如此断定,但可惜的是,其法理上的根据尚不能解释。

波伦哈克(ボルンハック)也说:"以国会为人民全体之代表者。"这与前说相等,而论旨更进一步:"因人民在国法上作为全体

---

① 《大清宪法案理由书》在此后尚有如下一句"其特别规定议员的自由、独立,不过是排斥当时之遗习"。
② 《大清宪法案理由书》在此下尚有如下内容:"但全都论旨薄弱,我觉得,作为法理之谈,全无一顾的价值,详细的评论,颇厌其烦,故省略之。"

没有行为能力,不能以委任的方式设定代理人,故国会是人民全体的法定代理人。"虽如此断定,但没有明示其证据。在这一点上,耶里内克(エリネック)的说法似乎稍得要领:

> 代表机关作为国家机关的同时,对于其他机关又居于机关之关系,即,代表机关是机关之机关。在这种场合,被代表的原始机关(国民)在通过其代表机关(国会)之外完全不能表达其意思,代表机关(国会)之意思,在法律上,不能直接看作原始机关(国民)之意思。(美浓部博士:《关于议会在国法上之性质的一种新说》,参看《国家学会杂志》第 200 号。)

美浓部博士解释道:

> 议会是国民的代表机关云云纯粹是法学上的思想,议会之意思在法律上不能被视为国民之意思,作为现实之现象,说议会之意思等于国民之意思也是错误的。(同上论文)

要之,以上学说,在以国会为法律上国民的代表机关这一点上是一致的,然而,我不知道同意该学说的理由何在。因为在法理上,国民与国会之间没有发生代表关系的余地。代表关系发生于人格者之间,须有法律联结("法锁"),其关系基于明文,否则,须在法理上有能推定的根据,当然不是偶然发生的事情所具有的。再来看国会与国民的关系,国会当然没有独立人格,所称"国民"这样的抽象观念,也是素来没有独立人格的。然而,两者的关系是基于明文规定吗？答案是否定的。比利时、普鲁士及德意志帝国宪法等里面有"代理"或"代表"等文字，除了是一种形容语，在法理上没有任何价值，这是需要注意的。然而，即使退一步，看作两者之间有代表关系，但又奈何只限于与少数选举人之间的关系，与大多数国民之间无法发生法律联系（"法锁"）。假若代表说为正解，但该如何解释上院议员与一般国民之间的关系呢？至少，基于《日本贵族院令》第二条（皇族）、第三条（公侯爵）及第五条（因学识勋劳敕任议员）的议员完全没有依据选举法，所谓代表关系发生之理义何在？难道要说贵族院不是代表机关吗？代表机关仅指由公选所产生的下院议员吗？

凡选举人，绝无指定议员的权能，因此，选举人与议员之间看不出有发生代表关系的余地。然而，论者何故要认为因选举而发生代表关系，且将其指挥训示当作法律上有效成立的证据？往年，在英、法、德其他立宪诸国，议员与选举人之间发生过许多情弊，是宪法史上显著的事实，现在德意志帝国宪法（第二十九条）、普鲁士宪法（第八十三条）等以明文否认这一（代表）关系的理由是什么？总之，无论正条有无，无认可之理由乃极其明了之事。而时至今日，论者何以竟还肯定这种关系？

美浓部博士将国会与国民间的代表关系等同于法律上君主与摄政或君主与裁判所的关系（参看前揭杂志所载论文，以下效之），很不幸，很遗憾，我不能赞成博士的说明。摄政及裁判所是以君主之名行使其权限，议会是作为宪法上的机关行使其权限，理义相同。而其权限都源于国家，也是一致的。这是作为国家机关，无不与君主之间生出法律关系的原因，难道能够说唯独议会的权限是源自国民吗？若说议会代表国民的权利，但只要所谓国民不是权利的主体，议会就无代表之理由。然而，要解释成代表其意思之义吗？奈何不定之群集的意思是无法想象的，既非权利之代表，又非意思之代表，毫无疑问，两者之间无授权之途径，由此亦足以推知两者的关系。

博士又提出，对于(一)议会之组织，(二)君主有解散权之理由，(三)议员有一定任期之理由，(四)在议员任期期满时或议会被解散到新选举完成的中间这段时间国家属于什么性质这些问题，都只需依靠议会代表国民之说加以说明，但可悲的是，他无法解释究竟是什么意思。请允许我稍微评论一下吧。

(一)议会之组织内容无论如何，对其在国法上之地位没有影响，此点毫无疑问。两院的构成方法不同，主要的，不外是基于政治上的理由。而其构成不同带来的结果，能否使代表说的理论一以贯之，却属疑问之端，前面曾言及，此处不赘。

(二)博士说，解散是"将舆论征之于国民"，并说"国民依选举表达一定之判断，其判断通过其代表机关的媒介发出"，这种论断，不过是将国家作为有机体来观察的立论。而这种解释，即使全由政治学者讲说，也未必没有妨碍。然而为何要悲观地说"只承认君主有解散权，若认为在此之外还有比这更高的意义，在法学上，国法学的价值就极为可怜了"，要以一种科学解释一切现象，毋宁说是不可能的。解剖学是医学的一个分支，但不能说明所有的疾病现象，博士是否因此要叹息"在医学上，解剖学的价值极其可怜"呢？

(三)议员的职务有一定的任期，这也是出于政治上的理由，岂能说"仅因承认代表说才得以解释"呢?

(四)博士又因对不认可代表说是"立宪国的一个重要现象"无法解释,而提出"在议员任期期满时或议会解散到新选举完成的中间这段时间国家属于什么性质的问题",我很奇怪博士为什么对此问题要说"仅因承认代表说才得以解释"。博士说:

> 立宪国不因解散议会而一时变形成专制国,为什么呢?在完成新选举之前,法律上之选举团体尚如常继续,国民即有选举权者作为原始机关恒常存在。国民之代表机关因解散而一时中断,其原始机关决不会中断,能说明立宪国之继续的,只有这一理由。

噫嘻,怎么会这样!博士又说,依通常的学说,"不能不说一时变形为专治国",所说真是愈发出奇。实则在议员任期期满或议会解散到新选举结束的中间这段时间,国家的性质并无变化。因为政体的变革与宪法的改废相伴,因此,宪法未废除代议制度,国家的政体就不会改变,因此,即使事实上议会在构成上一时欠缺了一部分,也看不出国家会因此而变更成专治国的理由。博士何故要以此作为代议制度废灭的理由呢?何苦要对不主张代表说者作如此这般的法理解释呢?又何故生出仅仅在执行代表说的场合"不会一时变形成专治国"的论断呢?与在法理上否认代表说无关,我且觉得与博士作同样的论断有点不妙。博士说:"国民之代表机关因解散而一时中断,其原始机关决不会中断,能说明立宪国之继续的,只有这一理由。"噫嘻,怎么会这样?代议制度之存续仅是宪法之结果,宪法存在,不就是国家的意思不变的证据吗? 然而,仅以选举团体(博士所谓"原始机关")存续"能说明立宪国之存续",这不是本末颠倒是什么呢? 由此当知代表说之不足采信。

  要之,我承认,"代表"在表明代议制之起源及其精神方面是颇为恰当的文字,但其在法理上没有任何价值已如前述,说到底,代表说不外是一些学者崇尚形式之余提出的奇论。①

  国民通过议会成为统治主体之说,是民主主义宪法所讲说、提倡的,且现在还存有明文,如比利时宪法第二十五条所宣言的"国权属于国民全体",又近来菲律宾(フィリッピン)共和宪法第三条声明"主权专属于人民"。但主权在民之说,作为政论,尚可称为绝妙,但作为法理之谈,绝对难免粗笨之嫌。人类的群集,只止于组织社会,因此在法理上无法对其作评价。如果说国民是统治权的主体,②而被统治者也是同一团体,则统治关系无法说清楚。何况不能以议会为国权之归属是非常明白的事理。如此说来,英国以国会为统治权的主体之说,未免是眩惑于政治情势而臆断法理之论。凡英国的宪法学者,都有实地观察法律现象而得出见解的癖好,他国学者漫然蹈袭其叙说,似乎是以国会主权为不可动摇的原则,但若甄别法理和实际再立言,就可发现都是以君主为统治权的总揽者。陶德(トッド)和斯塔布斯(スタッブス)即是如此。(Todd, *Parliamentary Government in England*, Vol.1. p. 167. Stubbs,

---

① 从"如舒尔茨(シュルチェ)"到"代表说不外是一些学者崇尚形式之余提出的奇论",《大清宪法案理由书》无。
② "如果说国民是统治权的主体",《大清宪法案理由书》作"如果假定国民是统治者"。

The Constitutional History of England. Vol.1. p.620—621.)①要之,在英国,虽然实际上有国会掌握了施政实权的表象,但不得不注意的是,这对法理之论定没有什么影响。

贵族院、众议院的名称未必适当,只是暂时借用日本的称呼。清国近来设立了一个议会("议政府")称为资政院,真不失为一个恰当的名称②。然而,若采用两院制,且不说尚缺其一,因资政院兼有两院性质,似乎也未必能得到认可。虽然不能说不可称为元老院、庶民院,但我觉得不如称为缙绅院、代议院。名乃实之品,一定要取一个恰到好处的名,故于此苦口婆心③。

第三十三条　帝国议会以贵族院、众议院两院组成。

[参照]日三三。英。俄七。普六二。德五。法一之一、三之四。美一之一。

---

① "陶德(トッド)和斯塔布斯(スタッブス)即是如此。(Todd, *Parliamentary Government in England*, Vol.1.P.167. Stubbs, *The Constitutional History of England*. Vol.1. P.620-621.)",《大清宪法案理由书》作"现今英国学者陶德(トッド)和斯塔布斯(スタッブス)(Todd, *Parliamentary Government in England*, Vol.1.P.167. Stubbs, *The Constitutional History of England*.Vol.1.p.620—621.),以及比利时的迪普里耶(ジュップリエ)均是如此"。
② 《大清宪法案理由书》在此之下尚有"盖院议之要,在乎资政"一句。
③ "故于此苦口婆心",《大清宪法案理由书》作"虽然清国词汇丰富,不会苦于选择,但还是在此苦口婆心"。

两院制因各院互相节制,①比较而言能得到圆满的公议的结果,鉴诸历史,征诸经验,甚为明白。德意志帝国同联邦内的多数邦国、瑞西②的各州及希腊等诸国虽然现在采用一院制,毋宁说是基于特种之国情,属于变例。大多数国家实行两院制,不仅是仿效母国(指英国,译者注)的制度,也是认可其特长的结果。像法国,1789—1795年、1848—1851年及1871—1875年虽采用一院制,30多年以来又复归两院制。西班牙也曾采用一院制,后来又复归两院制。从这些事例,也不难理解何以会如此。③

1295年,英王爱德华(エドワード)一世在贵族、僧侣之外召集士爵及市民议员,后世称之为模范国会,但当时只有一院。两院分立见之于爱德华三世在位时,那是1339年的事了。当时上院以贵族及僧侣组成,下院以骑士(knight)及市民(burgess)组成。后者都是出于国民的公选,与前者在社会地位上不同,其利害关系也不同,遂至于分立。尔后,除在共和时代(1649—1660)有过废除上院的事情,数百年中维持两院制,这为人所周知。

两院制的妙用在于节制,因此,如果只将议院视为国势的缩影,虽然使议员会聚于一处(实行一院制,译者注)也能勉强达到目的,但不如将部分华族聚集,别居一局,使之与由国民公选的议院相对应来得好。这是因为,两院的意见归一,与一院的意见相比,

---

① "两院制因各院互相节制",《大清宪法案理由书》作"两院制因相互节制、相互妥协,慎重讨论"。
② "瑞西",即瑞士。
③ "从这些事例,也不难理解何以会如此",《大清宪法案理由书》作"这是由于两院制与一院制相比有其长处"。

能竭尽调理之妙用。而公议的一致,有赖于各院的反省与妥协,若因私情而相互顶撞,或强制舆论归一,毕竟失却了两院制的所长。因为见解不合未必是不祥之事,而恣意令其统一,强行盲动,则是破坏制度的根本。因此,政治家若热衷于徐徐指导舆论,等待其归着之所,而偏偏没有图谋国务进步的雅量,为了眼前的现象而怀疑制度的精神,甚至提出要废弃之,则不无浅见之嫌。近时在英国发生的上院改革问题,不失为其一例。

想一想,在英国,上院改革问题的提起,不啻是一而再再而三。往年,选举法改正案、谷物条例废止案及爱兰自治案等重大案件提出来时,每每因遭到上院的激烈反对而无法通过,这时就会有人提倡改革上院,甚至叫嚷要废止之。而在前内阁之下又发生了相同的问题,这是世人记忆犹新的——前年①六月,已故前首相坎贝尔·班纳文(カメル·バンナーマン)向下院提出关于限制上院权限的议案,是出于对昔日上院修正了政府提出的教育法案、使其失去了本旨的反动。虽然班纳文内阁仗着在下院有大多数党员的支持,急不可耐地企图进行这一大变革,到底不为舆论所容。上院经一千年来的坚实发展,以至有今日,遇着大问题,每每傲然而行,不改变其所信,与其说是不失上院有为之资质的缘由,毋宁说是证明了两院制的优势。为了国家,②一旦发现其不利之处,断然排斥下院的言论,这是上院该尽的职责。然而,班纳文内阁因上院的反对于己不利,便欲缩小其权限,虽是基于实行其主张,也能感受到其

---

① "前年",《大清宪法案理由书》作"去年"。
② "为了国家",《大清宪法案理由书》作"若凡事都与下院所议定者雷同,以再议为其能事,上院就成了无用之长物,事实上绝对不然,为了国家"。

举措的轻率。何况其提案有以废止上院为前提的嫌疑呢!

班纳文内阁之提案希望将法案的最终确定权归于下院。但上院在1671年以降已被限制了预算议定权,如果这次又被限制了法案议定权的话,上院的权限只止于再审下院所议定之议案,遂至失去作为议院存在的价值,因此,毫无疑问,该案以废止上院为前提。若果然如此,要得到富于常识的英国人的赞同,当不是一件容易的事。如现今伦敦的《泰晤士报》(タイムス)就叫嚷道:"这是基于薄弱的一时的理由,或由于党派的原因,试图实施一项对我英国的政治生活产生大影响的宪法上的一大变革,这毋宁说是不能禁制忿恚之念萌生的结果。"该案到了今天也无法成立,由此可以窥见一斑,同时,也可知两院制的基础非常巩固。

回过头来看看英国近情,最近一转而有改革上院构成之议。其改革提案的要旨是如下数点:(一)削减世袭议员之人数;(二)减少僧侣议员之人数;(三)使殖民地有一定之议员参列;(四)限制政府的推荐上院议员之权。第一点是排斥从来有名无实的议员,代之以用选举制度选出的有才之士;第二点是符合政教分离的根本原则的;第三点是为了实现利益共通主义;第四点是想一洗过去之弊端。这一提案立论稳健,适合时运,与昔日之限制权限问题相比,不啻霄壤之别。若本案成立,上院恐怕会面目一新,越发发挥两院制的特长,对此,我们深信不疑。但因英国保守的风尚甚炽,当不容易有抛弃现制的痛快之举。因此,在最近的将来,本案当无由成立,不无遗憾。①

---

① 从"回过头来看看英国近情"到"不无遗憾",《大清宪法案理由书》无。

第三十四条 贵族院依贵族院令所定,以皇族及敕任议员组织之。

贵族院令需要修改时,政府须奉谕旨,向贵族院提出议案。在此场合,须有贵族院全体议员三分之二以上出席,且未得出席议员三分之二以上之同意,不可做出修改之决议。

[参照]日三四。英。俄五八。普六五乃至六八。比五三乃至五六、五八。美一之三。

关于上院组织的立法事例,日、英、奥、德意志诸邦、意、西等国以执行敕任主义为原则,美、法、那、瑞、丹、比等执行公选主义。其采用哪一种,完全依国情而定,不可一概而论,断定其可否,自不待言。而为清国谋,上院以皇族、对国家有功者及富于学识经验者、练达于地方政务者构成,是最适当的吧。网罗此等人物,使之与国民公选的代议院对立,则在取得两院制的长处方面庶可无憾。其构成如下:

一、皇族

以皇族为上院构成的一个要素,其意并不单单是希望皇室安泰,实际上是因为皇族兼备社会之师表的地位与素质。而清国皇族虽然分为和硕亲王、多罗郡王、多罗贝勒、固山贝子、奉恩镇国公、奉恩辅国公、不入八分镇国公、不入八分辅国公、镇国将军、辅国将军、奉国将军、奉恩将军十二等,但可以这么做:不论阶级,只要成年,不待敕命就可成为当然议员。(资政院当然不能视作上院,但是,据光绪三十四年[明治四十一年][1908]六月十日发布的同院章程,宗室、觉罗[指直系、旁系的皇族]限定五人,其数失之过少。故他日上院构成之方,切望不要作此限制。)意大利的皇族及比利时的皇太子,一旦成年即有参列权,但设置了不到二十五岁不得行使投票权的限制(意大利宪法第三十三条、比利时宪法第五十八条)。没有投票权的议员,跟木偶没有区别,故这样的限制应该全都取消。

二、对国家有功者及富于学识经验者

这应该是上院组织的主要元素。在立法例方面,以担任官职或从事过一定年限公务为必要条件,但在立法政策上当只止于概括性的规定。例如,文武官都有一定的品级,因此,若以现任或曾任三品以上的职务为条件,京官中,尚书、侍郎当然包含在内,地方官中,督抚不用说了,布政使、按察使也包含在内,但在立法上特地指定品级或官职,则有胶柱之嫌,是否符合这一项,与其交给内阁大臣,不如举有用之才。

三、练达于地方政务者

支那的地方行政依靠大量缙绅、耆老协赞施行,这是一千年来因袭的古俗,不可因变革政体而破坏这一习惯,理由前面已经论述(参看本案第三十二条之说明),而我想将此坚实分子包容于上院,永久保护这一习惯。清国因地域广阔,政令动辄有难行之憾,人所共知,因此,以地方有德之长者长居议政之局,使之成为疏通中央与地方情意的楔子,相信这是颇得机宜的。或许难保有人要说,因为在下院已有其代表者，没有必要在两局中包容同一的分子。但是，具体考察地方情形，足知参酌这一特殊习俗，未必是无稽之举。至于议员选出的方法，由各省（本部及东三省）咨议局公选五名乃至七八名，以得票最多者当选是可行的吧。是按照一定条规预先提出名单，还是一任选举者之自由？虽有这样的疑问，因为依后一方法有混同两院议员选举标准之虞，当依前一方法。要之，在上院包容这一特种分子，不单政局的圆活有可期之便，也是以议会为国势缩影的途径。岂是仅仅念念不忘旧习而欲保守之？

议员除皇族以外全用钦选，地方选出的议员，其任期与下院议员一致，每一个立法期限总改选一次，其他议员则为终身议员。议员的定数，当设一限制，终身议员（含皇族）不得超出地方议员的两倍或三倍。这是为了保持彼此平衡，也是为了防止恣意奏荐。年龄方面，除皇族外，上院与下院议员一样为30岁，虽然不像比、法、西那样，规定上院议员的年龄须高于下院议员，但除了可以视作立法者的臆断，看不出有什么可以作模范的理由。

据日本现行法，有公、侯爵位者，达到一定年龄，得为当然议员。与之相反，伯、子、男爵非经同族的互选不得为议员。这不是立法者玩弄公器所致吗？如果需要选举，何故以爵位区别？若说是以功勋大小为准，但既然承认世袭之制，便已无比较的标准。是根据数量多寡？奈何其增减无由预断，学识、财产的有无也很难说一定与其品级有关，故即使应该通通一律，也看不出可以作为资格得失的原因。加之，如纳税多额制，绝对难免无稽之讥。其原因在于，立法者即使想以此而使富豪有代表，但依财产、资本的利用方式，富豪未必是纳税多额者，纳税多额者也未必是富豪，考虑到这一点，则不唯立法基础已经动摇，因府县间税额差异甚大，自然有失公平。抛开这一点，因有选举权的人数少，其进退全由私情决定，如今不断玩弄公器，这不是制度之罪又是什么？何况，这一制度属于普鲁士和其他国家一时权宜的立法，日本根本就没有祖法其故智的情理，有漫然移植之嫌。这是我对采用这一制度心怀踌躇的原因。但不是要因此而从上院排斥富豪，只是不认可特意为富豪开放门户。有资产者有当下院议员的便利与机会，此外，还有作为地方缙绅被推荐为上院议员的余地，若其有功于国，或有学识经验，也有进入上院之望。果然如此，则没有必要以财产为唯一标准，赋予特别权能，而且，我相信，赋予特别权能绝不适合于时势，应将富豪的人格交给公众判断。在这一见解之下，我对昔日①公布的资政院章程以一百万以上之资本家作为一个要素一事不能无憾。因为根据该章程，当从各省咨议局选出一定数量的议员，如果富豪是有德的缙绅，自然能进入该院，我不认为有特意为之开放特别门户的理由。何况，评价资产不是一件容易的事，不仅如此，因其定员不过十二人，不难想象，随之将会发生很大的弊端。因此，立法者以富豪为一特立的要素，不是深入推究情理的结果，难免一味移植外国法的短处之讥。

  关于改正上院法令的立法事例，各国不一，有三种：一，依与修改宪法相同的办法；二，采用修改一般法规的办法；三，仅依上院的议决。而本案采用最后的办法。由于常因政治热情昂进而轻易变更其规定，这不符合国家的永久利益，因此，将提议改正之权保留

---

① "昔日"，《大清宪法案理由书》作"新"。

于大权,同时规定要依特别的方法决议,即改正案要以上谕交付上院,上院三分之二以上议员出席,且得不到出席者三分之二以上的多数赞同,不得作出改正的决议。也许难保有人会认为没有必要承认这种变例,但政热奔腾,往往溢出常轨,在英国已有很多事例充分证明。这是只管参稽国情,特意做出限制的原因。

设定本案第二项的结果,各院不能提出改正案,但在认为必要的时候,上院不必说了,就是下院,也该依上奏或建议的方法,有陈疏其想法的途径。尊重政府、议院的言论,应该不令其希望落空,这为我所深信不疑。

第三十五条　众议院以按照选举法所定公选之议员组织之。

[参照]日三五。英。俄五九。普六九乃至七五、八三。德二九。比四七乃至五一。

下院以国民公选的议员组织,这在立法例上是一致的,其组织方法依选举法所定。而选举法在性质上须详细规定,并且,有必要随时世变迁而随时改正,因此将其交给特别法。

详细解说选举的性质、主义、法制及其利害不是本案的目的,因此,以下只说清国将来当采用的立法大纲。

一、直接选举制

清国《咨议局章程》《天津自治章程》均采用复选制,但我则想让下院议员的选举与城镇乡自治选举章程一样,采取直接选举。

直选法有选举人直接指定自己看好的人的好处,符合选举的精神,无须讨论。反之,若用复选法,原选举人只选举选举人,自然会产生对选举冷淡的结果,弃权者随之增多,且难免有浪费时间和费用之憾。这是各国渐次归于直选制的原因。(如人所知,方今除俄罗斯、普鲁士及巴威伦等其他德意志联邦中的数国外,均执行直选制。又在北美合众国及法国,上院议员之选举执行一种间接选举制。)

二、无记名投票制

投票的方法有记名、无记名两种方式,似乎都是利弊各半,在理论上无法绝对地断定其可否。但仔细考察社会情形和选举精神,无记名式好像优于记名式。盖基于选举人的自由意思而行选举,方得选举的真髓,因此,欲贯彻选举的精神,无记名式外无他法。这是各国多采用无记名式的原因。若用记名式,选举人无法抵抗百般的诱惑,遂至多歪曲其所信,这是我们经常看到、听到的,像这样,真可谓灭绝选举的精神。有人说,选举是公事,依私情而行之,断然不可。但奈何社会是凡俗的集团,不能凭理论推论。或许有人要说,秘密选举,在理论上是违反制度精神的。但是,若能贯彻选举的精神,那又何必过问其手段?有人又说,无记名式有受贿之弊,即使有行使自由意思之利,但奈何在法律上助长了受贿之弊。但是,贿赂原本是选举的通病,当然不能仅仅归罪于无记名式,仔细考虑一下伴随选举的众多情弊,当可发现势不得已采用无记名式的原因。作为选举场上普通惯用的手段,贿赂以外有亲族关系、有借贷关系、有雇佣关系、有从属关系、有职业关系等其他百般诱惑,遂使选举人不能自由执行其所信。因此仅着眼于贿赂之弊，须有即使采用记名式，其他大弊依然与选举相伴随的觉悟。何况，不仅无法因此而廓清贿赂之弊，甚至还有助长这一弊端之虞呢！

三、单记投票制

是采用单记还是联记，作为一个主要与选举区的大小相关的问题，也是不可一概论定其利害的，但由于采用联记之制时，不仅各选举人的权利不能均等，且多有多数压制之弊，感觉不如采用单记之制。因为采用单记之制，作为选举人，其选择之念会加深，因此其责任自然加重，从而有达到选举目的之便利。

四、选举区

虽然选举区域依据议员定数之多少而定，但假若除去藩属地，在支那本部及东三省选出五六百名议员的话，应该适宜将二三州县合并作为一个选举区，要之，投票区、开票区均主要参酌行政区域及各地方的风气来确定是可行的。而以人口约五万以上的都市为独立选举区是比较好的选择。这是由于，清国的国情决定议员的大多数是从农民中选出的，若不使都市独立，将无法保护工商业者的利益。或许有人要说，依作为取得选举权的一个条件的纳税比例，彼此可得权衡，似乎没有必要认定这一特例，不如合并行之方便有益。其原因，都市与村邑合并成一个选举区的时候，工商业者到底无法超过农民的数量，结果，议会必至变成地主会议，难保无危及清国现时在实际经济上的地位之虞。何况即使都市独立都还有被地主压倒的倾向呢！

五、议员定数

现若假定，都市与村邑均以每50万人选出议员1人，从支那本部当选出 184 人,从东三省当选出 32 人。若不与人口挂钩,每省选出 20 乃至 30 名议员,相对于东三省选出 60 乃至 90 名议员,本部当可选出 360 乃至 540 名。虽然地方代表主义未必不可,但应该不如人口分配主义公平。① 今比照由两主义所选出的议员比例:

	地域	议员定数	百分比例
人口分配主义	本部	814	96.2
	东三省	32	3.7
地方代表主义	本部	360(540)	85.7
	东三省	60(90)	14.2

[备考]
一、由于规划宪法只在支那本部及东三省施行,藩属地全都除外。
二、人口依据的是 1907 年发刊的 *The Statesman's Year-book*。②
三、由于议员人数高于五六百人时,整理会场将会令人深感困难,采用人口分配主义时,不得不规定为每七八十万人选出一名议员。本表只能提供考察其大体的便利。③

不论采用哪种主义,都可看出由支那本部与东三省选出的议员有显著差异。至此,值得考虑的是,所谓满汉平衡的旧法,应当

---

① "虽然地方代表主义未必不可,但应该不如人口分配主义公平",《大清宪法案理由书》作"人口分配主义为各国所采用,理论上似乎最公平,但是,就清国现情来看,因无法知道户口确数,以及选举资格的调查资料阙如,暂时采用地方代表主义,应该是未为不可的"。
② "人口依据的是 1907 年发刊的 *The Statesman's Year-book*",《大清宪法案理由书》作"人口依据的是 1907 年伦敦发刊的《政治家年鉴》(*The Statesman's Year-book*)"。
③ [备考]的第三条,《大清宪法案理由书》无。

在采用议院政治的同时,从根柢加以破坏抛弃。不仅仅满与汉在人口上到底不能匹敌,即使是每省选出均一的议员,也无法维持其权衡,如果让两者选出同等数量的议员,是理义所不容的。唯下院为汉人大多数所控制,其结果,政权自然掌握在其手里,这是当然的理数。若因此而逆大势而行,强行使满人在上院占多数,使其与下院对抗,则两院倾轧,难保不成为社稷倾亡的因素。这似乎是颇为不祥之言,但冷静地推究自然之情势,确信这绝非妄断。而时至今日,尚欲墨守祖宗成法,原本属于想以少数的满人压制多数的汉人的谬见,可以说与立宪的本意决不相容。因此,若想死守成法,那就不可谈立宪;若想行宪政,就不能没有抛弃此种陋习的觉悟。岂止如此,究其实,不能不抛弃这一成法,事理很明白。若虚心坦怀,使国民均等享有权利,不只是达到举国一致之实的途径,也不失为国运发展之一策。

六、选举权

从选举的精神来说的话,当以均等赋予所有人选举权为理想。但毋庸多言,事实上或政策上的理由,不能如此普遍赋予。赋予的程度须依据社会的情形,依清国现情,不可采用普通选举制,无须辨明,现主要举出应当限制的要点。

(一)满25岁以上的男子。

虽然英法诸国规定满21岁即享有选举权,但是否有处理公务的能力,不能无疑。又,虽在丹麦规定须满30岁以上,也难免有年龄稍微过高之嫌。凡男子到25岁,思虑渐定,赋予公权,不能说不可。这是仿效日、比、荷①等国的立法例,以 25 岁以上为必要条件的原因(清国《咨议局章程》也根据同例)。

(二)在纳税额上设置一定的限制。

地主和工商业者的纳税额要使其平衡,这一点要特别注意,不可懈怠。《咨议局章程》规定:"在省内有五千元以上之财产,居住他省者,须居住十年以上,有一万元以上之财产。"②但是,财产如何评价?依据何种方法?且不说几多情弊将相伴而生,恐怕相关官宪将不堪其费精劳神。因此,作为立法,以纳税额为标准,简单便捷,弊害少,当采用。

(三)设置关于住所之限制。

《咨议局章程》与《天津自治章程》在原则上采用本籍主义,虽然也加了住所主义,毋宁说是以系于本籍之住所。

(四)可以自署被选人姓名。

无笔者无识,这样的推定,未免太过。但是,就清国现情来看,虽然除了无笔者之外,似乎尚有不可忍之事,但由于如若认可代书制,情弊随之而生,将有消灭赋予选举权的根本义之虞,姑将其省去。并且,以此间接作为图谋普及教育之一助,也未为不可。

---

① "日、比、荷",《大清宪法案理由书》作"日、荷、比"。
② 北鬼氏此处是将《咨议局章程》第三条第五项与第四条糅合而来。第三条第五项:"在本省地方有五千元以上之营业资本或不动产者。"第四条:"凡非本省籍贯之男子,年满二十五岁,寄居本省满十年以上,在寄居地方有一万元以上之营业资本或不动产者,亦得有选举咨议局议员之权。"《各省咨议局章程》,载故宫博物院明清档案部编《清末筹备立宪档案史料》(下),北京:中华书局,1979 年,第 672 页。

（五）在省内从事学务或其他公益事务满三年以上。①

（六）毕业于与中学相当之学堂。②

（七）举人、乡生以上之出身者。③

（八）文官七品以上、武官五品以上之在任者。④

以下四项，系现已规定于《咨议局章程》者，如此，是最符合选举之理想的，特揭载之，对立法者之勇断聊表敬意。

以上是取得选举权的必要条件。另外，符合下记之事项者，可以不赋予选举权及被选举权罢。

（一）现任僧道及其他宗教师者。

（二）现服军役者。

（三）现有学籍者。

（四）现任宫内官吏、司法官、都察院检察官及监察官、审计院检察官、巡警官、税务官者。

（五）受刑罚者。

（六）禁治产者、准禁治产者、受破产处分债务尚未清结者。

---

① 此条由《咨议局章程》第三条选举资格中的第一项化用而来："曾在本省地方办理学务及其他公益事务满三年以上著有成效者。"见《清末筹备立宪档案史料》（下），第671页。

② 此条由《咨议局章程》第三条选举资格中的第二项化用而来："曾在本国或外国中学堂及与中学堂同等或中学以上之学堂毕业得有文凭者。"见《清末筹备立宪档案史料》（下），第672页。

③ 此条由《咨议局章程》第三条选举资格中的第三项化用而来："有举贡生员以上之资格者。"见《清末筹备立宪档案史料》（下），第672页。

④ 此条由《咨议局章程》第三条选举资格中的第四项化用而来，不过，他将"曾任"错看成"在任"了："曾任实缺职官文七品武五品以上未被参革者。"见《清末筹备立宪档案史料》（下），第672页。

(七)吸食鸦片者。

(参看《咨议局章程》及《天津自治章程》)

七、被选资格

应该可以规定为所有30岁以上的男子有被选资格。虽然《天津自治章程》在设置教育及财产上的限制之外,规定须符合以下条件之一才有被选资格:曾经办理学务或地方公益事业者,曾经出仕或获得科名(进士或举人)或在庠者(有考试志愿但尚未参加考试者)①,本案欲将一切放任于选举人之自由。盖教育上之限制对过渡时代的清国而言毋宁说有害无益,财产上的限制失之过高,即使强为推行,并非没有逃避限制的途径,并且,也没有必要设置参与公共事务一项。其规定要进士、举人或应科举试者,毕竟是基于想要得到有教养的绅士(为议员)的法意,但若说无此即代议士的资格有缺陷,实无道理,且有官臭之嫌,我不知道怎么可以这样规定。与此相反,《咨议局章程》除了户籍上的条件外别无限制,无疑是立法上的一大进步。然而,稽之于理论,征之于事实,我相信,户籍上的限制在立法上没有什么价值。盖以是否具备这一条件作为代议士资格得失的原因,且不说于理义无据,即使强行,因有逃避限制之途,最终也会变为空文。说起来,设置这一限制,毕竟不是求才之道,因此,不得不冀望清国之立法者有大开门户全面网罗国士的用心。

八、选举诉讼

关于选举的诉讼,该归裁判所管辖呢?还是该由下院专决呢?

---

① "科名(进士或举人)或在庠者(有考试志愿但尚未参加考试者)",《大清宪法案理由书》作"科名或在庠者"。

这是需要研究的一个问题。按：在英国，虽然其初是交给大法官庭管辖，但因担心为王室所用，于1410年以法律将其划归巡回裁判所（the justices of assize）。到了伊丽莎白（エリザベス）之朝，进一步将其移归下院。到詹姆士（ジェームス）一世的时候，遂归下院专司。像弗兰西斯·古德温爵士（サア・フランシス・グッドウィン）事件，不外是归下院专司的结果。迩来二百余年中，下院的判决往往为政党的策略所左右，终至其专擅不能为人所忍受，到1868年，复归普通裁判所管辖之后，始脱离政党的关系，以至于今日。因为将选举诉讼归下院审判到底无法指望判决之公正，征诸实际经验，颇为明白，日、英诸国之现行法制，毕竟顾虑到了这一点，不必讨论。担当立法之局者当致意于此。

第三十六条　凡法律，均须经帝国议会之协赞。

[参照]日三七。英。俄四二乃至四四。普六二。德五。

本案前面曾声明，立法权的行使当经帝国议会的协赞（参看第四条），而又在本条规定，这是为何？不外想由此昭明立法权的意义，同时确定其协赞权的范围。

[注]按：议会协赞立法权，似乎原是出于王侯的好意。而英国国会作为职权参与立法，是在爱德华（エドワード）二世之朝，实属1322年以降之事。但在当时，国会并不是自行议订法律的正条，通常的做法，是司法官与枢密顾问会合，以下院的请愿为基础，参酌敕答的旨趣，编成条例。不堪其弊的议会，在1461年以降

始以法案作为议题。在德意志诸邦,十六世纪的时候,君王均不容许议会参与立法,其后有两三个地方参与立法被认定为议会职权,但也限于与部分阶级有利害关系的场合,其他方面则停留于咨询层面。由此可知,与英国国会相比,其权限甚为狭窄,且其发达颇为迟缓。

由于立法之良否与国民的生计有密切关系,其制定与改废均依舆论而决定,是符合国家统治的理想的,和议订预算一起归为议会的权力,并不仅仅是沿革上的理由。

本条所谓法律与命令对称,可以说是与本案第七条的敕令(所谓紧急命令)及第八条的命令(所谓行政命令,即学术上所说的执行命令及独立命令或补充命令等的别称,委任命令也包含其中)相互并立的。而本案第四条所谓立法权,即不外法律制定权,议会的协赞权即不出其范围,彼此对照,当可清楚。①

第三十七条　政府与两院可分别提出法律案,但被一院否决之议案,不得在同一会期中再次提出。

[参照]日三八、三九。俄七〇。普六四。德一六、二三。比二七。法一之三、二之八。

在法国,法案提出权曾经归政府独占,英国议会虽然也曾经没

---

① 《大清宪法案理由书》在此后尚有如下一段:"虽经议会协赞,但仍无法规之实质,因此还不成功其为法律,无须深论。这是预算案、条约案虽经议会协赞,但不能称之为法律的原因。要之,与名称无关,而当查明实质,以作出决定。"

有这一权力,但到15世纪中叶,下院首先取得,随后上院也享有此权。而在今日,从英、法二国起,日、德、普①及其他多数国家的宪法,无不将法案提出权归属于政府及各议院,唯独美国,极端固执于三权分立主义,其结果,法案提出权成了议院的特权,可谓特例。提案权专属于政府的时候,议会之职能不能完全发挥,甚为遗憾。而将其归议院专司的时候,则无由期望基于行政的实际经验改善立法。这是本案规定政府及各院对等享有提案权的原因。

凡在一院被否决的议案,又允许在同会期中提出的话,不唯会导致议事受阻,还不无侮蔑议会之嫌。这是有必要以但书加以限制的原因。而新提案与废案是否同一,虽然应该完全交给议院判决,但重要的是,在实质上同一的,不得不遵循本条的限制。因此,议案一旦废弃,如果只是更改名称,或修正部分内容,则应当不许其再次提出。

[注]在英国,曾有一项被称为 purveyance 的王室特权,王室可以低于市价的价格从民间强制收买其所用之仓料及其他物品的制度。② 下院认定其不合理,屡次企图废止之,但不易达其目的。碰巧,1605年,下院送达的废止强买案被上院否决,下院愤慨于夙愿不能实现,因此在同会期中再次通过同一议案,再次提交给上院。但是,上院以已经通过院议的议案没有再议的必要为由,未经讨论,即将其废弃了。这是禁止在同会期中再度提出同一议案之嚆矢,后来确定为原则,存续于今日,为各国袭用。

本案止于禁止再提出被废弃的议案,故一院通过了但未经他

---

① "日、德、普",《大清宪法案理由书》作"日、普、德"。
② "仓料",《大清宪法案理由书》作"食料"。

院讨论的议案,以及两院通过了但尚未裁可的议案的再提出,自是属于别的问题。唯在这两个场合,不得作为新提案,这是不待明文规定也可知道的。因为在前一场合,且不说一旦可决即无须再议,被他院否决者,自然不能不遵守本条的限制。在后一场合,与有没有明文规定裁可时期无关,已经议决的议案自然没有必要再度提出于议会。若故意强行要求根据再议裁可,无须多言,这是不法的举措。

第三十八条　两议院可分别向皇帝上奏。

各议院因紧急必要,在议院闭会期间,得其议员三十名以上之同意,尚可上奏。

[参照]日四九。英。普八一。

本条规定议院得以其所见向君主陈疏。与立法、预算相关者不必说,拜陈中外政况、请愿赏罚百官、上表庆悼之类均在其范围之内,没有任何限制。因为议会之要,在于没有遗漏地征诸公议,在性质上不能列举,同时,也没有限制的必要。但或许有学者会从议会的实质的职务立言,主张上奏权不能溢出立法与预算之外,但从立法上或解释上看无疑是失当的见解。因为本案不用说了,像日本宪法第四十九条、普鲁士宪法第八十一条一项那样没有什么限制,在文理上没有容纳这种解释的余地,不仅如此,从制度①的本

---

① "制度",《大清宪法案理由书》作"议会制度"。

质上推究，这种解释也是不当的断定。如果议院陈疏秕政、弹劾大臣①、奉答敕语、或上表庆悼之类，因系与立法无关、与预算无关，遂成违法之举、越权之举，如果不想将议会视为机器的话，则这仅是强行缩小其职权的陋见，不足采信②。

　　因为在国法上，上奏只止于陈疏议院之所见，采用与否全看圣意，因此其效力似乎颇为薄弱，但由于议院的奏闻常为君主所敬重，在政治上不失为议院最重的利器。即如评议施政是非、纠弹大臣，若不赖此利器，就没有诉诸睿鉴之途。故上奏权的运用，是议院最需慎重熟议的，如果有滥用，不唯冒渎君主尊严，也当然失却议院威信。这是各国在关于提案方面设置特别限制的原因，但作为立法政策，毋宁委诸议院公德。

　　议会闭会期间③，在特定限制之下认可议院的上奏权，未为不可。因为国家的活动一日也不会停止，特别是国家发生紧急事件时④，若因在闭会中，遂使议员只能袖手旁观，不是使其职责完备之道。但因为事态自不能与常态一律，规定以议员定数三十名⑤为其最少限度。处理权变之事，自不能无权变之策。

　　往年通过外电得知⑥朴茨茅斯（ポウツマウス）条约的内容之后，日本舆论沸腾，忧国之士相继而起，终至呈递破弃条约的奏议，

---

① "弹劾大臣"，《大清宪法案理由书》无。
② "不足采信"，《大清宪法案理由书》作"不足采信，无需多言"。
③ "议会闭会期间"，《大清宪法案理由书》作"国家在议会闭会期间发生紧急事件时"。
④ "特别是国家发生紧急事件时"，《大清宪法案理由书》无。
⑤ "三十名"，《大清宪法案理由书》作"五十名"。
⑥ "通过外电得知"，《大清宪法案理由书》作"得知"。

诚惶诚恐,均为至尊嘉纳。按:在日本现行法中,臣民无直接向陛下上奏①的自由,能得到拜陈所思的光荣,全因至尊惠赐。窃以为,在立法上尽力扩充其范围是好的。这就是不管各国是否存在相似的例子,特地设置变例的原因。

第三十九条　两议院可各自向政府提出建议,但未获采纳者在同会期中不得再行提出。

[参照]日四〇。英。俄六五。

建议是议院将所见启陈于政府之谓。在受纳者不同这一点上,建议与上奏不同,但在性质上其实彼此相同。而特意赋予其建议权,不外是出于使议院的机能得以完备之意,其范围与上奏权相同,无任何限制。即不问是关于政务之事、还是单纯关于仪式之事,只要是关乎将来处理之事,全属建议的范围。因此,要举例来说的话,关于立法的改善,陈述其所思,或关于交通机关的设备、或对于灾害的救济方法,或使大臣列席盟国的大礼,或希冀派遣军舰之类,可以说均在其范围之内。因此,诸如只攻击以往之失政,或只列举奇闻异事,则没有建议的性质。建议是出于要使政府因此而在施政上采取措施,或希冀排除撤废相关事项,单纯的事项陈述与将来之处理没有关系。

本条设置的但书,与第三十七条②的但书,其法意相同。但是,

---

① "上奏",《大清宪法案理由书》作"上奏、请愿"。
② "第三十七条",《大清宪法案理由书》作"第四十条"。

关于上奏权没有什么限制,而在本条则特设限制,这是因为,在上奏方面,因事态重大,议院自当慎重其行为,故没有必要机械地限制,而在建议方面,则因政热昂进,其结果,难保没有威迫政府之虞。

政府采纳了建议的旨趣而向议会提出议案,对此,政府有将其作为普通议案议论评决的自由。建议权与协赞权属于不同的关系,因此,没有理由因为是由建议而提案竟然限制协赞权。然而,或许有学者要以这是"道理"所不允许为由,主张此前提出建议的议会没有将其否决的自由,但这恐怕是误解。既然对于议院协赞权的限制,在明文以外当然不能发生,所谓"道理",就无由承认,因此,虽然是由建议而来的议案,在内容上与政府所见不一致时,议院不仅可修正,即使否决,也应该是其自由,政府无权因为它是出自建议之故而拒绝议院的修正,或强行要求议院可决。加之,事实上,多数建议止于表达单纯的希冀,不涉及细节是常态,因此,政府的提案不唯难望其与议院所见一致,而是多不符合,何况随着政治局势的推移,将其否决难保是有利之事呢?因此,我相信,所谓"道理",在法理上也好,在事实上也好,都没有承认的理由。①

第四十条　两议院得分别受理请愿书。

[参照]日五〇。英。德二三。比四三②。

---

① 从"政府采纳了建议的旨趣而向议会提出议案"到"都没有承认的理由",《大清宪法案理由书》无。
② "比四三",《大清宪法案理由书》无。

一般请愿权已于本案第三十一条①保障。本条作为其适用的一个范围,使议院有受理请愿之权,彼此照应。在议院开设请愿之道,②不外出于珍重国民权利,希望在保护国民权利方面没有遗漏之意。而在国法上没有任何拘束,对请愿的处置完全是议院自身的权力,自不待言。若运用得当,为政府做出适宜处置提出建议,或补足立法上的缺漏对付突发急务之类,这是我们经常看到、听到的。要之,这项权力的运用,无疑是追求善政之一助。

第四十一条　帝国议会,每年召集。

[参照]日四一。英。俄五六。普六七。德一三。比七〇、七九③。法三之一。美一之四。④

因为议会有议定预算的职责,为了竭尽其责,不能不每年召集。因此,召集⑤原是基于国法上的必要,在解释上似乎不待本条规定,但鉴于沿革上的理由,还是特别宣明之。

[注]按:在英国,议会本是由国王任意召集的,在这方面并没有特别的成例,依据爱德华(エドワード)三世(1327—1377)即位

---

① "第三十一条",《大清宪法案理由书》作"第三十条"。
② "在议院开设请愿之道",《大清宪法案理由书》作"试思请愿虽然以向行政官衙行之为通例,但在议院开设请愿之道"。
③ "比七〇、七九",《大清宪法案理由书》无。
④《大清宪法案理由书》在此处有"本条是为保障议会永久存立而设"一句。
⑤ "召集",《大清宪法案理由书》作"每年召集"。

第四年及第三十六年的条例,始成每年召集,但未必厉行,如詹姆士(ジェームス)一世(在位时间:1603—1625)在位期间,有七年未曾召集议会,查尔斯(チャールス)一世(在位时间:1625—1649)在位期间,亦有十一年未曾召集议会,是最为显著的异例。至于1641年制定三年法(the triennial act),毕竟不外是其反动。同法规定,每三年中,必须召集国会一次以上,若国王不亲自召集,则大法官或一定的上院议员当代为召集,在特定的场合,议员可以自行开会。但是,后来认为,不由王命而召集议会,或议员自行集会,是干犯王权的行为,依1675年,即查尔斯(チャールス)二世即位第十六年的条例,遂将其废弃。但三年法的精神依然存续,在1689年的《权利法案》中,有须屡屡召集国会一项,所谓"屡屡",不外是承袭三年法的精神。其后,依威廉(ウヰリアム)三世(在位时间:1689—1702)即位第六年的条例所作的注解,也以三年法为据。迩来前后两百年间,经历几多变迁,遂至以每年召集为常例。主要是作为议定预算的必要,现在各国宪法特地做出这一明文规定,多系基于此沿革上的理由。

第四十二条　帝国议会通常会之会期为三个月,必要之场合,当根据上谕延长。

[参照]日四二。英。俄五七。德一四。法三之一。

通常会定为三个月,不外认为这是议事需要的时间,遇到必要情况而延长会期,须听谕旨。因为议会的开闭专属于大权,事理上是自然不得不如此。至于会期的终始,以议院法规定之。

第四十三条 在临时紧急之必要场合，当召集临时会。

临时会之会期，以上谕定之。

由于众议院被解散而重新召集之议会，视为临时会。

[参照]日四三。英。普七六。德一四。

临时会是因紧急必要，在常会之外召集的，其会期，规定为依议案的性质随时敕定。

《资政院章程》在第六条末段规定临时会的会期为一个月，何以如此？难于解释。在理论上，不存在临时会要比常年会（其会期定为三个月）短的理由。在实际上，因无法预知议案的内容，其会期的长短无从预断。这是本案规定临时会的会期有待随时决定的理由。

因众议院解散而新召集的议会是临时会，因为新议会是基于临机处理，属于临时集会。因此，适用本条第二项的规定，其会期当以上谕确定，不容置疑。但或许有学者主张，解散后的新议会不是出于临时紧急的必要，而是由于法定的必要而召集的，不是临时会，且不是每年定期开会，因此也不是通常会，而是一种特别的议会。虽然日本的先例似乎也以本说为据，但我认为此说绝对失当。凡临时会，都应该是指由于发生偶然的事实而召集的集会，不问是基于所谓法定的必要，还是由于临时紧急的必要。因此，是否是临时会，在于其召集是否基于临时的必要，而与召集的原因无关，因此,解散后召集的议会,其性质是临时会,无须多言。何况所谓"一种特别的议会",在会期方面,没有可以适用的明文(参看日本宪法第四十三条)。没有明文,毋宁说这是否认此说的反证。果真如此,在会期方面,①当然适用本条第二项。第三项似乎多余,但我想在这方面不容有疑义之余地,因此做此规定。②

第四十四条 帝国议会之开会、闭会、停会及会期之延长,两院当同时行之。

众议院被解散时,贵族院须同时闭会。

[参照]日四四。英。普七七。法三之一。

议会的终始两院同时行之,是为了充分发挥其作用。因为解散是下院特有的事实,一旦发生,上院当同时闭会。

---

① "果真如此,在会期方面",《大清宪法案理由书》作"已视其为临时会,则在会期方面"。
② "但我想在这方面不容有疑义之余地,因此做此规定",《大清宪法案理由书》作"只是为避免疑义,而做此规定"。

第四十五条　众议院被解散时,当依上谕重新选举议员,自解散之日起五个月内召集之。

在前项之期间内,召集通常会之时期到来时,得将其与通常会合并。在此场合,会期依本法第四十二条之规定。

[参照]日四五。普五一。德二五。比七一①。法一之五、五之一。

众议院被命令解散时,因议会的构成阙如,②而生出重新选举议员之必要。规定要在特定时期内召集之,不仅是为了预防政府的私擅,也是为了保障议会的存立。

解散的必要得由舆论判决,而正当的判决只能由公平选举获得。古来政府屡屡不顾这一点,干涉选举,动摇其基础,真堪为宪政痛惜。在英国,干涉的实例很多,若一一列举于此,将不堪其烦。从作为德意志政府历代政策的对社会党的迫害,到我国松方内阁,以及俄国政府累次的干涉,都是显著的事例,是宪政之辱。干涉选举似乎满足了政府目前的要求,但却损害了国家的永久利益,古来实例已充分证明。在英国,詹姆士(ジェームス)一世、查尔斯(チ

---

① "比七一",《大清宪法案理由书》无。
② 《大清宪法案理由书》在此有"为弥补其缺漏"一句。

取消此类言论和行动,情节严重者,还可将其除名。又,议员若在院外以文书侮辱议院或议员,依一般法令,不但不得免除其责任,就是在院内,也当依据条规,使其受到惩罚。(明治二十五年[1892]稻垣治事件,二十六年星亨事件,二十七年田中正造事件,1606、1607年英国的克里斯托弗·比戈托爵士[サー・クリストフハア・ビゴット]事件属于前揭第一例,1581年的亚瑟·赫尔[アーサー・ホール]事件属于第二例。)①本条的要旨,在于保障议员在院内的言论、行动的自由,并无绝对保护其自由的法意,且无认可这一点的必要。

第四十八条 两院议员在召集令发布后,至闭会或议会被解散时,未经该院许可,不得逮捕,但有现行犯罪,或犯内乱外患罪者不受此限。

在召集令发布前被捕且须拘留者,审判厅②须立即求得该院之许可。若未得许可,须立即释放被告。

[参照]日五三。英。普八四。德三一。比四五③。法三

---

① 从"情节严重者"到"属于第二例",《大清宪法案理由书》作"情节严重者,还可将其除名(明治二十五年稻垣示事件,二十六年星亨事件,二十七年田中正造事件,及西历1606、1607年英国的克里斯托弗·比戈托爵士[サー・クリストフハア・ビゴット]事件相当于本例)。又,议员若在院外以文书侮辱议院或议员,依一般法令,不但不得免除其责任,就是在院内,也当依据其条规,使其受到惩罚。(西历1581年英国的亚瑟·赫尔[アーサー・ホール]事件相当于本例)"。
② "审判厅",《大清宪法案理由书》作"裁判所"。
③ "比四五",《大清宪法案理由书》无。

之一四。美一之六。

本条与前一条一样,胚胎于使议员职责完全之精神。现考虑一下其保护的范围,我相信限于召集发令后到闭会时为止是最适当的。因为闭会期间没有保护的必要,而以开会中为保护期限的话又有期限过短的遗憾。但是,虽以召集发令后开会中为保护期限,但犯有现行罪或关于内乱外患罪的时候不受庇护。一则这是自招的,一则在性质上无须议院的许可。

[注]英国古来就有关于议员身体自由权的惯例,在詹姆士(ジェームス)一世在位期间(1603—1625),偶然发生庶民院议员托马斯·查理爵士(サー・トーマス・シャルリー)事件,受其牵连,国会感到有确保其特权的必要,可决了一项新法案。法案宣布了议员免于逮捕、监禁之权,已被监禁、逮捕者之放免请求权,以及处罚逮捕、监禁议员者及下令逮捕、监禁议员者之权为议院既有的特权,且规定了关于执行这些特权的细目,这是英国在立法上保障议员身体自由权的最初法律。此后经历几多实例,多少变通,但其基本原则没有变更,直至今日,已成为各国宪法的模范。

议员在召集发令之前已被逮捕,尚在拘留中的时候,议院该如何处置?若只限于本条第一项①的规定,在解释上,议院对此不能采取任何措施,有继续拘留的必要时,②以裁判所求得议院的许诺,

---

① "本条第一项",《大清宪法案理由书》作"第一项"。
② "议院对此不能采取任何措施,有继续拘留的必要时",《大清宪法案理由书》作"议院对此不能采取任何措施,由此可以看出以第二项对其加以补充的必要,即在召集发令后,有继续拘留之必要时"。

或许可以贯彻立法的精神。在日本,曾在第一次帝国议会决议:"众议院议员,会期前被逮捕,开会后仍在拘留中者,若无众议院之许诺,不得继续拘留。"因在解释上失当,司法大臣回复:"本大臣除依宪法明文行司法权,无权停止已经着手的刑事诉追,因此不能因其他权势的许诺与否而张弛施法权之必要处分,与议会之议决没有什么关系。"这是得其正解的。因为在日本宪法第五十三条中有"会期中"字样,故保护期限不得及于会期前,这在文理上毋庸怀疑。但也许有学者要说,这是众议院所议决的,是符合法意的。但是,作为立法理论,在解释上没有特别承认的理由。这是参酌彼此情形,设置本案第二条的原因。

在得到议院许诺时自不必说,若得不到议院许诺,因没有拘留的前提条件,裁判所除释放被告,当别无他途。因此,虽然好像没有必要明文规定,但因难保不知该归着何处,①特意明示其结果。至于其手续,则由特别法规定。

1543年,为了终结庶民院议员乔治·法勒斯(ジョージ·ファラース)事件,英国国王亨利(ヘンリー)八世下诏:"议院之特权不限于议员一身,其院所属之职员当然享有,给事、烹丁也享有特权,若被不法逮捕监禁,议院有请求该官衙释放之权。"那以后,其范围渐次扩张,遂至议员之外,其家族、仆婢及财产也都沐浴其恩惠,弊病发展到极致。滥用特权,逃避公私义务,甚至故意触犯刑法,且对所作所为,不以为耻。到1770年,遂以乔治(ジョージ)三世即位十年第五十号法律的形式,规定这一特权只限于议员一身,其他

---

① "但因难保不知该归着何处",《大清宪法案理由书》作"但因难保不迷惑于可否归着于裁判所"。

人都要遵守一般的规定,沿用至今。而现时各国的成法与惯例全都蹈袭英国成例,毫无更新,是因为实际经验证明,不能使享有特权者的范围再次扩张。

第四十九条 国务大臣及政府委员得出席各议院并发言,但须遵守各院之章程。

各议院得请求国务大臣及政府委员出席。

[参照]日五四。英。普六〇。法三之六。

国务大臣及政府委员出席议会,演说施政方针,辨明提案的旨趣,及论驳不同意见,是为了竭尽其职责。因此,保障其出席及发言的自由,属于立法者当然的义务。但是,在院内,国务大臣与政府委员也该服从院内的自治权,因此多少有些限制。① 然而,学者将日本宪法第五十四条"国务大臣及政府委员无论何时都可出席各议院及发言"解释成可以绝对行使,这种论点是失当的。该条规的作用,与有无议院的邀请不相干,只限于明示政府可以任意行使之,因此,若释义成绝对,则不免无视议院法及各院内部章程的嫌疑。举例来说,在国务大臣及政府委员行使发言权的方法方面,因为整理议事的职权属于议长,故未经其许可,不可发言。(第六次议会有其先例。参看《众议院规则》一〇三条、一〇四条,《贵族院

---

① "因此多少有些限制",《大清宪法案理由书》作"不能绝对行使其自由权,这是不待多言的"。

规则》八一条、八二条。)①讨论终结的动议成立之后,②自然也不能发言。(参看《众议院规则》一一五条,《贵族院规则》九五条、九六条。在第一次议会存在贵、众两院均反对的先例,可以认为是解释上失当。但由于贵族院其后修改了议事规则,规定在这样的场合可以看作再开讨论,在今日,仅限上院,讨论终结之后仍不妨发言,那是不消说的。参看《贵族院规则》第九六条五项。)③又,与议事没有关系的发言,因有扰乱议场秩序之虞,议长得制止之。(参看《议院法》八七条,《众议院规则》一〇八条,《贵族院规则》八七条。在第六次议会,井上文部大臣的发言涉及问题之外的事项,但若说无妨发言,这种论辩是失当的。)④这几项中的任何一项,对照《议院法》及各院议事规则,均毋庸置疑。因此,本案第一项但书,虽然看似多余,但鉴于向来的异论,还是特设此项规定。

  国务大臣不局限于宪法上所管事务,因此,不消说,有就百政交互影响而发言之权。否定这一权限,真是大谬。国务大臣作为宪法上的特立机关,宪法不问其是不是行政长官,因此,虽然有如日本现行法制国务大臣同时是各省大臣的场合,但在法理上,国务大臣与行政各部大臣的地位不可混淆。因此,举例来说,在日本法制,是国务大臣的递信大臣,即使就大藏大臣的主管事务作出答辩,在宪法上丝毫妨碍都没有,此点不可不知。因为虽然作为各省

---

① "(第六次议会有其先例。参看《众议院规则》一〇三条、一〇四条,《贵族院规则》八一条、八二条。)",《大清宪法案理由书》无。
② 《大清宪法案理由书》此处尚有"因为涉及议事顺序的纷更"一句。
③ 此处括号中的内容,《大清宪法案理由书》无。
④ 此处括号中的内容,《大清宪法案理由书》无。

大臣，在官制上所管事务不同，但是作为国务大臣，则不存在主管事务。由于国务大臣有各自独立发言的权能，因此可以明白，国务大臣相互之间没有发生委托或代理关系的余地，也没有将授权行为必要化的理义。如此说来，在日本第二十五次帝国议会上，像桂总理大臣（按：桂太郎）及安广政府委员答辩道，国务大臣只有就其主管事务答辩的权能，跨越其他所管事务发言的时候，须与其主管大臣之间有代理关系，这绝对是失当的，在根柢上，是将国务大臣与各省大臣的地位及权限混同的谬见。至于国务大臣的责任关系，将于本案第五十一条说明之。

　　政府委员与国务大臣相同，作为宪法上的特立机关，在法理上，其发言与国务大臣毫无轩轾。但据日本法制，政府委员分有一定主管事务和没有主管事务两种。前者限于职务范围之内可以发言，后者则可就政务整体发言。由于政府委员在其职务范围内当然有发言权，无须事事受国务大臣的委托，也无须作为其代理。在两者之间不存在发生代理关系的理义，征之于他们在宪法上的地位，当可知道。但是，或许有学者主张，政府委员只能受国务大臣之命、代国务大臣发言，没有自己独立的权限，这是以行政法理来拟律政府委员的地位，似恐不免为失当的见解。在日本现行官制上，政府委员作为行政官虽然隶属于各自的长官，但作为政府委员，并非立于国务大臣的司令权之下，那种主张有忘记了政府委员是特立的国家机关之嫌。或许有人要说，以政府委员为宪法上特立的机关，国务如何统一？这似乎不无道理，但是，若认识到凡宪法上的机关，都相互特立，其间没有必然统属关系，则论者的疑义自当云散雾消，岂有必要独独怀疑政府委员？何况政府委员一方面作为行政官有统属关系,不难想象不会发生阻碍国权统一的结果,反对论不过是一片杞忧而已。如此说来,实际上,虽然有政府委员依国务大臣的命令而进止的外观,但这是基于行政法上的统属关系,在政府委员的资格上,并不隶属于国务大臣,这是要注意的。由此当可明白,彼此不应混淆。①

因为议院多依国务大臣及政府委员之陈辩而决定赞否,若议院否认其有出席请求权,即使政府借口本条第一项而拒绝其请求,议院也无由指责其违法。在日本第四次帝国议会,虽然众议院提出了请求国务大臣出席,但政府却以没有明文为理由加以拒绝。像这样,到底不是实现圆满议政之途。因此,本案推究这一情理,特设本条第二项,以得平衡。②

---

① 从"国务大臣不局限于宪法上所管事务"到"彼此不应混淆",《大清宪法案理由书》无。
② "在日本第四次帝国议会,虽然众议院提出了请求国务大臣出席,但政府却以没有明文为理由加以拒绝。像这样,到底不是实现圆满议政之途。因此,本案推究这一情理,特设本条第二项,以得平衡",《大清宪法案理由书》作"为了获得圆满议政之实,可以相信,在权衡上,第二项的规定也是不可或缺的"。

第五章　内阁

现今立宪诸国的内阁制度,多滥觞于英国,因此且考察一下其起源。按:在英国,诺曼(ノルマン)胜王有御宇大会议(the great council)制度,系最高咨议府。因国王渐次增加其人数,感到施政上有诸多不便,因此举少数委员,重新组织常设顾问府(the permanent council)。后来,与1215年发布《大宪章》同时,大会议经历次变形,成为国会的基础,随后,国王从常设顾问府中又选拔数人组织枢密院(the privy council),后世更进一步,从其中组织一个委员会,作为最高顾问,即今日所谓内阁的起源。而其发端,在斯图亚特(スチウァート)王朝的初期,即詹姆士(ジェームス)一世在位时(1603—1625)。至于其由顾问府一转而成行政府之枢轴,实是查尔斯(チャールス)二世在位时(1660—1685)克拉伦登(クラレンドン)执掌政权以后之事。随后,进入威廉(ウヰリアム)三世御宇之世(1689—1702),渐启政党内阁之端。乔治(ジョージ)三世亲政时(1760—1820)一度中废,但不久又复旧。进入十九世

纪,贤相相继组织内阁,所谓责任内阁渐次确立,以至今日。要之,内阁制度的发展,如麦考利(マカウレー)卿所言,一半出于偶然,一半不能不归于贤相的效力,今日或不能将内阁称为宪法上的机关,但事实上确是不磨之典例。英国的内阁不是基于宪法或法律的规定而存立的,而是几百年来自然进化而成的不朽的产物。因此,从法理上观察,行政各部大臣不是以内阁大臣的资格参列阁议,而是作为枢密顾问参与大政,这么说应该是恰当的吧。现在英国的大臣、宰相,基于沿革上的理由,必以行政各部大臣兼任枢密顾问,没有枢密顾问的资格,就无法取得行政上的职权,当想到其理由,便不难理解这一法理。故一言以蔽之,可以说,英国虽然有枢密顾问的合会,但不存在内阁会议。但在今日,因为施政的实权全然归于内阁,枢密顾问不过徒拥虚名,争论其名义如何,毕竟是无用之辩。

第五十条　内阁以国务大臣组织之。

[参照]英。俄七八乃至八二。

细察立宪诸国的政府组织,虽然其制不一,但无不设立一个会合行政各部大臣评议大政方针的专局。这是由于方今政务甚为复杂,各科主管的事务中,尚且有很多是未经庙堂之议不能施行的。因此,本案稽查政治的趋势,以内阁为宪法上的机关,以国务大臣组织之。①

　　内阁作为宪法上的辅弼机关,凡基于大权发动的百般政务,全由内阁奉行。② 而因为是以国务大臣组织,其职司之执行当依大臣合议的结果,不许个人单独辅弼。日本宪法执行的是国务大臣制,不能认为是内阁制度,故以各大臣单独辅弼为原则。制度的本质,在根本上与本案不同。③ 但在日本,由于用别的敕令规定认可内阁制度,且以国务大臣组织,在法制上虽然没有任何不同,但还是不要忘记,在法理的归结上不同。因为日本的内阁不是宪法上的机关,因此其存废不过单单的官制问题④,而在本案,同时也属于宪法改正的问题。由此可知彼此地位的不同。⑤

　　据本案所坚持的主义,国务大臣只是作为宪法上内阁的一员辅弼大政,不问其是否作为行政大臣在各部掌权(参看本案第四十九条说明)。⑥ 但在各国,实际上均兼任,如出一辙,主要是因为有政务统一的实益。在清国官制改革委员总核大臣的奏议里写道:

---

① "因此,本案稽查政治的趋势,以内阁为宪法上的机关,以国务大臣组织之",《大清宪法案理由书》作"考察政治的趋势,由于内阁无疑是必然的制度,因此本案声明其为宪法上之机关,以国务大臣组织之"。
② "凡基于大权发动的百般政务,全由内阁奉行",《大清宪法案理由书》作"其职务涉及百般政务,所有君主亲裁的政务,均由内阁奉行"。
③ "日本宪法执行的是国务大臣制,不能认为是内阁制度,故以各大臣单独辅弼为原则。制度的本质,在根本上与本案不同",《大清宪法案理由书》作"在日本,宪法虽承认国务大臣,但不承认内阁制度,故以各大臣单独辅弼为原则。制度的本质与本案不同"。
④ "官制问题",《大清宪法案理由书》作"官制编成的问题"。
⑤ "由此可知彼此地位的不同",《大清宪法案理由书》作"这是不可只看名称而将二者混同的原因"。
⑥ "(参看本案第四十九条说明)",《大清宪法案理由书》无。

"行政之事则专属之内阁各部大臣。内阁有总理大臣,各部尚书亦为内阁政务大臣,故分之为各部,合之皆为政府,而情无隔阂,入则参阁议,出则各治部务,而事可贯通。如是则中央集权之势成,政策统一之效著。"①可以说很好地道破了各国的实情。

学者通常将内阁制度分为帝室内阁制和政党内阁制两种,或将前者称为大权内阁制,将后者称为议会内阁制。似乎均是以政治外观加以区分,而即使有人说明了两者性质上的差异,也断然难免是皮相之见。无论何种内阁,没有政党后援,一日也不能存立,此乃自然的趋势,即使所谓帝室内阁也在同一情形之下存立,与政党内阁毫无差别,不过有程度之差。② 因此,即使如德意志诸邦和日本这种称为帝室内阁的,也不能脱却政党内阁的习气,越来越与英国的制度相似。这么说,以政府与政党的关系之厚薄区分二者,可以说标准有误。有人说,君主是否有任命大臣的权力是甄别二

---

① 此处北鬼氏所用系汉文。"各部尚书亦为内阁政务大臣",原文为"各部尚书亦均为内阁政务大臣";"政策统一之效著",原文为"而政策统一之效著"。原文见《庆亲王奕劻等奏厘定中央各衙门官制缮单进呈折》(光绪三十二年九月十六日),故宫博物院明清档案部编:《清末筹备立宪档案史料》(上),第464页。
② "似乎均是以政治外观加以区分,而即使有人说明了两者性质上的差异,也断然难免是皮相之见。无论何种内阁,没有政党后援,一日也不能存立,此乃自然的趋势,即使所谓帝室内阁也在同一情形之下存立,与政党内阁毫无差别,不过有程度之差",《大清宪法理由书》作"似乎均是以政治外观加以区分。这毕竟只有程度的差异,若说两者有性质上的差异,断然是皮相之见。盖所谓政党内阁,是以议院内的政党为后援,或说是指以多数党组阁的制度,帝室内阁也在同一情形之下存立,这是明摆的事实。不问何种内阁,没有政党后援,一日也不能存立,此是基于制度性质而来的必然趋势"。

者的基本点。这是不辨事态的偏见。① 凡后继的内阁,在任何国家,都不得不斟酌眼前的政情,其结果,是多少党员可以入阁,大抵以与政党有关系的人组织内阁为必然的理数,以此讨论与是否有大臣任命权的关系,绝对是无稽之谈。按:今日英国任命大臣,通常情况,君主依宰相的推荐,命下院多数党的首领组织新内阁,党首奉命,选择阁僚,奏请敕裁,幸而君主嘉纳其奏请时,各员凭任职文书,入内觐见,亲吻国王的玉手,这个被称为 kissing hands。在任命仪式上,大臣通过任命仪式而就职。稽考法理,党首奏荐阁僚是作为任命大臣的预备,任职文书的交付是敕许的凭据,而任命仪式则是大臣就职的形式,由此不难理解,这些都是职权授受的要件。由此可知,英王无任命权之说,毕竟不过是臆说而已。有人援引君主常常嘉纳党首的推荐,②怀疑任命大权是否存在。这是只看外表,而未究明基本的君主有无自由意思的谬见③。若从论者之说,虽然与英国情形多少有些不同,但采酌重臣所奏荐则是彼此相同的,因此,不得不出现各国也没有任命权的论断。这岂不是将法理与事实混淆的见解吗？因此,故意将此当作英国特有的事实广为宣传④,漫然作异同之论,若不是自欺,就是嫉视政党的顽迷者之流

---

① "有人说,君主是否有任命大臣的权力是甄别二者的基本点。这是不辨事态的偏见",《大清宪法案理由书》作"有人说,区别的标准不是政党对政府的关系,而是君主对阁员的问题,即是说,在执行政党内阁制的国家,君主没有亲自任命大臣的自由,而实行帝室内阁制的国家则不是这样。这不过是腐儒的偏见"。
② "有人援引君主常常嘉纳党首的推荐",《大清宪法案理由书》作"有人援引后继内阁必以多数党组织,且君主常常嘉纳党首之推荐"。
③ "谬见",《大清宪法案理由书》作"谬见(参看注)"。
④ "广为宣传",《大清宪法案理由书》无。

所为。何况这一学说根本无视与制度相伴随的必然趋势呢！

[注]在英国，百般政务，不经君主裁可便不能执行，这是贯通古今的原则。因此，像选择阁僚这样的事情，也不是放任将要担任新首相的人为之，不协圣意者，君主自由拒否之，听说这是事实。这是英国宪法史家告诉我们的，不是我辈的私言。但事实上，关于内廷的密议也关系到对首领其人的信用，在性质上其真相多不至泄露于外间，因此无法征之于文献，是为遗憾。但是，因事先未得君主裁可而恣意行动，遂失去君主的信任而被罢免者，前有大宰相①威廉·皮特（ウイリアム·ピット）（1801年），后有外务大臣帕麦斯顿（バーマーストン）（1851年）。虽然不知道最近有没有发生的事例，但考察一下现时的内阁大臣负有不断将百般政务向君主奏明的义务，议会开会期间有每天将议事经过奏闻的义务，也不难推知君主力量之一斑。

憎恶政党，嫉视其发达，在理义上正是破坏立宪政体，却不似独裁政治下压制言论，禁止集会、结社，而且也不能弹压政党的勃兴，这是为什么呢？政党不外是基于人类自然的性情的产物，何况立宪之制下，周围的情况最能促进其发育。自觉政党是其副产物，②担任培育果实的，是经世家不可懈怠的任务，又不得不是其天职。既然承认政党是必然的③产物，则其势力浸润于议院，波及于政府内部，乃是当然的理数。果然如此，则因为政党政治与立宪制

---

① "大宰相"，《大清宪法案理由书》作"首相"。
② "自觉政党是其副产物"，《大清宪法案理由书》作"因此，在立宪政治下憎恶政党，就有如遇到洪水的时候只憎恶天气。因此，如果要行立宪政治，则自觉政党是其副产物"。
③ "必然的"，《大清宪法案理由书》作"立宪政治的"。

有不可分的关系,憎恶政党政治,就应该诅咒作为其基础的政体本身,否则,单单只嫌忌其结果的话,终不能理解其究属何意。

　　政党政治是自然的趋势,以区区权谋不能抗拒这一大势,这是常识,夙所认识。① 但是,或有学者要以英国的内阁制为基础论定自然进化,但对日本的趋势则存疑,这毕竟难免浅见之讥。进化的原则不容有国境的观念,不得以彼此国情不同而无视自然的大势,事理明白,在日本,征诸进化的路径,可以将其历历证明无余。日本政府当初将政党视为有害之物,对政党执拼命压迫的态度。但是,大概是认识到没有政党的后援,(自己)一日也无法存立吧,一转而变为操纵之,再转而变为提携之,三转而至于树立起政党内阁,征之于此,当可明白。而追寻其变迁的往事,可见政党政治的趋势真是无可避免。② 如在明治二十四、二十五年(1891、1892)之交,大隈伯因会见了党首板垣伯而被解除枢密顾问之职;如隈、板二伯为了做推荐议员候补者的广告而惹起刑事问题;如明治二十九年(1896)隈、板二伯相继入阁,故意让他们以元勋的身份参列,广为人知。从这些事实,足以推知在朝者对政党抱持有何等顽迷偏执的态度。但是,两年之后,机运一转,宪政党的首领大隈、板垣二伯入而组阁,除海、陆二相,阁僚全都以其党员充当,所谓政党内

---

① "这是常识,夙所认识",《大清宪法案理由书》作"这是经世家素来的认识"。
② "但是,大概是认识到没有政党的后援,(自己)一日也无法存立吧,一转而变为操纵之,再转而变为提携之,三转而至于树立起政党内阁,征之于此,当可明白。而追寻其变迁的往事,可见政党政治的趋势真是无可避免",《大清宪法案理由书》作"但是,一旦认识到没有政党的后援,(自己)一日也无法自立,迷雾遂一扫而空,一转而变为操纵之,再转而变为提携之,三转而至于树立起政党内阁。而踪其变迁之迹,可见政党政治之趋势真是无可避免"。

阁之树立得观其成。这是我国未曾有的现象，也是自然情势使其不得不然。那以后历次的内阁，没有哪一个与政党无因缘，特别是明治三十三年(1900)的伊藤内阁，党首伊藤公和几个政友会党员入阁，明治三十九年(1906)西园寺内阁成，也是首相和几个同党成员①入阁，足以察知其倾向之所在。但是去年七月第二次桂内阁成立时，只率领不足下院议员十分之一的大同俱乐部，台阁又没有一个出身政党的，聊堪视为异例。但曾经自居一视同仁主义的现内阁，若想到不能固执于此的原因，便不难读出此中消息。所谓一视同仁主义，与伊藤公曾经标榜的超然主义异名同质，为的是不偏不党，将自己所相信的（政见）询诸公议，因此，在其眼中，不能归结为议会中没有政党。虽然这作为男子的抱负不无可以赞美之处，但终不免属于不解时世之论。政党的存在既然无法否定，没有推行自家政见的意识也就罢了，若非如此，则越发需要政党的后援，这是很容易明白的道理。伊藤公抛弃超然主义，亲自创立一个政党，毕竟不外乎此。以桂侯之聪明，不可能不懂此中道理，而故意标榜一视同仁，为什么？只是不想失去多数党的欢心罢了。果然，政友会在阿里山问题上攻击官商请托，后又在电话度数制问题上显出要与政府肉搏的态度，桂内阁乃放弃昔日的宣言，屈服于多数党的膝下，这是自然的理数。其偶然现出丑态，可以说是自招之祸。毕竟，从议院政治的大势推究，不从国情的异同立论，与政府所标榜

---

① "同党成员"，《大清宪法案理由书》作"同会党员"。

者无关,当可知无法摆脱政党内阁的气息。①

第五十一条　国务大臣辅弼皇帝,负其责任。
国务大臣须副署法律敕令及关乎国务之上谕。

> [参照]日五五。英。俄二六、八一、八二。德一七。普四四、四九、六一。奥四之九、四之一〇、四之一二。比六三、六四。② 法一之三、一之六、二之九、三之一二。美一之二、一之三、二之四、三之三、同修一四之三。

内阁大臣居百司之上辅弼君主,为大政的方向把脉,其责任颇不轻,这是不消说的。③ 而辅弼涉及政务全盘,在性质上不限于宪法上的责任,政治上的责任似乎也当包含,但宪法无由涉及政治公德而对其做出规定,故作为宪法上的责任,只能局限于违法的范

---

① 从"但是去年七月第二次桂内阁成立时"到"当可知无法摆脱政党内阁的气息",《大清宪法案理由书》作"但是第二次桂内阁(四十一年七月成立)在下议院的势力仅仅是居第三位的大同俱乐部,台阁又没有一个出身政党的,聊堪视为异例。但是,由于任何内阁若无政党后援便一日也无法存立,在第二十五回帝国议会召开之前,是与非政友派的联盟谋划,使其成为与党呢？还是与政友会通款呢？还是组织一个新政党呢？若不采取诸如此类的措施,应该就只有瓦解之一途。至于标榜超然主义,但如果处心积虑于各派的操纵,内阁的基础经常动摇,必至无法支持。这与新内阁的抱负和手腕无关,而是从中外议院政治必须之情势不难推断的,当可知无法脱却政党内阁的气息"。
② "比六三、六四",《大清宪法案理由书》无。
③ "其责任颇不轻,这是不消说的",《大清宪法案理由书》作"当知其责任颇不轻"。《大清宪法案理由书》在此句后尚有如下内容:"所谓职责,不是刑事、民事的责任,不是官吏法上的责任,而是基于辅弼的责任。"

围。但在实际上,大臣责任作为政治问题,占有最为主要的地位,即倘若失政,议会可利用其权限对其问责,①君主也可考察众心归向,临机处置,如此,才能说是尽政机的妙用。因此,无须深论,本条的死活,主要在于大臣道心的厚薄。

大臣责任经常需要从政法两面观察②,举一例来说,关于预算的内容,评定其利害得失,是政治家的任务。其计划是否出于杜撰,这是议会绝不会放过的向大臣问责的一个好题目,而其所问,是政治上的责任,而非法律上的责任。法律家的任务与此不同,③以预算的编成在形式上是否合法一事来说,若无违法之迹,则无发生责任问题的余地。这是二者不同的地方。而大臣当担负违宪责任固不待言,但不仅是负失政之责,④因此,失政之责也包含其中。当注意,这种观点,终究不是法理的断定。虽然,仔细从实际考察,由于大臣主要负政治上的责任属于立宪国的常例,⑤其范围不像法家所论那么狭小,这是活用法律条文的原因,宪政的妙用也可以说存于此。

大臣负辅弼之责,不是代君主负其责。因为君主既然居于不

---

① "即倘若失政,议会可利用其权限对其问责",《大清宪法案理由书》作"即议会为了问责大臣,不吝行使其权力"。
② "大臣责任经常需要从政法两面观察",《大清宪法案理由书》作"在讨论大臣责任的时候,需要不混同政法两方面的责任"。
③ "法律家的任务与此不同",《大清宪法案理由书》作"法律家所问与此不同"。
④ "而大臣当担负违宪责任固不待言,但不仅是负失政之责",《大清宪法案理由书》作"而需要明白的是,大臣当担负违宪责任,不仅是负失政之责"。
⑤ "虽然,仔细从实际考察,由于大臣主要负政治上的责任属于立宪国的常例",《大清宪法案理由书》作"虽然如此,但仔细从实际考察,与法律上的责任相比,毋宁说大臣主要负政治上的责任属于立宪国的常例"。

可侵的地位,就不存在代其负责的道理。① 因此,普鲁士宪法第四十四条里"各大臣代君主负其责"的规定,难免受到法理上的驳难。又,大臣不是基于与君主的共同行为而担负责任。因为无责任者的责任是无法想象的,也是无法分担的。又有人说,由于君主的统御也是政治,虽有大臣独立责任之说,但这不啻是无视君主的地位。这可以说是误解法理的说法。② 君主施行统治,但无责任,这是其地位使然,大臣责任则是胚胎于其固有的职务的必然结果。由此可知,凡大臣过失,不问是否出于故意,要担负起基于辅弼的一切责任,在一般责任法理面前,没有一点例外。③

　　大臣对君主负责任,故对议会或对国民负责之说,虽然作为政论不能说不妙,但不免是失当的见解。④ 因为百司均当对君主负责任,不待注明,但因为议会或国民在法理上没有独立的人格,当然不能推定其为问责主体。有学者在这方面提出一说,称本条规定了议会的问责权,与有无并非无关。但是,奈何议会的问责权并不会因本条的有无而有任何消长。本条乃鉴于大臣的地位与立法的沿革⑤,而特意做此规定,与所谓弹劾权无关,文义明白,因此,一味援引外国学说,强为揣度本条的法意,实属不妥。

---

① "因为君主既然居于不可侵的地位,就不存在代其负责的道理",《大清宪法案理由书》作"因为没有代居于不负责任的君主负责的道理"。
② "这可以说是误解法理的说法",《大清宪法案理由书》作"这可以说是混同责任的法理的谬说"。
③ "要担负起基于辅弼的一切责任,在一般责任法理面前,没有一点例外",《大清宪法案理由书》作"要担负起基于辅弼的责任,与一般责任法的原则一致,没有例外"。
④ "虽然作为政论不能说不妙,但不免是失当的见解",《大清宪法案理由书》作"虽然作为政论不能说毫无价值,但绝对不免是失当的见解"。
⑤ "立法的沿革",《大清宪法案理由书》作"沿革"。

君主之大臣问责,以本条为根据,其制裁则别无规定,因此,不能不说是依于亲裁。而议会只有批评大臣言行的自由,此外,只能将其错误言行陈奏圣鉴,并没有直接戒饬大臣的权能,因此可以说,在这一点上,两者之间显然不同。因此,如果单以有无制裁为标准,议会的问责不过空有其名,不过可以认为在政治上有重大的效果。若给议会惩戒大臣的实权,必致大臣隶属于议会。这是鉴于国体的本义,特意不赋予制裁权的原因。

因大臣责任带来的制裁,可以不逸出惩戒的范围之外。因此轻则谴责、罚俸,重则免官,或停止甚至剥夺任官资格,当以此为限,如英、美、法及其他国家所推行,不可有刑事裁判的性质。盖基于失政的责任,剥夺职权即可达到制裁的目的,即使所谓政治犯(参看下文注),因在性质上属于纯粹刑事事件,既然司法权独立①,因此没有理由另由议会或其他特别机关审判。因此,在欧美诸国推行的弹劾(impeachment)制度,相信没有必要移植于此。为什么呢?议会利用上奏权自能达其目的②,并且,事关刑事,由审判厅裁决③,可无遗憾。这是鉴于国体与政治形势,特地避免偏重议会权力的原因。

> [注]虽然所谓政治犯的意义不明确,普通情形,似乎是由于议院弹劾而该受审判的犯罪行为的总称。精查其内容,包含三种:(一)与失政相关者,(二)与职务相牵连者(如受贿罪),(三)虽与直接职务无关,但在性质上事态重大者(如叛逆罪。美国宪

---

① "既然司法权独立",《大清宪法案理由书》作"既然有司法裁判所"。
② "达其目的",《大清宪法案理由书》作"达其弹劾目的"。
③ "由审判厅裁决",《大清宪法案理由书》作"由司法裁判所审判"。

法中的所谓叛逆罪即日本新旧刑法中的所谓与外患相关的罪行，也相当于《清律》中所谓十恶中的谋叛。参看北美合众国宪法第三节）。而据英国主义，这三类都是政治犯，但将第一种犯罪行为置于重要位置，则为多数实例所证明无余。反之，据美国主义，限于以第二、第三两种为政治犯，是在宪法中有明文的，由于第一种属于纯粹的政治问题，当将其放任于议会的评论，另两种由于是法律问题，全由司法厅审判。而当做出有罪判决的时候，当然要免去其职务，且采用依其罪之轻重，停止一定年限的公权或剥夺其公权的制度。① 这无疑是与理论最吻合，且与国体最适宜的制度。

内阁因是合议体，在理论上常以负连带责任为基本原则。但在实际上，因为内阁大臣多系行政各部的首长，作为行政长官，关于其主管事务，个别责任自不会稀少。至于政治上的责任，不待言，需要以一定理论制定规范。所要者，在于只参酌事件的性质和当时的政局决定其负担。但是，内阁大臣一旦意识到已失去民信，②就该连带辞职，不然，若有理由认为议会没有真正代表舆论，

---

① "由于第一种属于纯粹的政治问题，当将其放任于议会的评论，另两种由于是法律问题，全由司法厅审判。而当做出有罪判决的时候，当然要免去其职务，且采用依其罪之轻重，停止一定年限的公权或剥夺其公权的制度"，《大清宪法案理由书》作"由于第一种在理论上属于纯粹的政治问题，在性质上当将其放任于议会的评论，另两种由于是法律问题，由司法官衙审判可以说是最为得当的。因此本案特意稽查各自的特质，对第二种犯罪以剥夺职位为最终制裁，定为君主专权，同时，对第三种所为，则采用全都不容议会置喙的制度"。

② 从"内阁因是合议体"到"内阁大臣一旦意识到已失去民信"，《大清宪法案理由书》作"内阁因是合议体，大臣似乎经常要负连带责任。但不唯在理论上未必如此，而且，在实际上，因为内阁大臣是行政各部的首长，作为行政长官，关于其主管事务，个别责任不少。所要者，在于只参酌事件的性质和当时的政局决定其负担，而未必拘泥于理论，这是政治上一般之典则。内阁大臣一旦意识到已失去民信"。

则断然奏请解散议会,此为常例。这来源于辞职是对君民负责,解散是将是非付诸舆论的政治理论。这是最近五六十年来在英国得到了最好奉行的理义,此点已经论述过(参看本案第六条说明)。①在日本,虽然尚无确定的惯例,但也自有不成文的典则。如第四次议会上,以181对103的多数通过了内阁不信任上奏案,伊藤内阁不辞职,也不解散议会,大诏一下,仅弥缝一时;如解散第十一次议会的同时,松方内阁亦告瓦解,虽不无变例,但像第三次议会闭会后不久松方内阁即告崩溃,是基于(议会)通过了对它的不信任案;明治三十一年(1898),与宪政党创立的同时,伊藤内阁联袂辞职;明治三十三年(1900),政友会创立后,山县内阁很快总辞职;像第一次桂内阁在朴茨茅斯(ポウツマウス)和约失政以降自行瓦解,又如最近西园寺内阁虽在下院有最大多数与党的拥护也告崩坏,都是依民心的向背而进退。由此可知,冥冥之中一直受到所谓责任政治原则的支配。因负个别责任而辞职的也是如此。第五次议会中通过了关于振肃官纪的议案,受其牵连,后藤农商务大臣辞职;明治三十三年(1900)东京参事会员收贿事件起,星递信大臣挂冠;第十八次议会上,与通过关于教科书问题及取引所问题的失政决议案相伴,相关主管大臣被革职;近者明治三十八年(1905)与日比谷事件相关联②,芳川法相辞职;因所谓大学问题牵连,久保田文相被罢免。诸如此类,可以理解为舆论的反响未必是徒劳的,法律

---

① "这是最近五六十年来在英国得到了最好奉行的理义,此点已经论述过(参看本案第六条说明)",《大清宪法案理由书》作"这一理义在英国得到了最好的奉行,不过也是在最近五六十年来发达起来的,前已述及(参看本案第六条说明)"。
② "与日比谷事件相关联",《大清宪法案理由书》作"受日比谷事件牵连"。

条文以外,宪政的妙处并非无足玩味。

　　副署是在上谕或法令上,国务大臣于皇帝之御名、玉玺之下署名之谓。按:副署之制渊源于欧洲各国的宪法,出于以此作为奉行大命的规则、标准之意。(达寿的立宪考察复命奏疏中有"我国自古来封还诏书及署纸尾之事,已数见而不鲜,史家皆传为美谈"之语,由此可知,中国素有副署之制。但至于在国法上赋予一定的效力,系创始于欧洲立宪诸国,这是不待特意说明的。参看清国《摄政令》①第九条)。因此,一旦署名,当然谁都不能怀疑诏命的真伪,并且当然应该遵守的义务也随之而生,这是与本制度相伴而来的实益,并且是宪法上的一个要件。因此,如果没有副署,即使公布了,也无法发生效力,这是不待言的。这不是说法令或上谕无效,而不外是因为与颁发诏命相伴的形式上的要件缺如。因为法令从裁可起,上谕在亲裁的同时,效力就成立了,没有将已经发生的效力又废灭这样的事情,这属于必然之归结。因此,应该知道,副署阙如的时候,诏命颁发的效力无法发生,随之遵由的效力也无法发生。(参看本案第五条说明)

　　副署属于国务大臣的职务,由于大臣有完全奉行诏命的义务,②若想绝对拒绝副署,就只有挂冠而去。有人说,所谓职务,即是权限,因此,副署与否,完全在于大臣自由的意思。然而,不但没有明文担保其有执行的自由,由于以在一定的事项上副署为要件,

---

① "《摄政令》",原文如此,当指《监国摄政王礼节》。
② "由于大臣有完全奉行诏命的义务",《大清宪法案理由书》作"由于大臣当奉行诏命,不能拒绝"。

不难推定副署是大臣的义务。① 何况，作为大臣，如果有拒绝副署的自由，则上谕的颁发及立法的实权必至归于大臣的手里呢！因此，副署既然是大臣的义务，不消说，不能以此作为君臣合意约束的凭证，因为基于命令权的作用而执行职务，没有容纳契约观念的余地。若硬要将其视为契约，则法令的成立、裁判的宣告、行政的处分也不得不下相同的结论。任何一个都不妨说是执行职务的合意的结果。

[注]有学说认为："既然是宪法赋予国务大臣副署的权限，则与裁判所、议会独立行使职权相同，大臣也当视为有执行的自由，这是至当的。"这不免是误解了制度本质的议论。盖使裁判所及议会有凡事均奉诏命而行的法定义务的话，②毕竟只是无用之长物。这是其职权的自由执行与制度的精神相符的原因。副署之制与此不同，由于是单纯作为颁发诏命的公证的方法而存在的，大臣在职务上没有拒绝的自由③，不外是从制度的本质流出的自然的结果。这是不能彼此一律的原因。④ 有人说⑤："国务大臣与行政大臣不同，因对君主保有独立的地位；故不但没有奉行诏命的义务，而且有不在不法诏敕上副署的义务。"国务大臣与行政大

---

① "不难推定副署是大臣的义务"，《大清宪法案理由书》作"毋宁说推定副署是大臣的义务是至当的"。
② "盖使裁判所及议会有凡事均奉诏命而行的法定义务的话"，《大清宪法案理由书》作"盖使裁判所及议会按照奉诏命而行的法定义务进行判决和协赞"。
③ "大臣在职务上没有拒绝的自由"，《大清宪法案理由书》作"大臣在职务上应该副署，没有拒绝的自由"。
④ 《大清宪法案理由书》在此句之后尚有如下内容："因此，如果允许国务大臣有执行职务的自由，那就不啻破坏制度之基本，遂使大臣成为主权归属之所。"
⑤ "有人说"，《大清宪法案理由书》作"又有人说"。

臣地位不同，我也向来承认，但是，"保有独立之地位"云云，是不隶属于君主之意，还是单指不论君命如何均有副署的自由之义？尚不明白。但不论作何解，都不免无视君主地位及破坏制度的本质之讥。何况本说在根柢上有混淆副署与辅弼的法理之嫌呢！盖大臣居匡救奖顺之任，因此，认为系不法诏命时，当极力谏诤，不待言，这是辅弼当然的责任义务，但是凡属大臣，当然都没有节制君主的职权，①由于在职期间没有理由免去副署的义务，大臣若竟不能阻止之，除了拜辞，则即使是不法诏命也只能奉行。由此当可知该说为不通之论。

凡大臣的责任，均基于辅弼，与副署的有无没关系。因为副署是辅弼的结果，只是公证其事实而已。因此，虽然不妨说有副署则有辅弼，但却不能说有辅弼就有副署，推究其理由，应该知道，即使相互之间有本末关系，但其范围不同。因此，以副署为基本责任之论，毕竟不外是将此因果关系混淆的结果。如此，德意志帝国宪法第十七条规定，基于副署的责任，到底难免法理上的驳难（参看下文注）。当注意，以副署的有无推定责任的有无，不过是为了举证方便，而与责任的本义没有关系。为什么呢？大臣若有辅弼的事

---

① 从"国务大臣与行政大臣地位不同"到"当然都没有节制君主的职权"，《大清宪法案理由书》作"国务大臣有特种地位，我不是不认可，但是，无法认识到其不隶属于君主的法理，本说在根柢上有混淆副署与辅弼的法理之嫌。盖大臣居匡救奖顺之任，因此，当认为系不法诏命时应当谏诤，但大臣没有节制君主的职权"。

实,与有无副署无关,当然要负责任。① 如此说来,在通常副署的时候,即使有负责任的外观,但是,且不说责任原本不是副署的必然结果,更不要忘记,其责任不是由副署而来,而是基于辅弼。由此当可知,大臣责任不会因副署的有无而消长。

> [注]以副署作为发生责任的唯一缘由,可以归结为无副署则无责任的法理。从而,会生出不需要副署的政务全都没有责任的结果。这岂不是减轻不当之责任吗?凡责任,以贯穿行为的全局为原则。大臣居综核百政之重任,如果规定仅对副署者负责,则职务的大部分都要埋没于无责任中了。试思上谕的颁布、法令的发布实际上只是机械的政务,将其交给胥吏也未必有什么妨碍,而特意②将其归于大臣执行政务的范围,仅仅是沿革上的理由。而责任涉及副署之外,在于大臣责任的正条,未必要问副署的有无。盖事实上,施政的大半都不需要副署,③其结果是,不论什么事由,均不能以违宪而问责。向来大臣责任都可在政治公德的范围内玩味其妙趣,我对此也不是不知道,但是,如果不能基于一般违宪而问责的话,从立法观也好,从解释论也好,看不出应该承认这一点的理由。因此,可以相信,副署唯一责任说毕竟是误解了副署本质的谬见。

---

① 从"如此"到"当然要负责任",《大清宪法案理由书》作"如此,德意志帝国宪法第十七条声明基于副署的责任,在法理上不啻本末颠倒,不唯此也,且难免以副署为发生责任的唯一原因的驳难(参看注),即使不妨依副署推定责任之有无,但不过是为了举证方便,副署之有无与责任的本义显然没有关系。盖大臣若有辅弼的事实,与有无副署无关,当然要负责任"。
② "特意",《大清宪法案理由书》作"时时"。
③ "盖事实上,施政的大半都不需要副署",《大清宪法案理由书》作"盖诸如条约之缔结,预算之编成,军备之计划,诸般行政均不需要副署"。

大臣责任发生于表示决意奉行上谕的时候,因此,与大臣是否知道诏命非法无关,也不问是否对颁布有过谏诤,凡事实上表示了奉行的意思时,即责任发生时。举例来说,类似大臣若在副署前的某个时间有奉答,其责任便与奉答的事实同时发生。如此说来,即使想让奉答的时间与副署同时,毋宁说与其相异的事例会很多吧?而其责任发生于表示决意之时,之所以规定以表示的时间为发生的时间,是因为心理保留的事实在法理上无由推定。①

枢密顾问应君主的咨询,职司审议重要国务。为了慎重施政,特设枢密顾问未为不可,但在性质上,与外界没有任何关系,②是一个单独机关,因此没有必要特意作为宪法上的制度。试思在清国,自开国起就有内阁之制,以最高的行政府兼顾问府,及至雍正年间设立办理军机处,内阁职权渐次归于军机处,与北清事件的终局同时,更③设置督办政务处,现在这三个大衙门并立施政,综核询谋,因此没有顾问专局。而稽考其地位,并征诸各国的实际,相信枢密顾问未必可以看作宪法上的紧要制度。④

[注一]现时立宪国中有枢府制度的,不过日、英、普、巴威伦(バイヰルン)、索逊(サクセン)、符腾堡(ウェテンベルヒ)等数

---

① 从"大臣责任发生于表示决意奉行上谕的时候"到"是因为心理保留的事实在法理上无由推定",《大清宪法案理由书》无。
② "但在性质上,与外界没有任何关系",《大清宪法案理由书》作"但在性质上是君主的近侍,是一个询谋之府,与外界没有任何关系"。
③ "更",《大清宪法案理由书》作"新"。
④ "而稽考其地位,并征诸各国的实际,相信枢密顾问未必可以看作宪法上的紧要制度",《大清宪法案理由书》作"伴随着宪政的实施,难保有特设的必要(现在也有传闻说,因为设立枢密院为紧要之事,拟以南书房充之),但稽考其地位,并征诸各国之实际,相信枢密顾问未必可以看作宪法上的紧要制度"。

国。而英国的枢密院归于实权内阁,不过仅存空名,一如既述。普鲁士的枢府,1848年以降一旦废除,到1884年再兴①,但也不能无徒拥虚器之感。② 现在占有重要地位的,只有日本的枢密院③。

[注二]清廷曩昔有特设枢府以处理紧要之事,以南书房(皇帝派遣尚书、侍郎、京堂、编检,查阅书籍和写字的地方)充之的计划,翻阅其后公布的预备立宪年表,有在宣统八年(明治四十九年)[1916]即宣布宪法那一年设置弼德院顾问大臣一目,相当于我国的枢密顾问。因此,枢府之设立现已是确定的问题,剩下的问题是是否作为宪法上的机关一事。希望在今日能事先跨越政法两面,攻究其得失,以慢慢决定取舍。④

---

① "再兴",《大清宪法案理由书》作"才再兴"。
② "但也不能无徒拥虚器之感",《大清宪法案理由书》无。
③ "枢密院",《大清宪法案理由书》作"枢府"。《大清宪法案理由书》在此下尚有如下一句:"是否需要移植这一制度,交给清国立法者之所见好了"。
④ "注二"这一段,《大清宪法案理由书》无。

第六章　都察院

　　都察院系历朝因袭,现行之制,远者滥觞于汉代的御史大夫,后汉以降,或称御史台,或称兰台寺,梁、后魏、北齐称兰台,至隋唐,称御史台、宪台、肃政台等,后改为御史台。宋以后递次蹈袭,至明,一旦废弃之后,又在都察院的名义下再兴,清即继承其遗制。都察院以振肃庶政为主要功能,行政的监视、会计的审查、百司的纠劾不必说,还干预终审裁判之事,其职权之广大,各国没有类似的例子。在立宪制度下,这样的官府是否必要还是有点疑问的①,但本案鉴于国情,欲使之作为宪法上的一个机关保留下来。但需要对现制做一次大的改革,这是无须说明的,即将向来保有的会计监查权割去,归入审计院(相当于我国的会计检查院,参看本案第九章)。又其审判权当然要划归大理院以下的司法厅,因此,要使

---

① "还是有点疑问的",《大清宪法案理由书》作"大有疑问"。

本院成为纯粹的行政监督机关。① 因其权限失之于过为广大,不如分别归入各机构专司。虽然难保有人要说,由于行政监督一事议会自会担任,完全没有设置这么一个常设机关的必要,仔细鉴察制度沿革,并稽查宦海的常弊,可知振肃纲纪一事一日也不可放松,② 与其废弃都察院,不如利用之。何况,即使开设议会,在性质上,在振肃纲纪方面要收到实效也是几乎不可能的。③ 因此,我相信,保存都察院,作为维持官纪的支柱,与议会相配合,以资刷新行政,断非无稽之举。④

第五十二条　都察院直隶于皇帝,监查庶政之执行与百官之行状,其组织与权限以法律定之。

都察院直隶于君主,特立于内阁、议会及审判厅⑤之外,监查庶政之执行及百官之行状。故既不为行政,也不为立法,且不为司

---

① "即将向来保有的会计监查权割去,归入审计院(相当于我国的会计检查院,参看本案第九章)。又其审判权当然要划归大理院以下的司法厅,因此,要使本院成为纯粹的行政监督机关",《大清宪法案理由书》作"即将向来保有的审判权割去,划归大理院以下的司法厅,会计监查权归入审计院(参看本案第八章),使之成为纯粹的行政监督机关"。
② "可知振肃纲纪一事一日也不可放松",《大清宪法案理由书》作"可知在性质上,纲纪之振肃不可一日忽"。
③ "何况,即使开设议会,在性质上,在振肃纲纪方面要收到实效也是几乎不可能的",《大清宪法案理由书》作"何况,即使开设议院,要它在短时间内举监视庶政之实也是几乎不可能的呢"。
④ "因此,我相信,保存都察院,作为维持官纪的支柱,与议会相配合,以资刷新行政,断非无稽之举",《大清宪法案理由书》无。
⑤ "审判厅",《大清宪法案理由书》作"裁判所"。

法,唯以从侧面纠察施政为宗旨。而使其直隶于君主,是为了便于其位于百司之上行使其职权。其权限,乍看之下会觉得太大,但既然以纠察庶政为职司,自然应该要审查百官之行状。

都察院是官界①最重要的支柱,谏官常能鉴于其地位,有以身殉职的赤诚,纲纪的振肃可期。但事实上,往往有以都察院为营私之魔窟的嫌疑,这可从历朝所颁上谕②得到充分证明。那么,要为了惩治其弊端,而将其裁撤吗? 不是这样。按:制度若不得宜,则大弊随之而生,这属必然的事理。因此,本案一则缩小其职权,二则更改内部的组织,致意于将其弊害消泯于未萌,与此同时,与向来议会的严正监视相结合,致力于将本院一新面目。而犹感叹"竟有以奏事为利谋,借以窃弄威福,私纳财贿者,坏法乱纪,莫此为甚",他日又宣布"此实台鉴之败类,朕不能不执法惩治矣",像这种事情的存在,说白了,不是制度之罪,而仅仅是时代堕落,仅仅是风教问题。事已至此,当是法家的笔舌最终失去其作用的时候了。

都察院类似西洋的弹劾审判或惩戒委员制度,而将欧美制度在此一一详说,我不堪其烦,因此,以下只直接论述与本院将来的构成相关者③。

欧美多数的立法例均模仿英国的制度,将弹劾权归议院专属,但本案不移植所谓弹劾制度,其结果,是以都察院为弹劾权的主体。但是,应该注意,议会在实际上自然应该会达到弹劾的目的,

---

① "官界",《大清宪法案理由书》作"国家"。
② "历朝所颁上谕",《大清宪法案理由书》作"历代的屡次上谕"。
③ "相关者",《大清宪法案理由书》作"相关的考案"。

因此,其是否主体,毕竟不过是法理之论而已。而①都察院分检察部与监查部两局,以检察官为原告,以监查官专任审判,这种设计,不仅可补足向来的短处而有余,还能很好地贯彻立法的本旨。检察部仿立宪诸国的检事局之制,以检察官为搜查事实的机关,其下隶属一定的巡警官作为其手足,并且,凡公诉,改为非由检察官提起,监查部不得审理之制,不仅没有如现行法这样动辄烦扰圣虑之虞,也可断绝②偏听之弊,这是不消说的。而事实的搜查与汇集当然是由检察部不断侦察得来,但依一般的告发而发觉的,也当视为其基本(向来对作为弹劾原因的事实缺乏究明的手段,无疑是本院构成上的一大缺点。可能是由于这一缘故,即使是为了不狐疑逡巡,也存在私曲之行。至于故意以虚伪的事奏闻,遮蔽圣聪,则即使是以身死之,也不能赎其罪。虽是出于善意,但也难免不臣之讥。本案鉴于这一情理,希望能为上下断绝其弊根)。审理的方法,原则上当以书面为据,必要的时候,当然可以审讯被告,有关事宜,③依现行制度虽不妨特派吏员,但毋宁规定为认可审判厅的广泛协助,有节省时间和费用的便利。至于制裁,主要止于惩戒的范围,当以谴责、罚俸、休停职、免官及剥夺任官资格为限度,事关刑事者,宜移送审判厅。④ 休停职以下的制裁,在宣告以后上奏,免官及剥夺任官资格,则可在经过敕裁之后再宣告。像这样,都察院虽然不得不被视为一种特殊的裁判所,但审判不过是为了达到固有

---

① "而",《大清宪法案理由书》作"而依我所见"。
② "断绝",《大清宪法案理由书》作"无"。
③ "当然可以审讯被告,有关事宜",《大清宪法案理由书》无。
④ "宜移送审判厅",《大清宪法案理由书》作"当由司法裁判所专司"。

之目的①的手段,监督机关的地位和职责并不因此而变更。要之,不外出于希望以都察院作为维持官纪支柱的用意。

如前所述,都察院作为一个很早就有的制度,有必要从根柢加以改革。因此,其组织也不得不完全改变。即长官和次长虽依现制——向来是左都御史(总宪)二人,左副都御史(副宪)四人,依明治三十九年(1906)的官制改革,各减其半,改为长官一人,次长二人,及于今日②——但检察部置检察官、监查部置监查官隶于其下,各部局居于特立的地位,部内分别管辖中央、地方,检察部作为一个整体,监查部则是以三到五人为一部的合议组织,以被告者是国务大臣以下三品以上的场合为限,③要提交两部以上联合会议。检察部置十到十五人,监查部置五六部,均为专任,另外当配备适当的杂职④。叙述至此,当考察的一个问题,是本院与地方所辖的关系。向来地方总督有右都御史的兼衔,巡抚有右副都御史的兼衔,⑤督抚自然也归本院所管,其兼衔要全部废去,代之以各地方审判厅的检事局为法定的共助机关,在相关事项上作为本院的手足,如此,或可实现革除弊政的目标。

凡弹劾制度,审判机关的制度有三。以上院充之者为其一,原

---

① "固有之目的",《大清宪法案理由书》作"监查目的"。
② "向来是左都御使(总宪)二人,左副都御史(副宪)四人,依明治三十九年(1906)的官制改革,各减其半,改为长官一人,次长二人,及于今日",《大清宪法案理由书》无。
③ "以被告者是国务大臣以下三品以上的场合为限",《大清宪法案理由书》作"以被告者是国务大臣、各部侍郎及相当官员、地方督抚的场合为限"。
④ "适当的杂职",《大清宪法案理由书》作"数十人的属吏"。
⑤ "向来地方总督有右都御史的兼衔,巡抚有右副都御史的兼衔",《大清宪法案理由书》作"向来地方总督兼任右都御史,巡抚兼任右副都御史"。

本起源于英国,现在美、法、意、葡诸国沿袭。以司法裁判机关为之者为其二,比、荷诸国采用此制。设置特别裁判所为其三,奥及德意志的孛逊①、巴威伦等国属于这一类。现一考其长短。上院制,如果不是像英国那样在沿革上上院保有最高裁判所的地位,则不存在模仿的理由。司法裁判所制,虽然不能说绝对不可以,但因为弹劾在性质上不得不评定施政上的得失,因此不能说是合适的。特别裁判所,在理论上似乎是最合适的制度。而本案采用的是弹劾、审判一并管辖的制度,因此不相当于三者中的任何一种,但在性质上②可以说与第三种制度近似。但是,在以之为常设机关、以特立的专任官吏组织之这些方面不同于西洋的制度。

第五十三条　都察院在任何时候均可向皇帝上奏。

保障都察院的上奏自由,是为了确保其行使职权。若不赋予其上奏权,就不能避免行政官员的干涉,其结果,遂至无法支持其固有的地位。观此,当可知需要特意声明的原因。

第五十四条　都察院每年须向帝国议会提交院务报告。

议会的短处是缺乏究明事实的手段,都察院的长处是拥有搜查事实的利器,因此,可以通过互相帮助,使二者均符合监督机关

---

① "孛逊",《大清宪法案理由书》作"索逊"。"孛逊"误,当为"索逊"。
② "在性质上",《大清宪法案理由书》作"在理论上"。

的名实,又可使法政两方面在竭尽其作用方面没有遗憾。这是做出本条规定的原因。

第五十五条　都察院检察官及监查官,除法律所定场合而外,不得违背其意愿,将其免职。

都察院检察官专门负责提起公诉,监查官职司审判。拿司法审判厅①来比附,其职掌与地位,前者酷似司法审判厅的检事,后者酷似司法审判厅的判事,但原告官的地位则大不同。盖检事要依据上官的命令而进退,而检察官则是独立不羁的。这是由都察院的地位带来的自然结果。因为作为检察官,如果跟检事一样隶属于上司,则公诉的实权归于上司的手里,自然会有不法之干涉,以至于有动摇制度基础之虞。

按文所谓法律所定的场合,指的是除触犯刑法或惩戒条规外无革职之事的意思,是昭明其是终身官之意。保障不被随意罢免,不被随意停职、休职、转官②,这是不待言的。其细节,均留待特别法规定。

---

① "司法审判厅",《大清宪法案理由书》作"司法裁判所"。
② "转官",《大清宪法案理由书》作"转任"。

第七章　司法

司法与行政一起由行政官掌管,是古来东西一致的法制,开启分立之端的,实以英国为嚆矢。在英国,一千年以前已将两者分别,更于1078年分设宗教裁判所和普通裁判所,1176年组织巡回裁判所。而将裁判所的构成与管辖明确下来的,实是1873年的《裁判所构成法》(Judicature Act)及同年以降到1875年公布的该法的附属法。在大陆诸国,以法兰西1790年8月24日的法律作为甄别两者的起源。试思司法之权因与公安的维持和庶民的生计有直接的利害关系,是古来统治者最为看重的,有以王侯亲任审判或以重臣负责裁理的制度,但又屡屡滥用司法权,使民众①陷于疾苦之中,这种事情,散见于各国史乘。因为这类事情,君民②之间不知冲突过多少回。为此,英国1689年的《权利典章》中还留下了一条特

---

① "民众",《大清宪法案理由书》作"民人"。
② "君民",《大清宪法案理由书》作"王室与国民"。

别的宣言,可作为一个证据。现今各国使司法独立,如果不是对滥用司法权的反动,也不外是鉴于此类史迹的结果。

第五十六条　司法权由审判厅以皇帝之名行之。

[参照]日五七。英。普八六。奥三之一。比三〇。

司法权是由审判厅①行使的国权之作用。而司法权不是审判厅②固有的权力,其权限本源于君主,这是不需要特别说明的,本条所谓"以皇帝之名",不过是仿照二、三立法例,在解释上可以说可有可无。③

将司法权的行使委之于审判厅,是为了实现审判的公证。盖以命令作为活动的规矩的时候,国民的生命财产便难免威权的干涉。审判厅④的独立,是文明德泽之一端,且不失为宪政的一项美果。

本来,以审判厅⑤专管裁判之事,是近世政治的趋势,像英国那样以上院为上诉裁判所,拥有审判权,是基于沿革上的理由,属于变例,一般不可模仿。而清国地方官制第三十四条规定,根据地方的状况,渐次设立审判厅,定以预备期限,真是得其机宜的措置,若

---

① "审判厅",《大清宪法案理由书》作"裁判所"。
② "审判厅",《大清宪法案理由书》作"裁判所"。
③ "在解释上可以说可有可无",《大清宪法案理由书》作"在解释上宁可说是无用之空言"。
④ "审判厅",《大清宪法案理由书》作"裁判所"。
⑤ "审判厅",《大清宪法案理由书》作"司法裁判所"。

第七章　司法

有幸由此而使裁判面目一新,那就不仅仅是国民的福利了。

　　清国现行的司法制度,其组织错综复杂,轻易不能知其真谛,但据《大清会典》及众多的上谕、事例等来推测的话,其审级似乎可分为如下各级:第一、耆老的私审(关于可否将其看作第一审裁判所,可以预见有反对学说①);第二,州衙门、县衙门;第三,府衙门、直隶州衙门(相对于所属县衙门,可以看作其上级审);第四,提法司(提刑按察使司)②;第五,总督衙门、巡抚衙门;第六,大理院。而任何一级都受最近上司的监督,与行政上的统属关系无异,因此,所谓司法独立的行迹,于情于理都无由承认,此不待言。现不讲典例,姑就其实际考察,好像民事、刑事都是到提法司③为终审。但是,在国法上,在提法司以下,由于对流刑以上有拟律权,无判决权,渐次上控,以大理院为终审,不过,实际上,一般拟律,只要无误,不妨说提法司的审判即是终审。考察一下实质,像提法司的直接上级审督抚,只止于监督司法行政,可以说不干预一切审判。除特别情形而外,督抚的干预不过是形式上的,事实上不妨说是放任下级的审判。因此,现行的审级,在典例上虽然是六级,但实际上说是五级乃至三级也不算太过吧。

　　[注]上述各审级顺序的确定,第一审及第五审,现在尚可看作依据旧例,第二审乃至第四审,则是参稽外省官制改革的结果,第六审即终审只举出大理院,主要是根据光绪三十二年(明治三

---

① "可以预见有反对学说",《大清宪法案理由书》作"可以预见有反对学说,且参看下文注释"。
② "提法司(提刑按察使司)",《大清宪法案理由书》作"提法司"。
③ "提法司",《大清宪法案理由书》作"提法司(第四审)"。

237

十九年)①[1906]九月官制改革的上谕为依据正其顺序。值得思考的是,向来法部(旧刑部)保有的流罪审判权、死刑拟律权,及度支部(旧户部)保有的京城及外省的民事审判权②,居于最高裁判所地位的所谓三法司(刑部[现在的法部]、都察院、大理寺[现在的大理院]、九卿[六部(吏、户、礼、兵、刑、工各部)]、大理寺、都察院、通政司的各部院长官合称九卿)③各自合议而成的秋审及朝审制度的存废问题。关于这一点,虽然没有典例可据,但我对照前揭九月④上谕中的"刑部著改为法部,责任司法"⑤、"大理寺著改为大理院,专掌审判",拜察纶旨,当系以前者专司司法行政,以后者专管裁判,由此推断,清国特有的会审制度⑥将与此同时被全部废弃。溯源改革的精神,稽考上谕的文义,研究各部院的地位,这应该并非不当之论。若真如此,则九月的改革,是对开国以来纠葛不断的司法行政组织及审判制度的根干施加了一大斧钺,可以说为将来司法制度的革新打下了极好的基础。

关于通常裁判所的审级,各国的制度不一,有的民、刑审级各异,有的民、刑审级相同,有的二级,有的三级,有的四级,有的折中混淆,总起来看,好像实施三级审的最多。但是,在理论上,并不以三级审为最好的制度,毕竟这只是一个依诉讼上的便利和国情而

---

① "光绪三十二年(明治三十九年)",《大清宪法案理由书》作"光绪三十二年"。
② "审判权",《大清宪法案理由书》作"裁判权"。
③ "三法司(刑部[现在的法部]、都察院、大理寺[现在的大理院]、九卿[六部(吏、户、礼、兵、刑、工各部)]、大理寺、都察院、通政司的各部院长官合称九卿)",《大清宪法案理由书》作"三法司、九卿"。
④ "前揭九月",《大清宪法案理由书》作"九月"。
⑤ "责任司法",原书如此,误,当为"专任司法"。见《裁定奕劻等核拟中央各衙门官制谕》(光绪三十二年九月二十日),《清末筹备立宪档案史料》(上),第471页。
⑥ "清国特有的会审制度",《大清宪法案理由书》作"会审制度"。

决定的问题。然而,在清国,虽然因法院编成法①尚未公布(据预备立宪年表,法院编成法预定于本年内颁布)②,无法知其详细,且依既存的法规③推论一下,情况似乎会是这样:审级分为三,以大理院为最高裁判所④,各地方设置高等审判厅、地方审判厅及初等审判厅⑤,初等审判厅受理的诉讼,通过上控,到高等审判厅为终审;以地方审判厅作为第一审受理的诉讼,到大理院为终审。我对此大体没有不同意见,但关于初等审判厅的构成,不能不说一句。对国情是什么情况不与参稽,只是一味模仿外国法的做法,是我绝不同意的。因此,初等审判厅宜参究⑥周秦以来的遗制私审制度(参看注),并参酌各国的初审裁判所制度,刑事方面限于轻微犯罪,民事方面,和解事件、仲裁事件、督促手续、执行手续的全部,以及一定金额以下的请求,全都归其管辖,对于其裁判,允许依次上控,但其职员要作为帝国的官吏,其选任可特别规定⑦允许依据旧例。

[注]正文所谓私审,是指《清律》中"凡各处人民,合设耆老,须于本乡年高有德、众所推服人内选充,不许罢闲吏卒及有过之人充应"的耆老的审理。现行法制上⑧,民、刑诉讼当先经由这一私审,依《清律》的规定,直接向州县官诉讼要处以越诉之刑。如此说来,在实际上,耆老的私审具备第一审裁判所的地位与性质,

---

① "法院编成法",即清廷后来公布的《法院编制法》。
② "(据预备立宪年表,法院编成法预定于本年内颁布)",《大清宪法案理由书》无。
③ "既存的法规",《大清宪法案理由书》作"新法"。
④ "最高裁判所",《大清宪法案理由书》作"最高裁判所"。
⑤ "初等审判厅",原文如此,清廷的设计是"初级审判厅"。
⑥ "参究",《大清宪法案理由书》作"保存"。
⑦ "可特别规定",《大清宪法案理由书》作"完全可以"。
⑧ "现行法制上",《大清宪法案理由书》无。

一点也不容怀疑。这是本案想特意参用这一因袭的惯例的原因。

高等审判厅是第二审及终审,恰与我国①的控诉院相同,虽然因此而往往难保判决不一致,在疆域广阔且交通不便的清国,主要由于不能不顾虑实际效益,我在这一点上,毫不犹豫,赞成政府②的预案。至于将来的法院构成方法及诉讼手续,暂且留待他日详说。

第五十七条　民事、刑事审判厅及行政和其他特别审判厅之构成与管辖范围,以法律定之。

[参照]日五七、六〇。英。普三七、八九、九一、九六。奥二之一乃至六、三之一乃至四、三之一四③。美三之一。

以法律定审判厅④的构成及管辖,是为了使政府不能任意改废,确保其独立。而所谓特别审判厅⑤,属于与民事、刑事审判厅的对称,是指行政、军事、权限、商事审判厅之类。⑥ 其构成与管辖也一样以法律确定,因为制度的基础彼此相同。

按诸清国现行法,构成特别审判厅的大体者,有皇族裁判所、宫职裁判所、旗人裁判所、在京城及盛京的各个特种裁判所、藩属

---

① "我国",《大清宪法案理由书》作"日本"。
② "政府",《大清宪法案理由书》作"清廷"。
③ "三之一四",《大清宪法案理由书》作"一四"。
④ "审判厅",《大清宪法案理由书》作"裁判所"。
⑤ "特别审判厅",《大清宪法案理由书》作"特别裁判所"。
⑥ "是指行政、军事、权限、商事审判厅之类",《大清宪法案理由书》作"是指行政、商事、军事、权限裁判所之类"。

地裁判所。① 所有这些,不管有没有单独的衙门,大多实行会审制度。而其组织失之于繁缛,看不到有什么实益。因此,待到他日,各地方审判厅完备时,宜将其全部废除,归于普通司法衙门管辖。但由于都有特殊沿革,因此不能一律,自不待言。即关于皇族的审判,当划归京城高等审判厅专管,而宫内官吏及旗人,当使之归京城地方审判厅管辖,跟皇族一样,可以赋予凡人所没有的特权。关于京城及盛京的各种特别法衙的典例全部撤废,除在军籍者,全都应该按普通诉讼手续办理。(关于藩属地的特例,今日不必言及。②)因为如果墨守现行法制,就难期审判的统一与公正。所谓司法权的独立,并不是学者的空言,实是公私保安的良策,殷切希望担当立法之局者不要失策。

第五十八条　行政审判院管辖因行政官厅违法处分而起之诉讼。

[参照]日六一。奥三之一五。

---

① "有皇族裁判所、宫职裁判所、旗人裁判所、在京城及盛京的各个特种裁判所、藩属地裁判所",《大清宪法案理由书》作"有(第一)皇族裁判所、(第二)宫职裁判所、(第三)旗人裁判所、(第四)在京城及盛京的各个特种裁判所、(第五)藩属地裁判所"。

② "关于藩属地的特例,今日不必言及",《大清宪法案理由书》作"关于藩属地之特例,因与本案没有直接关系,今日不必言及"。

行政裁判以追求行政的公正为目的。① 由于行政官厅的违法处分伤害了人民的权利,若不讲求救济之途,将导致宪法特意保护民权的理由消失。这是行政裁判的缘起,无疑也是法治国必需的制度。

　　行政审判院②管辖一切由行政官厅的违法处分造成的诉讼,因此,如果有权利被侵害,不问是否发生了实际损害,都可请求救济。但是,诉求的原因应是违法处分,因此如果只是不当处分造成的利益伤害,应该仅依诉愿的方式解决。而若仅局限于违法的场合,难保有人会认为其范围失之于狭小,但是,作为理论姑且不论,在实际中,有其他诉愿及请愿③的自由,有议会的监视,有上司的监督④,自然不会没有救济之途⑤,因此未必不当。而事若违法,当然可以请求取消、停止或更正其处分,不消说,也可请求赔偿损害。限定于特定事件,毕竟并非仅仅出于立法者的臆断,而且是由于如果不特地规定受理赔偿损害的诉求,不仅将阻害裁判的统一,也不堪其劳费。

　　作为行政诉讼审判的机关,像英美那样以司法裁判所为之、像法国那样以行政厅充之的不是没有,但不如像日本及德意志诸国那样特设独立法衙。因为以司法裁判所审判行政事件,不仅有以

---

① "行政裁判以追求行政的公证为目的",《大清宪法案理由书》作"行政裁判是为了追求行政之公证,以对其监督为目的"。
② "行政审判院",《大清宪法案理由书》作"行政裁判所"。
③ "诉愿及请愿",《大清宪法案理由书》作"请愿"。
④ "监督",《大清宪法案理由书》作"监视"。
⑤ "自然不会没有救济之途",《大清宪法案理由书》作"我相信,自然不会没有救济之途"。

司法权掣肘行政权的嫌疑,并且,司法官未必通晓行政的实情,而以行政厅担任审判的时候,到底无法期望裁判的公正。

虽然好像可以在京城和各省城分置行政审判院,①但是,由于在性质上案件不会像司法裁判那样多,且需要很大的费用,因此,单独在京城设立一所法院应该就足够了。而对于地方下级行政厅的处分由各省长官②裁决,对地方长官③及中央各部大臣的处分直接向行政审判院提出诉讼。又,对地方长官④的裁决不服的,可以进一步向行政审判院⑤上诉。如此规定,或许可达裁判的目的吧?但是,只给对下级官厅的处分以复审的权利,似乎失当,但是,地方长官⑥的审判原本不过预审的性质,不仅如此,也只是作为节约时间和费用的方便之法,允许进一步上诉,无外乎致力于裁判的公正与统一之意。对于上级审的处分,从一开始就享有这一利益,故不能说有什么不公平。

---

① "虽然好像可以在京城和各省城分置行政审判院",《大清宪法案理由书》作"虽然好像可以在中央和地方分置行政裁判所"。
② "各省长官",《大清宪法案理由书》作"督抚"。
③ "地方长官",《大清宪法案理由书》作"督抚"。
④ "地方长官",《大清宪法案理由书》作"督抚"。
⑤ "行政审判院",《大清宪法案理由书》作"行政裁判所"。
⑥ "地方长官",《大清宪法案理由书》作"督抚"。

第五十九条 审判官之任免及惩戒之有关事项，以法律定之。

审判官除法律所定之场合，不得违背其意愿，将其免职。

[参照]日五八。英。普八七。奥三之五、六、八。美三之一。

审判官①居于保护国民生命财产的重任，因此有必要设立一定的规章，②使不致发生诸如被随意任免黜陟的事情。这是作为审判官，卓然立于时流之外，善执公平之柄的根源，是与其地位相伴而来的必然要求。

清国的有关司法官吏，巧弄威权，营私舞弊，存在以贿赂之多少左右判决的实情，这是无可遮掩的。③ 因此或许不能无疑，本条的保障反而会成为助长积弊的因素。在支那，贿赂之弊是一个因袭的古俗，官民非但不以为怪，甚至不以其为罪恶。既然存在这样的奇观，因此难保审判官④会恃其地位，愈发恣其贪欲。或许，以施

---

① "审判官"，《大清宪法案理由书》作"裁判官"。
② "因此有必要设立一定的规章"，《大清宪法案理由书》作"因此应该在国法上严格的条件之下进退"。
③ "清国的有关司法官吏，巧弄威权，营私舞弊，存在以贿赂之多少左右判决的实情，这是无可遮掩的"，《大清宪法案理由书》作"细案清国实情，裁判大抵以贿赂之多少作判决，有关司法官吏，巧弄威权，唯利是图，这是无可掩蔽的"。
④ "审判官"，《大清宪法案理由书》作"裁判官"。

行宪法为机,像英国那样以优俸养廉,确实不失为革新之一策,但现情如此,其效果如何,实难断言。至此当可知道制度改革对人心有极大关系,我相信,除寄托于教育的振作与宗教的普及,别无他法。如此看来,清国的改革不只是政治、法律问题,也是社会政策上的一大问题。

第六十条　审判公开,但在有危害公安之虞时,依法律所定或审判厅之决议,得停止公开审理。

[参照]日五九。英。普九三。奥三之一〇。

秘密裁判的弊害,清国的现情已证明有余,这是宣布审判公开以期审判公正的原因。① 但是,在因公开而煽动人心,使其犯罪,或因暴露内行丑事反而有伤害风俗之虞的时候,不如秘密进行有利。因此特意规定有停止公开审理的自由。

审判②的公开是诉讼上的必要条件,因此,如果审判厅③无故秘密进行④,诉讼手续应该全归无效,这不外是无视本条之保障的结果。如此说来,当事者发现诉讼上违背本条的时候,不论在何

---

① "秘密裁判的弊害,清国的现情已证明有余,这是宣布审判公开以期审判公正的原因",《大清宪法案理由书》作"裁判的审理、判决公开,是为了保证其公平、透明,秘密的弊害,清国之现情已证明有余"。
② "审判",《大清宪法案理由书》作"裁判"。
③ "审判厅",《大清宪法案理由书》作"裁判所"。
④ "进行",《大清宪法案理由书》作"审理"。

时,均可诘责其不法,且可主张审判①无效,请求将其废弃更正,关于这一点,完全没有必要详论。

---

① "审判",《大清宪法案理由书》作"裁判"。

第八章 会 计

会计作为国家至关重要的政务,与国民有直接的利害。因此,宪法揭示其规范、准则,使不得①恣意动摇生计的基础。本案与第三章②的规定相结合,不外为臣民明确其权利义务之意,这也不失为立宪的一项成果。

第六十一条 课新税或改税率,当以法律定之。但带有报偿性质之行政上之手续费及其他收纳金不在此限。

[参照]日六二。英。普一〇〇乃至一〇二、一〇九。美一之八。

---

① "使不得",《大清宪法案理由书》作"使当局不得"。
② "第三章",《大清宪法案理由书》作"第二章"。

往昔不论在哪个国家,国家所要的经费,通常都是随时随地要特定的人们贡纳或献馈,①不仅有畸轻畸重的弊端,而且有纳税赦免的特权。但是,在欧洲诸国,与以纳税作为国民的一般义务一起,及至确立起没有议会的同意便不能课税的原则,得以渐渐一洗古来陋习。至于以此作为立宪国的通则,则属于法国革命以降的事实,②均模仿英国的制度,本案也不过蹈袭之而已。

[注]在英国,由于国民无法以有限的资财满足王家无限的诛求,遂至国论沸腾,规定凡课税,未经国会同意不得征收,确立起所谓"若无承诺,则无租税"(without the consent of the people there shall be not tax)一大原则,1215年的《大宪章》将此明确宣布。1265年,国会进而获得课税协赞权。及至1295年,爱德华(エドワード)一世颁布"凡会影响国民的事项均需经国会同意"的谕旨,为代议制确立了千古不磨的基础。这是后世称之为模范国会的原因。③ 后来詹姆士(ジェームス)二世恣意征收租税,国会以其侵犯职权,于1689年的《权利法案》中宣布其不法,以此为洪范,永垂后世。

细查清国现情,税额无定限,其负担之不公平,非言语所能道尽。举一例,地租执行的是以纳粮("米纳")为基本原则,为方便起

---

① "国家所要的经费,通常都是随时随地要特定的人们贡纳或献馈",《大清宪法案理由书》作"租税之附课征收都没有一定的保障,采取随时随地要特定的人们贡纳或献馈所要的数目的制度"。
② "以渐渐一洗古来陋习。至于以此作为立宪国的通则,则属于法国革命以降的事实",《大清宪法案理由书》作"属于法国革命以降的事实"。
③ "为代议制确立了千古不磨的基础。这是后世称之为模范国会的原因",《大清宪法案理由书》作"召集所谓'模范国会',为现今的代议制确立了基础"。

见也允许交现金("金纳")的制度。① 而交纳现金是以一石米折合多少两银来换算的,因为不是重要都市的地方普通银元并不流通,故或以地银代替,或以制钱("钱文")代替。由于其换算的标准与市价无关,而由官吏确定,地银的良否也都由官宪鉴定,狡吏之中饱私囊,多于此行之。(以银两纳税的时候,征税官在种种口实之下,一两要加征两三成的火耗②,以制钱纳税时,诛求比时价多则七八成、少也五六成的火耗,听说通常的做法,是这些都被收入私囊。由此足以知道其流弊有多严重。)③并且,人民在租税之外,④还要缴纳一种手续费。例如,以地银纳税时交纳检查手续费、改铸手续费之类,而都没有定额,遂为诛求提供了便利。继而在纳税完了之后,因为不给发票,官员以其没有凭据,乘机宣称没有纳税,再三强征,听说这种事情一点都不稀罕。⑤ 如此,清国政府的岁入,表面上大约不过一亿两,但国民的实际负担当在三四倍以上,其大部分都

---

① "细查清国现情,税额无定限,其负担之不公平,非言语所能道尽。举一例,地租执行的是以纳粮('米纳')为基本原则,为方便起见也允许交现金('金纳')的制度",《大清宪法案理由书》作"凡立宪国,不论有什么事由,都不得在正数之外征收租税,这是原则。但在清国,税额无定限,其负担之不公平,非言语所能道尽。如此,不但无法期望国民生计安固,且在实际上给国家经济造成很大损失。现就地租来看一看。执行的是以纳粮('米纳')为基本原则,为方便起见也允许交现金('金纳')的制度"。
② 北鬼三郎写作"割增金",应该相当于明清时期的"火耗""耗银"。
③ "(以银两纳税的时候,征税官在种种口实之下,一两要加征两三成的火耗,以制钱纳税时,诛求比时价多则七八成、少也五六成的火耗,听说通常的做法,是这些都被收入私囊。由此足以知道其流弊有多严重。)",《大清宪法案理由书》无。
④ "人民在租税之外",《大清宪法案理由书》作"人民在纳税方面,租税之外"。
⑤ "听说这种事情一点都不稀罕",《大清宪法案理由书》作"一点都不稀罕"。

入了上下百官的私囊,这一点,是消息通①信誓旦旦告诉我们的。这似乎是颇为奇异的现象,但一旦想到官吏的薄薪②,且知悉宦海多年的情弊,就不足怪了。拿知县来说吧,其俸给,加上养廉银,每年也不过一千两,因此,以法定的食禄,到底不能维持其体面。这自然是献金、贿赂及其他情弊发生的缘由,若没有这些,必至官吏不能自给。说起来,中饱私囊是"三年清知府,十万雪花银"这一谚语存在的原因,也是穿得起价值数千两的官服的原因。因此,官员征收正税以外的租税,毋宁说是属于自然的情理,不但官员之间见了不以为怪,国民也习惯了,多屈服于其所为,堪称奇态。虽然如此,但在施行新政的方法方面,应该不允许这种不法举措。革新税制的同时,改良官吏的待遇。若非如此,像本条这样的规定,当会变成空文,这是无须多言的。

> [注]这里该说一下的,是租税应该全改成货币。以货币以外的东西纳税的时候,基于其市价变动的危险,国库不得不负担之,因此货币税在性质上属于颇令人满意的事情。同时,与换价相伴随的几多情弊也可一扫而空。不过,现在即使突然采用货币制,想在现在的币制③下求得改良,必然没有实效,④因此,希望能与币制改良相配合,逐步推行。

本条但书所谓有报偿性质的行政上的手续费及其他收纳金,是指官府的行为所要求的,以及对于使用官有物品的报偿。比如

---

① "消息通",《大清宪法案理由书》作"清国通"。
② "薄薪",《大清宪法案理由书》作"待遇"。
③ 币制,北鬼三郎此处写作"弊制",联系上下文,知当为"幣制",《大清宪法案理由书》作"幣制"。
④ "必然没有实效",《大清宪法案理由书》作"必归于有名无实"。

请求授予护照,或对于申请版权登陆,或对于使用一定的物品,征收其报酬。此等事,向来与租税不同,故被视为未必需要以法律规定。盖不仅在性质上放任行政官府之见解是不可无的,更多的则是基于便利。但是,看各国实例,有事态稍微重大者都经议会的协赞而决定的倾向,如定铁道租金、定邮电手续费等。要之,如何活用明文,就看当局的手腕了。

凡税法,因不限于特别的有效期间,因此应该有永久遵循的效力,这是不待明文可知的。① 如此说来,日本宪法在其第六十三条中声明:"现行租税,在以法律改变以前,依旧征收。"清国宪法大纲也有类似的一项,终究都难免被讥为无用之长言。盖即使鉴于沿革上的理由,宪法既然不是教科书,就没有必要特意设置在解释上无关紧要的明文。②

第六十二条　发行国债须经帝国议会协赞。

[参照]日六二。英。普一〇三。

因为发行债券与课税有因果关系,既然课税承诺权已归于议

---

① "这是不待明文可知的",《大清宪法案理由书》作"这是一点也不容怀疑的"。
② "清国宪法大纲也有类似的一项,终究都难免被讥为无用之长言。盖即使鉴于沿革上的理由,宪法既然不是教科书,就没有必要特意设置在解释上无关紧要的明文",《大清宪法案理由书》作"终究难免被讥为无用之长言。盖即使有人提出该条系鉴于沿革上的理由而作出的规定,但宪法既然不是教科书,没有必要特意设置在解释上无关紧要的明文"。

会,发行债券一事自然也不得不咨询于公议。即彼此法理一贯。①

清国从来不问内债外债,均由中央各部及地方各省各自独立发行债券,虽然是该国财政制度的组织使然,但是,如此,给国家经济酿成了很大的损失,则是无须多言的,因此要规定,从现在起,凡发行国债,须经帝国议会的协赞,地方债除须经咨议局议决外,还要经度支部认可,唯愿在划一的政策之下能将旧弊一扫而空。光绪三十四年(明治四十一年)[1908]十二月公布的《清理财政章程》致意于此,真可谓值得庆祝。②

广义的国债,虽然似乎应该将同年度内结清("济清")时的临时债务的设定也包含在内,但这一点交给会计法的规定,自然在本条之外,因此,也不要限定将其一一经议会协赞。

第六十三条　国家之岁出岁入,当依每年预算,经帝国议会协赞。

当超过预算之款项,或发生预算外之支出时,政府当于次期帝国议会提出,求其承认。

[参照]日六四。英。普九九、一〇四。德四、六九乃至七一。

---

① "因为发行债券与课税有因果关系,既然课税承诺权已归于议会,发行债券一事自然也不得不咨询于公议。即彼此法理一贯",《大清宪法案理由书》作"发行公债一事要咨询公议,是租税承诺权归议会的结果。即发行债券与课税有因果关系,彼此法理一贯"。
② 从"清国从来不问内债外债"到"真可谓值得庆祝"一段,《大清宪法案理由书》无。

第八章　会计

预算的编成是有效利用国帑的根据,欲用最少的经费收得最大的效果,自当稽查其要否、利害及缓急,将其用于有用之途,这是自然的情理。而在立宪国,预算不由政府专权,全都交给议会查定,这是因为其施行不仅与国民生计有极大的利害,且与国运的消长有甚深关系。

清国关于岁记方面的法制向来不甚完备,因此,我们对于中央及地方财政收支的一斑只能推测。不对,恐怕财政当局也无由知其确数。因为在清国,虽然不是没有预算制度,但并不真是行政的准绳,①且还发生过故意将确数保密或搅乱的事情。如地方大吏②有将省内岁入的一部分贡献给皇室的遗习,任何人都不知道确切数目,如皇室费用与一般行政费用的收支混同,如虽然实际收支是预算的数倍,但只计入其中的一部分,这些都是破坏预算基础的原因。这虽然原本是制度不完备造成的结果,但也不能不归为当局者之罪。如此,不能不殷切期望,在施行新政的同时,从根柢上改善中央及地方的财政制度,获得真以预算作为施政准绳的实效。

预算只是基于对事实推测的计数,其作为施政的准绳,来源于宪法及法律的明文规定,计数并无绝对的拘束力。因此,由于岁入应该以法律为准据征收,不能因超过了预算而拒绝收纳,但是同时也不能以不足为由追征。这是因为其根据在于法律而不是计数。关于岁出也是如此,在当时的情形已时过境迁的时候,或者没有必要的时候,没有责任和义务强行按照既定额开销。不仅如此,当遇

---

① "因为在清国,虽然不是没有预算制度,但并不真是行政的准绳",《大清宪法案理由书》作"因为在清国,预算只有空名,并非真是行政的准绳"。

② "地方大吏",《大清宪法案理由书》作"地方大官"。

到不得已的情况,还不妨有预算外的开支。由此当能看出,预算不是绝对约束施政之物。这样说起来,预算只止于指示支出的最大限度,仅仅是防止冗出滥费的工具。这是与具有绝对效力的法规在性质上根本不同的原因,可知那种将预算视同法律的学说不外是一种诡辩。

  政府当以预算的各款项为准据,不得挪用于其目的以外,这是不消说的。① 此事来源于英国国会的成例。1665年依英国庶民院议员乔治·唐宁爵士(サー・ジョージ・ドウニング)之议,即对军费的议定金额附加不得挪用于目的以外,以此为起点,后来,在1689年制定《分配法》(Appropriation Act)的时候确立了这一原则。允许挪用预算的话,自有破坏其基础之虞,因此禁止挪用,实在是确保预算效力的手段。这样说来,即使没有明文规定,在法理上的归结还是一样的,因此没有必要特意注明。

  超过预算的款项,或有预算外的支出,事实上是不可避免的,因此各国多设计预备费来充当。因为人事复杂,不可能百般情形都预见到。不仅如此,也不可以因拘泥于预算而旷废了必要的国务。但是,因为支出预备费的缘由与细目,议会这个环节不可阙如,因此,政府在日后向议会提供必要的证明,并求其承诺,应该是至当的。这是由于议会有权监督预算的执行,其支出是否适当,当让其审查。而政府的措置若有违法或失当之时,议会应该马上利用其职权,向政府问责。但是,因为议会无权废除政府已完成的行为的效力,因此,其不承认只不过会发生政治上的效果而已。

---

① "不得挪用于其目的以外,这是不消说的",《大清宪法案理由书》作"不得彼此挪用,用于其目的以外,这是普通原则"。

第六十四条　与财政相关之法律案及预算案,当先提交于众议院。

[参照]日六五。英。普六二。比二七。法二之八。美一之七。

财政诸案的先议权归于下院,是基于代议士的地位决定其能最痛切地感应国民的利害这一推论,其事起源于英国。按英国的下院在 1407 年(亨利四世御宇)即已取得其特权,那以后常能看到确保这一点的事迹。1592 年 3 月下院议员培根①(ベーコン)在下院断言:"凡财政诸案,本院先议之后,将其送交上院,这是世代相传的惯例,实际上属于本院的特权。"② 1609 年 2 月,议员海德(ハイド)在同院论证了同一旨趣。③ 降及 1640 年 4 月,下院议员毕姆(ビム)在两院协议会上演说,称:"下院有财案先议权,既系上院诸卿所承认,本员相信④,没有必要在此援用理论和先例来证明之。"由此足以窥知,下院的先议权是世代相传的特权。至于立宪诸国均以此为恒例,可以不惮言的是,这不仅仅是蹈袭英国的典例,更是由代议制的精神中流出的自然结果。有学者对此极力冷嘲热讽,真不知其意何在。

---

① "下院议员培根",《大清宪法案理由书》作"培根"。
② "实际上属于本院的特权",《大清宪法案理由书》作"也是本院的特权"。
③ "在同院论证了同一旨趣",《大清宪法案理由书》作"论证了同一旨趣"。
④ "本员相信",《大清宪法案理由书》作"我相信"。

本条只是将财案先议权归下院,因此不待言,对其协赞权没有什么影响。盖两院在同等职权之下尽其协赞之责,是最能利用两院制的长处的。按英国的制度,①对财案,上院没有跟下院对等的协赞权。1671年4月,上院变更了砂糖的税率,下院以其侵害了自己的特权,道:"庶民院通过了的财案,贵族院无权修正。"1678年7月3日的下院决议称:"凡确定财案,属于本院的特权,上院无权修正。"以其后众多事例推究,②可以说上院无权修正及废弃财案,因此,即使有修正或废弃之事,在事实上也只止于敦促下院反省,不得绝对地对抗其议定权。这是数百年来政治形势的自然结果,我相信,在培植新的议院制度的时候,没有理由拘束于这种特别的沿革。然而,像普鲁士那样,在其宪法第六十二条第三项规定:"关于财政的法律案及岁计预算案,须先提出于众议院,贵族院只能就其全体作出可否的议决。"这不无故意模仿英国典例的嫌疑。代议政体毕竟有归着于政党政治的趋势,这是前面论证过的(参看本案第五十条说明)③。以政党不去追逐的上院,在职权上与下院对抗,无疑是弥补宪政必然有的短处的一个办法。若为将来着想,就断然不会赋予下院这一特权,以免因此而助长权力偏重之弊。④ 尤其是一想到清国的国情⑤,对于不可采用英国主义,就不用事先特别说

---

① "按英国的制度",《大清宪法案理由书》作"因此,本案断不采用英国主义。按:在英国"。
② "以其后众多事例推究",《大清宪法案理由书》作"以其后的惯例推究"。
③ "参看本案第五十条说明",《大清宪法案理由书》作"参看本案第五十四条注释"。
④ "若为将来着想,就断然不会赋予下院这一特权,以免因此而助长权力偏重之弊",《大清宪法案理由书》作"如果硬要赋予下院财案先议权,因这一重要特权,故意助长权力偏重之弊,若为将来着想,断然不会如此"。
⑤ "国情",《大清宪法案理由书》作"国体"。

明了。

日本宪法虽然在其第六十五条明言"预算当先在众议院提出",但是,在《议院法》第五十三条有规定:"除预算外,政府提交的议案,两议院谁先议,依方便而行。"很遗憾,未能贯彻立法的旨趣。因为预算与法律形影相伴,若预算案与财政法案不一并交下院先议,往往难免会生出矛盾的结果。但是,在日本,有财政法案也先提出于下院的惯例,实际上并无矛盾,虽然如此,作为立法,绝对无法掩饰其不备。这是规定彼此均交下院先议的原因。①

第六十五条　皇室经费依前年度之预算定额,每年自国库支出。除要求增额之场合,无需帝国议会之协赞。

[参照]日六六。英。俄七三。比七七。②

皇室费是为了维持天子尊严不可避免的,时时勤于献纳,可以说是国民奉公的第一义。因此各国以此为国库最优先的义务,且有将其置于预算议定权之外,每年供奉定额的惯例,诚不失为宪政的一桩美事。这一制度实渊源于英国。在英国,革命以降,威廉(ウヰリアム)、玛丽(メリー)即位的时候就开了供奉年金的先例,到乔治(ジョージ)三世御宇时,改为世袭基金制度,后更复兴旧制,经数度更改,遂成为每年从固定基金(consolidated fund)中支出

---

① "这是规定彼此均交下院先议的原因",《大清宪法案理由书》作"这是本案彼此均交下院先议的原因"。
② "俄七三。比七七",《大清宪法案理由书》无。

定额,除须增额的场合外无须议会讨论的制度,沿用至今。现今蹈袭这一制度,在宪法中明确规定的,有日、俄诸国,本案亦仿之。

清国之制,即使每年的皇室费在预算中列入,实际的纳入额是列入的几倍,是谁也无法窥知的。如此,与法治的主义根本不相容,因此,在施行新政的同时,要断然将其废止。应该改为依据既往经验,算出一定费额,公然列入预算的制度。乍一看似乎于皇室不利,但是,定额的收纳是巩固会计的基础的方法,同时,全面废除地方贡献制度的结果,毫无疑问,会有减杀诛求之弊的效果。宪政的施行是关系到帝国兴废的一件大事,而至尊率先垂范天下的话,众心自当归向帝室,前途再艰难也不足介怀。赤诚以改革为念者,宜留意于此。

本条所称的国库,是指作为财产权主体的国家,司掌其现金出纳的机构,方今在任何国家都是以一定的银行担当其任,如在日本是日本银行,在英国是英兰银行(但在爱尔兰是爱兰银行)。而清国现时虽以大清银行(旧称户部银行)为中央金库,①但其制度甚不完备,早晚要跟一般会计制度一起改良。就中一切出纳都归大清银行司掌,除不得已的场合,规定官吏不能接触实物。现时的实物税制度("谷纳制"),在运输过程中,因耗损与劳费,给国库带来莫大的损失,应该逐步废止,改为货币税制度("金纳制")。同时,从前的官仓制度应全部裁撤。又,因为以特定的收纳作为特定的基金的制度不能巩固财政的基础,应该将流入国库的一切岁入视

---

① "而清国现时虽以大清银行(旧称户部银行)为中央金库",《大清宪法案理由书》作"而清国现时虽然似乎是以大清银行为中央金库"。

为一个基金,自由流通,①且在区别国税、地方税的同时,明确中央与地方的关系。这些都是不可或缺的措施。

　　[注]英国曾经与清国一样,执行以特定的收纳②为特定的基金的制度,但是,十八世纪末,依比特(ビット)所倡导,将一切岁入视作唯一的基金,沿用至今。

第六十六条　依本法第一章之规定及法律上所生之岁出,在前年度预算中已确定其费额者,非经政府同意,帝国议会不得废除或削减。

　　前项之"同意",在议定之前,两院须分别获得之。

　　基于君主大权③的一般政费及由于法律之结果当然该支出的费额,因为在性质上是不可避免的费用,国民理应负担,议会也应该按时供给。国家既然不是假设的产物,与其存立相伴随的经费的负担不可拒绝,属于自然的情理。如果随意关闭金库,拒绝支出,那就不啻损害国家的威信,政务也将因此旷废。这是特地规定要依本条限制预算议定权的原因。

　　在英国,国费分为两种。一种被称为固定基金的固定负担(fixed charges on the consolidated fund),多少有些不变的性质,国债利息、国债偿还金、国债事务费、皇室费、恩给金、裁判官的俸给等属于这一类。另一种被称为供给费(supply service)(最先由下院预

---

① "自由流通",《大清宪法案理由书》作"自由流通(参看注)"。
② "收纳",《大清宪法案理由书》作"岁入"。
③ "君主大权",《大清宪法案理由书》作"皇帝大权"。

算委员会的供给委员①[committee of supply]附议,故名),由海陆军费、各官厅的经常费及收税费构成。第一种属于所谓既定岁出、无须每年经议会协赞的经费制度,只有第二种属于可自由讨论的制度。在日本也是如此,像官制、军制等基于君主大权的岁出不用说了,像帝国议会、会计检查院等需要的费用、由法律的结果而生出的岁出,以及国债的本利、补助金等在法律上属于政府义务的岁出,议会不得自由废除削减,以此使固定经费的供给得以安固。俄国也执行同一制度。本案鉴于这种制度,特意保存本条的规定。

宪法保障既定经费的供给,只是为了确保政务的运转。因此,为了不生障碍,伴随时势,关于诸般设施,政府与议会当随时协定。这也是由滥费冗出是政府的常弊,而废除削减是议会的长处的各自特性所决定的。因此,如果政府经常据既定岁出为堡垒,排斥议会的讨论,则对本条的保障,必至戕害国家。因为这么做无视法理,政府和议会要相互和衷协作、拥护本条的精神。② 然而,要使二者达成协定吗?现行法令且不说,当使其自由废除削减既定费额是不待言的。有人说,预算的议定当以法令为准据,以预期的方式议决其改废是无效的。这是忘记了本条以同意为条件担保修正预算的自由的谬见。有人说,如果依预算议定权而有变更官制及军制的自由的话,必至宪法上的大权变为一纸空文,行政之实权归于议会。这种论调,只是杞忧。因为政府没有同意的自由这一前提

---

① "下院预算委员会的供给委员",《大清宪法案理由书》作"下院的供给委员"。
② "因为这么做无视法理,政府和议会要相互和衷协作、拥护本条的精神",《大清宪法案理由书》作"因为这么做无视法理,无需深论,政府和议会不可没有相互和衷协作、拥护本条之精神的觉悟"。

不存在的话,这一结论就无由产生。

在议会与政府因协定而预期改废法律、预算已议决的场合,后来不得改废的时候,与预算龃龉的结果,难保不会使法律和预算不能执行。但是,不会因此而对预算的效力有什么影响。因为预算依本条的规定有效成立,没有理由因事实上的障碍而归于无效。然而有学者主张,在这种场合,因为政府的原案当然复活,更无扞格。但是,在附加条件下议定,因为没有什么特别明文,没有理由做出如此推定。

预算的效力以限于本会计年度为基本原则。而本条规定特定经费在下一年度保有其效力,为什么?只是出于供给国家必需的经费这一念头。也可以说是提示对于前年度的既定费额,政府可以拒绝议会自由讨论的最大限度。如此,政府依其所见或改废法令之结果,在前年度的定额不必要的时候,不言而喻,政府当然有废除削减前年度预算的权利、义务。而由在前年度预算确定后新公布的法令所造成的结果所带来的经费,①以及伴随新计划的一切经费,不问是基于君主的大权还是法律,因属于本条规定的范围之外,全都要由议会自由讨论,那是不消说的。

政府同意所需要的时间与方法,在解释上虽然似乎没有必要做明文规定,但因为向来有不少异论,本案特设第二项,以使没有怀疑的余地。我认为,规定在议定之前,两院可独立获得,是最合乎情理的。

---

① 《大清宪法案理由书》在此尚有"尚未列入预算的"一句。

第六十七条 遇有特别需要之事,政府得预定年限,作为继续费,要求帝国议会协赞。

[参照]日六八。

本条是因事业性质,预算总额经过协赞,在既定年限内保有其效力。因此,一旦作为继续费经议会协赞,除非因物价腾贵和其他原因要求增额且不变更既定计划,无须再经议会讨论,可期完成长久之事业。

凡岁计之剩余,以将其编入下一年度的一般岁入为基本原则。但是,作为继续费有剩余的时候,使其可以到竣工年度为止递次结转使用,在性质上是至当的措置。故在制定会计法时,宜将其作为例外规定。

第六十八条 为保持公安,在有紧急需用之场合,且以因中外情形无法召开帝国议会为限,政府可做财政上必要之处分。

在前项之场合,政府须于次期议会提出,求其承认。

[参照]日七〇。俄七五、七六。普六三。德七三。

国家遇到非常之变时,当然不能没有非常之策。因此,本案稽考立国之本义,依照法治之精神,特设本条,以期毫无遗算。如果没有明文规定,政府难保不知如何处置,同时,政府的至为正当的措施也难免生出违宪的结果。

本条所说的紧急需用,只适用于因中外之情形不能召集议会的场合,如因国内骚乱需要镇压费,或为防御外寇需要军事费,刚好因交通阻断,①议会无法召集之时,或在议会解散之后,未遑召集之时。因为紧急需用和不能召集的事实必须同时发生,苟缺其一,政府就不能免违宪之责。议定预算是议会的本来职务,如此规定是出于期望尽力收到公议的效果之意②。这么说来,政府恒常按照本条的精神,慎重审议,不违背本条的适用范围,可以说是对君民的当然职责。

因为宪法不规定处分方法,依政府之所见该如何措置也与本条无关。如募集国债、临时借款、将剩余金转账,或签约补给,或发起新税、增加税收之类,都属其自由。但同时需要法律的时候,不待言,当以本案第七条的紧急敕令代之。因为本条只规定财政上的处理权能,并未规定其附带有立法自由。因此,举例来说,关于规定募集国债的细节,或制定关于补给契约的准据法,在不改变既存法律的情况下,不妨依据命令。但是,在发起新税或增税的情况下,因为必须依据法律,当以紧急敕令代替,这是一点也不容怀疑的。所谓法律事项,不依据法律或代法律的敕令不得规定之,是本案贯通的原则,本条也不例外。

要政府求得议会的承认,不外乎实现其监督之实的意思。而

---

① "刚好因交通阻断",《大清宪法案理由书》作"因交通阻断"。
② "之意",《大清宪法案理由书》作"之法意"。

议会承诺与否,并不会使已经发生的处分的效力消长,其否认只会在政治上产生一定的效果。

在本条的处分中,政府附带发了紧急敕令的时候,也须同时提出于议会,求其承认。盖两者自属别的法律关系,彼此牵连,不能允许省略(参看本案第七条说明)。

第六十九条　帝国议会不议定国家岁出、岁入总预算时,或总预算不能成立时,政府当按前年度预算施行。

［参照］日七一。俄七四。

帝国议会没有议定预算,或因其他理由预算不成立时,①政府当如何处理目前急务呢?执行将预算视同法律的制度时,②因预算不成立即与法律不存在相同,一切收支都不得为之,结果必至旷废全部政务。那么,让政府执行原案?若允许这一特权③,必至废止议会的作用。这是本案使其施行前年度预算的原因。④因为这么做可使国家机关的运转没有障碍,同时又可避免滥费冗出之弊,是

---

① "帝国议会没有议定预算,或因其他理由预算不成立时",《大清宪法案理由书》作"由于帝国议会没有议定预算,或预算不成立时"。
② "执行将预算视同法律的制度时",《大清宪法案理由书》作"固执于将预算视同法律的法理时"。
③ "特权",《大清宪法案理由书》作"权能"。
④ "这是本案使其施行前年度预算的原因",《大清宪法案理由书》作"这是本案稽考理义,模仿二三立法例,规定施行前年度预算的原因"。

最符合理义的。①

前年度的预算,是相对于新会计年度来说的,指的是当年的预算。连续两年以上不成立的事实发生时,当施行递次前年度的预算,即在不成立的第二个年度,前年度的预算,指的是第一年的预算;以(预算不成立的)第二个年度为基点来说的话,指的是前年的预算,即(以预算不成立的第一个年度为基点时的)前年度的预算。而本条只限于适用岁出岁入总预算不成立的场合,特别预算、追加预算自在本条的范围之外,在性质上其影响甚为轻微。②

政府在施行前年度预算的时候,不论种类与费额,原则上都适用于新年度。虽然这是不待言的,但事实上难免多少有些扞格。③比如,虽然存在面上剩余金一项,而在前年度实际上没有④面上剩余金的时候,政府便无由获得此项收入。又,因前年度废除法律或事业完成而在新的年度其用途自然消失的经费,政府当然要将其作为剩余金归入翌年度的一般岁入之类。因此,政府不能以属于预算面上同一的款项而自由挪用⑤。举一例来说的话,前年度的预

---

① "是最符合理义的",《大清宪法案理由书》作"并且,政府由此感受到的痛苦,还难保成为其办理善政的诱因。因此,预算之不成立固然不是人们所希冀的,但是,将施行前年度预算视为国家不祥之事,毕竟只是皮相之见"。
② "而本条只限于适用岁出岁入总预算不成立的场合,特别预算、追加预算自在本条的范围之外,在性质上其影响甚为轻微",《大清宪法案理由书》作"然而,本条所适应的,只限于岁出岁入总预算不成立的场合,即使特别预算、追加预算有不成立的时候,但却不在'施行前年度预算'的限定之内,在性质上其影响甚为轻微"。
③ "虽然这是不待言的,但事实上难免多少有些扞格",《大清宪法案理由书》作"但实际上,基于预算的出纳无法进行的现象也不少见"。
④ "实际上没有",《大清宪法案理由书》作"没有"。
⑤ "自由挪用",《大清宪法案理由书》作"彼此挪用"。

算中,有作为某筑港补助费的若干额度,而该工事限前年度完成,在新年度里,偶因天灾的缘故,发生应该补助同一费额的事实时,政府不得因预算中有同一款项而支办之。盖一旦用途终了后的经费,在法律上其性质是确定的,因此当然不能挪用,新补助金的给付属于议会的专权,不允许政府的擅自行为。①

要之,在施行前年度预算的场合,政府当按照款项的性质收支,不要拘泥于其项目与数额。因此,某派学者所说临时费全都不适用于当年度、继续费要依据前年度的定额,这不免是粗笨之说。盖临时费指称的不过是当于较短期间内结束的经费,因此在理论上无法断定其效力当限定在一年之内,至于继续费,当依据各年度的比例额度,不限于依据前年度的预算。

---

① 自"举一例来说的话"到"不允许政府的擅自行为",《大清宪法案理由书》作"举一例来说的话,前年度的预算中,有作为某筑港补助费的 10 万额度,而该工事限前年度完成,在新年度里,自然就属于无能用的经费,因此不能作为当然剩余金滚动到翌年度。然而,偶因天灾的缘故,发生应该补助某港同一费额的事实时,政府不得因预算中有同一款项且目的相同而挪用支办之。盖一旦用途终了后的经费,在法律上其性质是确定的,挪用的时候,当然要负违法之责,无容疑也。何况,补助金的给付属于议会的专权,不允许政府的擅自行为呢"。

第九章 审计院

在清国,会计检查向来归都察院综核,但由于本案将该院作为纯粹的行政纠察机关,不得不另设专局司掌之,故以审计院(相当于我国的会计检查院)充用。[1]

按会计检查权与租税承诺权互相表里,是出于防止滥用国帑而自然发达的制度。像英国,在1341年已创设审计院,1689年制定《分配法》的时候,与会计制度相伴,做了诸多修改,从那以后作为立宪的一大原则沿用至今。本制度虽然不是立宪国特有的制度,但能尽其名实者,[2]英国实是其祖师,已为历史所证明。

---

[1] "不得不另设专局司掌之,故以审计院(相当于我国的会计检查院)充用",《大清宪法案理由书》作"我觉得会计检查另设专局是至当的,故以审计院充当"。
[2] "但能尽其名实者",《大清宪法案理由书》作"但能使其立于特殊地位,尽其名实者"。

第七十条 审计院直隶于皇帝,检查确定国家之岁出、岁入之决算,其组织与权限以法律定之。

[参照]日七二。英。普一〇四。

以审计院特立于行政各部之外,是使其能尽本职的第一义。其职责、地位酷似都察院,乃将其同列。

审计院职司检查确定国家的岁出岁入。决算原本与预算相始终,严密的预算之后若无严密的决算,岁计的基础便无法巩固。因为即使前期能得监督,而后期的监督疏忽的话,收支自会流于放纵,财政因之难期安固。这是宪法在对预算的议定特致慎重之意的同时,对决算也加以特别注意的原因。试想,决算在对预算的实行加以事后检查的同时,其议定之际,以周密的审定为前提,依其利用状况如何,与财政政策的渊源密切相关,这是毋庸置疑的。例如,在决算的时候有巨大的剩余金的话,自然不得不究明其原因。发生这种情况,是政府在年度内未能完成预定的事业?还是岁入列入太少?或是将岁出预算过大?还是由于三者并发而导致的?原因必居其一。依其原因,找出救济的方法,属于自然的情理。不难想象,政府和议会都可由此得到一个大的教训。决算在财政上占有重要地位,其原因不外乎此。因此,那种以决算为一形式上的报告,是无味地罗列枯燥的数字的想法,可以说不唯没有理解立法的精神,实际上也未能认识到决算的真正价值。

审计院检查预算是否得到了正确的执行,其计算是否有错误,其检查在国法上有确定的效力。因此，一旦检查确定，行政各部和议会都当然受其约束，关于其内容，不容有异议的余地。故即使从表面上看议会往往对审计院的检查反复审查，但当注意，这只是在政治的见解下判定对政府的处分是否恰当，而不是打破、废弃审计院的检查。盖国法上已有确定力的检查，没有动摇的理由，议会也没有这样的职权。这是对于同一个决算，即使有两个见解并立，也只是政法两界所注重的方面不同造成的，相互之间并无妨碍。这么说来，以议会为在审计院之上拥有最终决定权的解释，无非是不辨理义的谬见。

为了检查的需要，要求相关部门提出账簿，或需要相关部门辨明，或在其他必要的时候，可以到实地检查，[①]对于无故不回应其请求的，可以移牒其本属长官，求其惩戒。诸如此类，都应该是审计院执行职务时必须有的权能。而关于会计上的争论，当然应由审计院判决其当否，其审理的必要权限也要交给审计院。其细节由本院构成法规定。

审计院的判决当然对当事者有约束。而其执行大致有两种法制，即归行政厅专管和由裁判所干预。前者是法国，后者是日本及普鲁士所执行的，本案采用法国之制。按日本现行法，检查院做出有责判决的时候，当移牒其本属长官，请其执行；本人若任意不尽赔偿之责的时候，则向通常裁判所提出诉求，请求重新判决，不外乎依此强制执行。如此，我们不难想象的是，两个判决应该会有抵触的时候。因为并无明文规定检查院的判决对裁判所的判决具有

[①] "或需要相关部门辨明，或在其他必要的时候，可以到实地检查"，《大清宪法案理由书》作"及查阅报告书，或请其辨明，在必要的场合允许到实地检查"。

前提效力，裁判所只会将其视为一个事实。如此，检查院的判决难保变成有名无实，同时不能没有滥用国费的遗憾。若采用法国制度，由于检查院的判决具有绝对的既判力，当然不会发生已经讲过的那种失态，其执行由行政官专管的结果，是可获得以最少的费用使事件完结的实益，这是舍彼取此，欲采用这一制度的原因。有人说，即使依据日本现行法，也只有请求判决之劳，因此，未必值得称善法国主义。但是，所谓执行判决，是只对外国裁判所的判决或仲裁判断而言，因此，论者之说，没有承认的理由。（参看日本民事诉讼法第五一四条、五一五条、八〇〇条、八〇二条。）

需要研究一下，对于审计院的判决，是否允许上诉或再审？在法国，得上诉于参议院，参议院否定的事件，由检查院再审。比利时也允许上诉于上院，但上院否决的时候，由下院的特别委员会附议，作为终审。反之，在日本，不许上诉，只有再审之制，而我想采用日本的法制。盖以不同系统的机关干涉判决，当然与审计院的地位不相容，而事件的性质大多单纯，看不出要特意允许上诉的理由。同时，他日发现作为判决凭据的证书有伪造或篡改的时候，计算或事实有错误的时候，判决有违背法令规定的事实的时候，只允许在议定年限内再审，或可没有大过。

审计院可将院务分成数部，各定其部务，令其专任执行政务。例如，担任计算事项，检查预算执行是否适当，及司掌审判之事等类别。采用一部是三人或五人的合议组织，只限于一定事项可开联合会议的制度，应该是可行的。

第七十一条　审计院在任何时候均可向皇帝上奏。

上奏会计检查的结果,陈疏基于职务上之经验的改良庶务的意见,这是审计院尽其职责所需要的。本条的规定,无疑是与其地位相伴随的必然的要求。

第七十二条　政府每年须将岁出岁入之决算书与审计院之检查报告书一并提出于帝国议会。

[参照]日七二。普一〇四。德七二。

政府每年将与决算有关的报告书提出于议会,是为了让议会了知其结果,并无使其复审之意。因为决算的检查确定专属于审计院的职权,议会不能再对它如何。如此,报告书的提出似乎在国法上只是无用的形式,但是,且不说由此可以获得财政政策上重要的教训,纠弹大臣、戒饬政府的资料也由此可以得到,实益甚大,这是不能轻视本条之规定的原因。

第七十三条　审计院检查官,除法律所定之场合外,不得违背其意愿,将其免职。

若使检查官在行政权威之下进退,必至审计院隶属于政府。由此当可知不可不明确这一条的原因。

第十章　附则

第七十四条　修改本法之发议,只能通过谕旨。

当政府奉旨向帝国议会提出议案时,两院须各以其三分之二以上议员出席,且须由出席者三分之二以上之多数决其可否。

　　[参照]日七三。俄八。普一〇七。德七八。美五。法一之八、五之二。

法应该调和社会的实情,且反映社会的实情,这是法的本旨。因此,法应该伴随世运,不可隔绝,这是不能否定对法进行修改的原因。虽然如此,但宪法在性质上不许频繁修改,因此,立法者应该仅揭其大纲,细节则交给附属法,努力使国家的基础无动摇之虞。因此,我觉得将宪法改正的发议权保留于大权是极为紧要的事情。如果像普通法案那样,让政府和议会有发议的自由的话,难保有因为眼前利益而变更国家永远之组织的危险。

宪法的改正,除英国依普通立法手续进行外,别的国家都规定必须要有特别手续,①即在法国及北美合众国,需要组成特别议会;在比利时、荷兰、丹麦等国,在议决改正案的时候,须解散议会,令新选议会附议;其他国家,或规定要特定的法定人数,或规定要相隔一定时间做两度或三度议决,诸如此类。本案只规定需要两院三分之二以上出席,以及各依其三分之二以上多数决,只要议决一次即可。如此,能繁简相宜吧。

在改正宪法的时候,是否要赋予议会修正权②,需要事先研究一下。虽然不待言,修正在理论上应该规定以不变更提案之目的为限,但往往有超出其范围,完全失去本旨之事发生,这是我们见闻所及的。因此,本案只许议会表决其可否。盖如果赋予其修正的自由,将有灭绝将提案权保留于大权的理由之虞。学者或许要主张,因为提案权附属于发案权,既然发案权③保留于大权,议会当然没有修正权。但是,发案权与修正权在性质上当然属于另一个关系,两者未必在同一处,征诸议会没有预算发案权只有修正权一事便可以明了。何况,若不特别禁止,议会可以推定在职务上当然享有修正权呢!

议会可决宪法改正案,君主将其裁可,则改正案尔后就当作为宪法存在,因此,要再对其加以改正的时候,毋庸多言,自然应该重新践履本条的手续。因为改正案在其成立的同时,当然构成宪法

---

① 《大清宪法案理由书》在此下尚有"这自是由于此事需要慎重审议"一句。
② "修正权",《大清宪法案理由书》作"修正的自由"。
③ "发案权",《大清宪法案理由书》作"提案权"。

的一部分。然而,议决否决改正案的时候,君主还可以断然实行改正吗?改正案交议院附议,乃源于万机决之于公论的精神,因此,君主当然应该受议会决议的约束,一点也不容置疑。然而,可能有学者要大叫,提出如此将会使主权移到议会,但这不外是忘记了此种约束是基于宪法之明文的谬见。举例来说吧,在议会否决了预算的场合,君主不能命令执行原案,为什么?发紧急敕令之后,议会不承认的场合,君主不能使敕令尚保有效力,为什么?这岂不是君主受议会言论拘束的结果?向来君主以宪法为准据都是敬重国法的表现。若想让君主不受任何限制,则是从根柢上破坏、抛弃宪法。为什么要特意规定交议会讨论?论者说,君主既然制定了宪法,就有废止宪法的自由。哑哑,谈何容易!既规定有撤废的自由,则争执区区条章的释义,那就是无关紧要的了。仅以一言止之:不要以事实的能否为前提随意臆断法理!

第七十五条　皇室大典之修改无需帝国议会之协赞。不得以皇室大典变更本法之规定。

[参照]日七四。

与皇室相关的立法可大别为二,即与国家相关或与宫廷的内部事务相关。定皇位继承的顺序、定摄政上任的次序之类属于前者,当然应该属于国宪的一部分。制定皇族的管理方法,或规定关于其岁费给付之类属于后者,可以说是纯粹的家法。不待言,家法可以依自治权自由制定,但至于关涉国宪之事,不能不说一句。将皇位继承和与摄政相关的事项周全地规定于宪法,关于其改正,依前条,当然要交议会议决,但是,本案想全都交皇室大典①处理,一切都置于议会言论之外。虽然征诸欧洲多数国家的例规②,并稽考纯粹的法理,事关国家的大事似乎全都可以交给公议处决,但是,翻过来考察清国情形的时候,举国上下都还在严格的家族制度之下,同时,还有皇族特立于民籍之外、不许臣下私议帝室大事的习惯,因此,不如以日本主义为准则,不问属于国宪还是关乎内廷,全都作为帝室的特权,听其自治权规定,我相信这是最适合其国风的。

皇室令在实质上是宪法的一部分,其当受尊崇之处,与宪法无异。而如果让它有变更宪法之规定的自由,必至使宪法成为空文。这是需要本条第二项限制的原因。

第七十六条　与国务相关之上谕,以及所有与本法不冲突之现行法规,不论其名称如何,全部有效。

清国向来没有一定的定例,因此仅仅依据法规的名称不容易知其系统。今日施行宪法的时候,因须区分法律、命令的范围,应该在实行之前事先制定一定的准绳。但是,若依据宪法对无数的现行法一一正其名义,难免好事之讥。因此暂时不问其名称,只要是与宪法不相抵触的现行法,均使其有效,将来需要改正时,逐个正其名义也不晚。

《大清宪法案》终③

---

① "皇室大典",《大清宪法案理由书》作"皇室令"。
② "例规",《大清宪法案理由书》作"立法与惯例"。
③ "《大清宪法案》终",《大清宪法案理由书》作"《大清宪法案理由书》终"。

译者附录

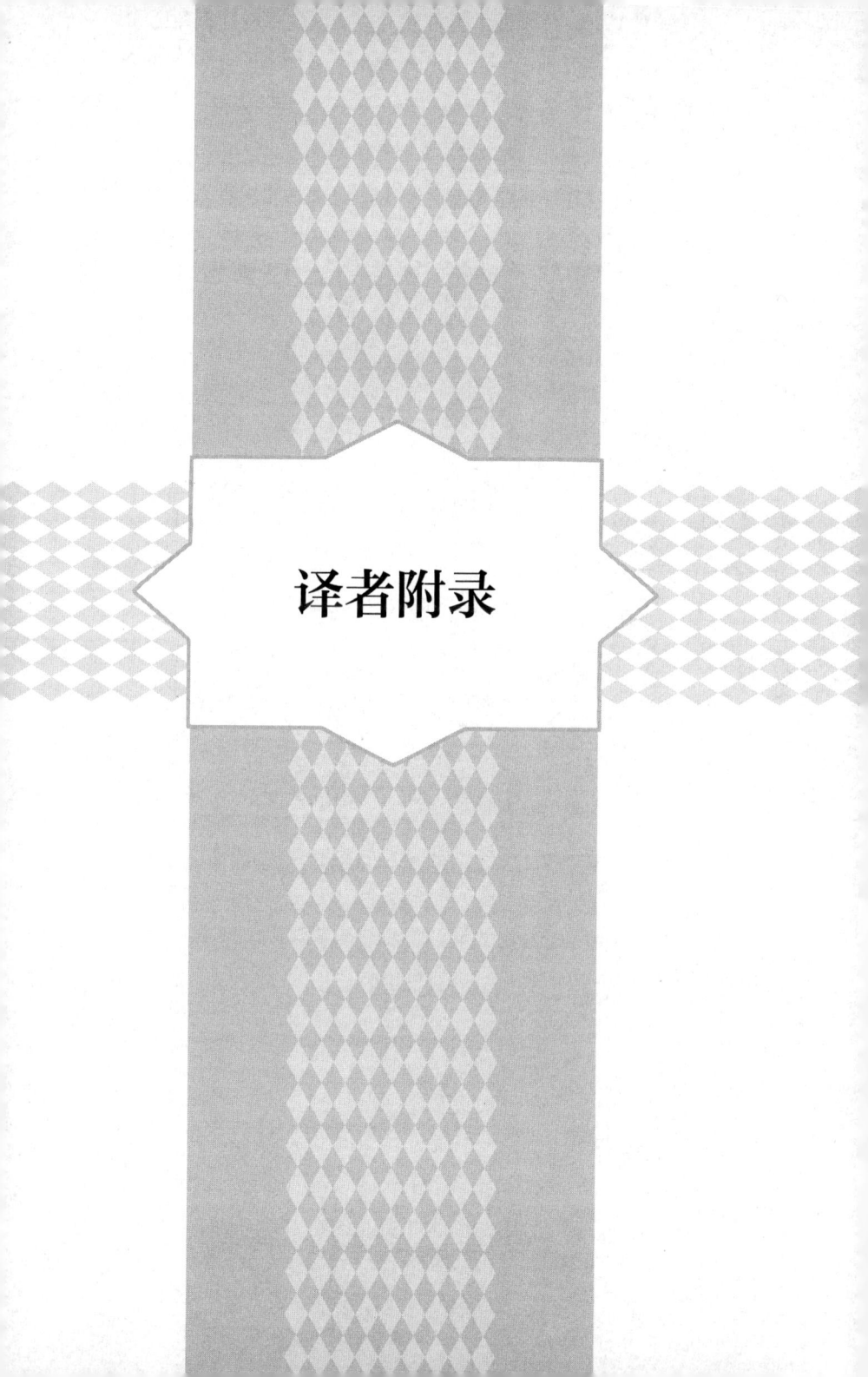

附录一

《大清宪此（法）案》（书评之一）①
北鬼三郎著
经世书院发行

    大体是模仿帝国宪法，并参酌西洋各国宪法，制定清国宪法草案七十六条，加入详细的考证及说明，以及清国古今的制度，纵横详论。其说之当否虽不易判断，但它不是一朝一夕的轻率之举，可以看出作者认真锤炼思想、详密考察，想编成一部首尾一贯的草案的辛劳。议论大体稳当，尤可注意的是，第三十二条注解所见关于清国地方行政组织的改革案，以及第六条（章）关于都察院各条。该书堪称清国志士研磨宪法思想的恰到好处的砥石。

---

① 原刊于《外交时报》总第140号，1909年7月10日出版，第87页。

附录二

《大清宪法案》(书评之二)①

北鬼三郎氏著,四十二年六月,东京经世书院发行,纸数三八二页,定价一圆八十钱。

收录著者私下所拟清国宪法草案及逐条所加注释。私案大抵以日本宪法为模范,除了在皇帝大权中标明货币大权、在列举自由权的时候举出了婚姻自由、标明摄政无责任,以及关于都察院的条款外,只有二三字句有变更,大体上跟日本宪法一模一样。可以认为,本书的价值,与其说是作为清国宪法的私案,毋宁说是在其各条所加注释中关于宪法的议论、作为日本宪法注释书更有成就。著者发议论的时候论理颇为敏锐,能证明著者头脑明晰的地方不少。若更进一步涉猎外国名著,将来的造诣当不可限量。

---

① 刊于《国家学会杂志》第23卷第9号,明治四十二年(1909)九月一日发行。

附录三

节译日人所著《大清宪法案》[①](第六章)
原著者　北鬼三郎

北鬼氏撰拟吾国宪法案凡七十六条，以非本国人而拟本国之宪法，未见其当。然其精勤缔构，自成首尾，不可谓非好事之尤者。独观其第六章都察院，则与吾国学者间之议论相剌谬，盖吾国多数之理论，固以为必裁者也，而北鬼氏主存之。因译其文而系以评，迟日更详论焉。

都察院旧制，历朝相沿，远昉汉唐，如汉之御史大夫，即现时都察院制之滥觞。后汉以降，为御史台，为兰台寺；梁、魏[②]、北齐，或谓之南台；至隋唐之际，亦有御史台、宪台、肃政台之称，后更改为御史台；自宋以降，互相蹈袭，明兴而始有都察院之名，本朝因之。

都察院以监理庶政、整饬官方为重要之职务，其监视行政、审查会计、纠劾百司姑勿论，即终审判之事，都察院亦有干预之责，其职权之广大，各国所罕见。立宪制度下，此官府之为必要与否，不能无疑，然本案鉴于国情，实欲认为宪政上机关之一而存立之，但当于现制大施改革耳。其会计检查权[③]当分割之，使属于审计院；

---

① 《节译日人所著〈大清宪法案〉》，《宪制日刊》宣统二年（1910）八月二十七、二十九日。
② "魏"，译文如此，北鬼原书为"后魏"，见《大清宪法案》第 312 页。
③ "会计检查权"，译文如此，北鬼原书作"会计监查权"，见《大清宪法案》第 312 页。

281

而其审判权则又当归之大理院以下之司法厅,都察院当纯然为行政监督之机关,盖以其权限失之太广,不如狭之,使有专司也。或谓行政监督由议会任之,更无须别立常设之机关。此亦一说,然熟察制度之沿革,历考官僚之积弊,纲纪之振肃,实不可日忽。故与其废弃之,毋宁利用之之为愈也。况议会开设亦不过性质上之监督,而不能举其实绩耶? 如是,则都察院之存立为官纪维持之支柱,与议会相辅而图行政之刷新,断非无稽之说也。

第五十二条 都察院直隶于皇帝,监查庶政之执行及百官之行状,其组织及权限以法律定之。

都察院直隶于君主,离内阁、议会、审判厅而独立,以监查庶政之执行与百官之行状为职司,故其地位,非行政、非立法、非司法,唯以旁观而纠察政务,其使之直隶于君主,实所以居之百司之上,而专其责成。虽权限过重,而既以纠察庶政为职,自不得不厚其检查之力也。都察院为官界最重要之支柱,谏官能自审其地位,有以身殉职之热诚,则纲纪之整肃,可立而待。唯征之既往之事实,往往有营私之嫌,历朝诏谕,显有明证。然使一旦惩其弊而裁之,则又不可,盖按之制度,已不得其宜,而大弊即随之以生,此必然之理也。

故本案第一义当缩小其职权,第二义当更改内部之组织,以力袪其弊害于未发,与严正之议会相辅而行,一新此院之面目,是乃本案所期望者也。于此而犹有纳贿弄权、坏法乱纪之事,则是非制度之罪,所谓世运之卑污、人格之堕落,乃风教之问题,盖非法家之笔舌所能究诘矣。

凡弹劾事件,各国审判之制度有三。其一以上院充之,此制起源于英国,如现时法、美、意、葡诸国所蹈袭之制是也。其二以司法裁判所,即荷、比诸国所采用者也。其三设特别裁判所,奥大利(按:奥地利)及德之孛逊①、巴威伦等属之。今各衡其短长,则上院制如英国,沿革上无最高裁判所之地位,不能模仿;司法裁判所制虽非绝对不可采用,然性质上不得不兼评施政之得失,故不能谓之适当;唯特别裁判所制,理论上似最为适合之制度,而本案则采弹劾审判合并管辖之制。三者孰适,此性质上尤当以最终之特别裁判所制为近可知也。但以之为常设机关,则当使独立之专任官吏组织之,是乃与欧洲各国相异之点矣。

第五十三条 都察院无论何时得上奏于皇帝。

因都察院而证明其上奏之自由,即所以担保其职权之执行。若不付与以上奏之权,则不能免行政各官之干涉,而固有之地位无由支持,此所以特声明之。

第五十四条 都察院每年须提出院务报告书于帝国议会。

议会之所短在缺审明事实之能力,都察院之所长在拥搜查事实之利器,故可使互相辅助,而全其监督机关之名实,又于政法两面之作用,使毕力以赴之,庶无遗憾。此本条之所以规定也。

第五十五条 都察院检察官及监查官,除法律所定外,不得无故解除其职。

都察院检察官专任公诉提起,监查官以审判为职司。以之比照于司法审判厅,其职掌及地位,虽前者有似于检事,后者有似于判事,而原告官之地位则大异,盖检事须依上官之命令而进退,检

---

① "孛逊",译文和北鬼氏原书均如此,实为"索逊"之误。《大清宪法案理由书》作"索逊"。

察官则独立不羁故也。此皆不外乎由都察院之地位所发生之自然结果。何则？使检察官如检事而隶属于上司，则公诉之权归于上官之手，而自行其不法之干涉，遂至有动摇制度基础之虞也。

案文所谓法律规定者，由刑法之宣告或惩戒处分外无革职之事，以表明其所谓终身官之意，既不能任意解免，更无漫然停职、休职、转缺等事，意至善也。至细则则容当俟诸特别之规定。

按：据此则都察院之名虽存，而其性情组织则大异，是盖各国宪法上所规定之行政裁判所也。然而都察院之名，则国人闻而厌之矣。

又按：北鬼氏所拟组织法，虽未必尽当，要有足供吾行政审判制之参考者。

附录四

李景铭节译之《大清宪法案》残件①

第一号②

本部员外郎、日本早稻田大学毕业学生李景铭,谨将日本法学士北鬼三郎所著《大清宪法案》,分期节译,附以说明,恭呈钧览。

第一章　皇帝

第一条　大清国皇帝总揽统治权,照本法之规定,统治帝国。

第二条　皇位之继承,皇室大典规定之。

第三条　皇帝神圣不可侵。

第四条　皇帝经帝国议会之协赞行立法权。

第五条　皇帝裁可法律且命其公布及执行。

---

① 《大清宪法案》出版后,度支部员外郎李景铭有节译该书之举,残件中的有关表述显示,此事当发生在宣统二年(1910)末到宣统三年(1911),这与清廷组织人马起草《大清帝国宪法》的时间相合。从残件中"译呈钧览"的表述方式来看,翻译之后当系呈送给度支部的堂官,因为该部尚书载泽是纂拟宪法大臣,该部侍郎陈邦瑞则是协同纂拟宪法大臣。李景铭呈送的时候有编号,按"第一号""第二号"的方式编排,每一号为一个小薄册。其残件藏于中国第一历史档案馆宪政编查馆全宗和资政院全宗。目前找到的残件,是第1—6、8—9号。

② 李景铭:《呈翻译日本法学士北鬼三郎所著大清宪法案条目》(宣统朝),中国第一历史档案馆藏,宪政编查馆全宗,档案号09-01-01-0003-011。

第六条　皇帝召集帝国议会,命其开会,闭会,停会及众议院之解散。

众议院解散时,国务大臣须即时公示解散奏请之理由。

第七条　皇帝因保持公安,避其灾厄,得于帝国议会闭会时,发紧急之敕令,与法律有同一之效力。

前项之敕令,须于次期之帝国议会提出,请其承认。若在会期前废止者,不在此例。政府提出之敕令,议会不决议,或未终议而闭会,否则适遇解散,均照不承认办理。政府不能提出者,亦然。

对于第一项之敕令,议会不承认之,或应照不承认办理之时,政府须公示失其效力之旨。

第八条　皇帝因执行法律,或因公安之保持,公益之增进,得自发命令,或使各衙门代发,唯不得以命令变更法律。

第九条　皇帝定行政各部之官制,及文武官之俸给,且任免文武官,唯有特例者,不在此例。

第十条　皇帝统帅陆海军,且定其编制,及常备兵额。

第十一条　皇帝宣战讲和,缔结条约,且命其执行。

第十二条　皇帝宣告戒严,关于戒严之事项,以法律定之。

第十三条　皇帝授予爵位勋章,及一切之荣典。

第十四条　皇帝命大赦、特赦、减刑、及复权。

第十五条　皇帝定币制,且命其通用。币制之改正,经帝国议会之协赞而行之。

第二章　摄政

第十六条　摄政用皇帝之名义行统治权。

第十七条　摄政行统治权不任其责。

第十八条　关于摄政进退之事项,以皇室大典定之。

第三章　臣民权义

第十九条　清国臣民,对于国籍之得丧,以法律定之。

第二十条　清国臣民,照法律之所定,有兵役之义务。

第二十一条　清国臣民,照法律之所定,有纳税之义务。

第二十二条　清国臣民,照法律之所定,均得任文武官之职,并服一切之公务。

第二十三条　清国臣民,在法令之范围内,不论种族身份之异同,有婚姻之自由。

第二十四条　清国臣民,除法律之规定外,未有不经承诺,被人入侵住所或搜索之者。

第二十五条　清国臣民,无有能夺其①受法定审判官审判之权。

第二十六条　清国臣民,若非依据法律,不受逮捕、监禁、审问、处罚。

第二十七条　清国臣民,除法律之规定外,无能侵其通信之秘密。

第二十八条　清国臣民,无能侵其所有权,若因公益而处分,须照法律之规定。

第二十九条　清国臣民,于不害公安之范围内,有信教之

---

① "其",原稿为"淇"。

自由。

关于信教之事项,法律定之。

第三十条　清国臣民,于法律之范围内,有言论、著作、印行、集会及结社之自由。

第三十一条　清国臣民,得照法律之所定而请愿。

第三十二条　地方行政组织及关于地方议会之事项,以法律定之。

第四章　帝国议会

第三十三条　帝国议会,以贵族院及众议院成立之。

第三十四条　贵族院照贵族院令之所定,以皇族及敕任议员组织之。

贵族院令需改正时,政府奉谕旨提出议案于贵族院,此时贵族院若非得其总员三分之二以上出席,且三分之二以上之多数,不得为改正之议决。

第三十五条　众议院以按照选举法所规定公选之议员组织之。

第三十六条　凡法律,须经帝国议会之协赞。

第三十七条　政府及两议院,均得提出法律案,唯一议院否决之议案,在同会期中不得再提出之。

第三十八条　两议院均得上奏于皇帝。

各议院如遇紧要事件,若有议员三十名以上之同意,虽在议会闭会中,亦得上奏。

第三十九条　两议院均得以意见建议于政府。唯未经采纳者,不得再行建议。

第四十条　两议院均得受理请愿书。

第四十一条　帝国议会,每年召集之。

第四十二条　帝国议会,通常会之会期,以三个月为限,如遇有要事,得以上谕延长之。

第四十三条　如遇临时紧急之事,可召集临时会。

临时会之会期,以上谕定之。

众议院解散后,再行召集之议会,按照临时会办理。

第四十四条　帝国议会之开会闭会停会及会期之延长,两院同时行之。

众议院解散时,贵族院须同时闭会。

第四十五条　众议院解散时,须以上谕再命选举议员。自解散之日始,五个月以内召集之。

前项之期间内,若已届召集通常会之时,得与通常会合并。会期照本法第四十二条之所定。

第四十六条　两议院之议事公开之。唯有政府之声请,或两议院之决议,得开秘密会。

第四十七条　两议院之议员,在议院发表之意见,不于院外负其责。唯议员自公表其意见于院外者,不在此例。

第四十八条　两议院之议员,自召集发令后,至闭会或解散以前,未经两议院之许诺,不得逮捕之。唯现行犯罪及犯关系内乱外患之罪者,不在此例。

召集发令前,业经逮捕,尚须继续拘留者,审判厅须速请两院之许诺。若不得许诺,即须释放被告之人。

第四十九条　国务大臣及政府委员得出席于各议院,或在两议院发言,唯须遵各院之章程。

各议院得请求国务大臣及政府委员之出席。

第五章　内阁

第五十条　内阁以国务大臣组织之。

第五十一条　国务大臣辅弼皇帝,任其责。

国务大臣,须副署有关法律敕令及国务之上谕。

第六章　都察院

第五十二条　都察院直隶于皇帝,监查庶政之执行及百官之行状,其组织及权限以法律定之。

第五十三条　都察院得随时上奏于皇帝。

第五十四条　都察院每年须将院务报告书提出于帝国议会。

第五十五条　都察院检查官及监查官,除法律规定外,不得革职。

第七章　司法

第五十六条　司法权以皇帝之名,由审判厅行之。

第五十七条　民事、刑事审判厅及行政一切之特别审判厅,编制及管辖之法,以法律定之。

第五十八条　行政审判院管辖之诉讼,系行政官厅之处分违法者,均属之。

第五十九条　审判官之任免及惩戒,以法律定之。审判官除法律之规定外,不得革职。

第六十条　审判公开之,唯有妨害公安之虞者,得照法律之规定或审判厅之决议,得停止审理之公开。

第八章　会计

第六十一条　新增租税,或变更税率,须以法律定之。唯行政上之收入,及一切之收纳金,不在此例。

第六十二条　借用国债,须经帝国议会之协赞。

第六十三条　国家之岁出岁入。每年须以预算得帝国议会之协赞。有超过预算之款项,或出乎预算外之支出,政府须提出于次期之帝国议会,求其承认。

第六十四条　关于财政之法律案及预算案,须先提出于众议院。

第六十五条　皇室费照前年度预算之定额,每年自国库支出之。除必增定额外,不必经帝国议会之协赞。

第六十六条　关于本法第一章之规定,及法律上所生之岁出,在前年度之预算已定费额者,若无政府之同意,帝国议会不得废除削减之。

前项之同意,须于议定以前,两院各与政府商酌。

第六十七条　有特别之事情,政府得预定年限,以继续费求帝国议会之协赞。

第六十八条　因保持公安之故,有紧急之需用,又适值中外情形,不能召集帝国议会,斯政府得为财政上必要之处分。

有前项之事情,政府须提出于次期之议会,求其承认。

第六十九条　帝国议会不议定国家之岁出岁入总预算,或总预算不能成立,政府可施行前年度之预算。

第九章　审计院

第七十条　审计院直隶于皇帝,检查确定国家岁出岁入之决算。其组织及权限,以法律定之。

第七十一条　审计院得随时上奏于皇帝。

第七十二条　政府每年须以审计院之检查报告书,与岁出、岁入之决算书,提出于帝国议会。

第七十三条　审计院检查官,除法律所规定外,不得革职。

第十章　附则

第七十四条　本法改正之发议,非有谕旨不得行之。

政府奉谕旨,提出议案于帝国议会时,两议院须有三分之二以上出席,且有三分之二以上之多数,方得决其可否。

第七十五条　皇帝大典之改正,不必经帝国议会之协赞。皇室大典不得变更本法之规定。

第七十六条　关于国务之上谕,及现行之法规,不论其名称如何,唯与本法不矛盾者,均得照旧办理。

第二号①

本部员外郎李景铭,谨将《大清宪法案》第一条译呈钧览。

第一章　皇帝

第一条　大清国皇帝,总揽统治权,按照本法之规定,统治帝国。

原书:本条规定大清国皇帝所处之地位也。大清国皇帝,所以有国家统治之大权者,盖自列祖列宗,世世续绍而来,在宪法未发布以前,已有统御帝国之地位,非颁布宪法后有所更动也。窃观秦汉以降,历朝君主之地位,并征于大清一统以来之事迹,清国之国体与日俄两国无甚差异,故本条参照日本宪法第一条、第四条及俄国宪法第四条、第十条规定。大清国皇帝立于总揽统治权之地位也。统治云者,非皇室之私事,乃国家之公事也。盖国家非君主之私产,君主为国家之公人,故皇位之继承,不得与家族中之承嗣关系相提并论。欧洲古代虽有家督国家之思想。或以国家关系与家族关系同视者,而今日则对于此等之误解涣然冰释矣。然欲明清国皇帝之地位,尤须考各国君主之地位,借为参证。兹姑稽各国之历史略陈一二于下。

---

① 李景铭:《呈翻译日本法学士北鬼三郎所著大清宪法案条目及说明(第一章第一条)》(宣统朝),中国第一历史档案馆藏,宪政编查馆全宗,档案号:09-01-01-0003-012。

(一)英国皇帝之地位

英国皇帝之地位议者多不一致,或谓英国君主为统治权之总揽者,或谓英国君主与议会共行统治权,或谓英国君主权,专属于议会,议论纷纭,莫衷一是。今为简明之计,分法理与事实二方面推测,英国君主之地位,则可恍然于其故矣。自法理之方面言之,英国国王掌握国家最高之行政权,一切民政、军事、审判及宗教权,皆操于国王。是英国国王为政权之总揽者也。至一切之立法,必待国王裁可而后成立,是英国国王又操有立法权。若宣战讲和,缔结条约,尤为国王亲裁之大权,此所以英国君主政治或谓其去专制政治不远也。然自事实之方面观之,最近百年来英国下院之权势强大,国王徒拥虚器,毫无实权。立法之事,专属于国会,国王对于国会之决议,虽有不裁可权,而实际则二百年来不行此权矣。国务大臣虽由英国国王黜陟,而国会之政党实能左右之,是大臣进退之权,亦属于国会,此事实与法理之大不同也。

(二)德国皇帝之地位

德国皇帝之地位,议者亦纷纷不一,或曰统治权非皇帝所专握,联邦各国之王侯共有之,或曰德国皇帝,及联邦议会共有统治权,唯皇帝所处之地位较高耳,或曰德国国家之主权,联邦议会之所独占也。此等议论本缘于各种事情而发生,但就德国帝国宪法上之法理观之,德国皇帝之地位,与一般君主国之君主地位,毫无区别。其宪法第十一条第一项云:"普国国王以德国皇帝之名义,为联邦之首长。代表帝国,与外国宣战讲和,缔结同盟,及一切条约,并有差遣公使,受外国使臣之权。"以此即可知德国皇帝所立之地位。又宪法第五条第一项规定云:"帝国之立法由联邦议会及帝国议会行之。"第十七条第一项规定云:"皇帝亲署帝国之法律而公布之,并监督其法律之施行。"此即知德国之立法权属于德国皇帝矣。至若行政权、司法权,宪法上虽无明白之规定,而重要政务,皆署皇帝之御名,皇帝且总揽一国之统治权,亦可知行政权、司法权,本为德国皇帝之所有。然法理之推断虽如此,而德国皇帝受联邦议会之牵制,与大统领之被制于议会无异,故论者谓德国皇帝不外一世袭之大统领而已。此根于国情而生,竟趋于不得不然之势,固不得以一般君主国之君主地位例之也。

(三)普鲁士国王之地位

普鲁士为欧洲中真正之一君主国,若但就宪法上文字观之,多模范(模仿)比利时之宪法,有近乎民主主义,而其实国王为统治权之总揽者。规定于宪法,彰彰可考也。立法权与议会共行之,见于宪法第六十二条第一项;行政权属于国王之专有,得进退大臣以下文武百官,见于宪法第四十五条及四十七条;司法权,由裁判所以国王之名义行之,见于宪法第八十六条。国王权力之宏大,迥驾于德国皇帝之上,故曰普鲁士为欧洲中真正之大君主国也。

(四)俄国皇帝之地位

西历一千九百零五年,即光绪三十一年,俄国宣布立宪,皇帝之地位,依然如故。观其宪法第四条之所载,即知其皇帝握有最上独裁权也。第七条定立法权由两议院之协赞行之,第九条定皇帝有裁可权,至行政权、司法权、亦皆规定于第一章各条内,与君主国之一般宪法初无轩轾,然此但就其表面言之,若窥宪法之内容,不外以国会掩饰君主独裁制度而已。此亦可谓一种变例之立宪制也。

(五)日本皇帝之地位

日本天皇总揽百政,统治帝国,固宪法之所宣示,而其尽天职以君临帝国者,实数千年来历史固然之事,非于宪法发布之前后,有所更动其地位。此万世一系之国体,与宪法条章,俱垂永远,可为君主国之模范者,日本之特色也。

景铭谨按:统治权云者,谓君主支配臣民之权也,即谓君主使臣民服从于其命令之下也,故统治权为国家之生命,无统治权,国谁与成立。此与主权之意义迥异,主权者,最高最上之权力也。完全独立之国家方有主权,其主权者,即为统治者。若从前之高丽,受日本之保护,内政、外交,须得日本之承诺,是主权一半,已属于日本,然其统治权则如故也,今则并统治权让与于日本矣。我国现在为亚洲完全独立国,即主权完全无缺,我皇上为中国主权者,即为中国统治者无疑。总揽云者,谓总有立法权、行政权、司法权及一切宪法上大权也,之数者,皆根于统治权而生,皇帝握有统治权,斯国内一切之权力,皆集中于皇帝矣。

第三号①

本部员外郎李景铭谨将《大清宪法案》第二、三、四条译呈钧览。

---

① 李景铭:《呈翻译日本法学士北鬼三郎所著大清宪法案条目及说明(第一章第二、三、四条)》(宣统朝),中国第一历史档案馆藏,宪政编查馆全宗,档案号:09-01-01-0003-013。

第二条　皇位之继承,皇室大典规定之。

原书:皇位继承为国家大典所关,若非熟揣国情,厘定应袭序位,必不免纷更之乱。盖新君践祚之事,非臣下所可妄参末议,一恐失天子之尊严,且虑生国家之扰乱,故近世各国宪法如日本宪法第二条、俄国宪法第六条、普鲁士宪法第五十三条、五十四条、比利时宪法六十条至六十二条,皆规定皇位继承之法,此读东西史籍者,皆可恍然于其故矣。清国皇室内未有规定皇嗣之法,故常不限于长子继续,亦不论系统之远近,惟唯康熙时有册立太子之制,有故者仍可废立,多由于先帝之遗志,决定新君之继承。于世袭中寓择贤意良法昭垂,薄海称颂,今宜参酌本邦旧制,采取各国成规立不磨之典则,以为帝室万岁之基也。

景铭谨按:我国所称皇室大典者,即日本所谓《皇室典范》也。日本《皇室典范》在明治二十二年(1889)颁布全体,凡十二章。第一章定皇位继承之资格,第二章定践祚即位之礼节,第三章定成年立后立太子之典制,第四章定天皇及皇族之敬称,第五章定摄政之资格及顺序,第六章定太傅之选任,第七章定皇族之范围及应守之规则,第八章定皇室财产,第九章定皇室经费,第十章定皇族诉讼及惩戒之事,第十一章定皇室会议之组织,第十二章附则殿之。条分缕析,昭若日星。其编制之大体,即关于我国内务府、宗人府等之职掌,而最为关键之处,则在于规定皇位继承之资格。其用意多取法于欧洲各国而变通之,盖欧洲各国君位继承之资格约有三种,一曰嫡出之皇子,即谓嫡子首当于继承之位,无嫡子时,始及于庶子也,土耳其、比利时、意大利均用此例;二曰从于家法,由正当结婚者所生之子嗣,始有继承之资格,俄罗斯、墺大利、普鲁西均用此例;三曰信特定之宗教者,始有继承之资格,英国、俄罗斯、波斯等均用此例。日本不拘宗教,唯先嫡出子而后皇庶子,又规定皇族之婚嫁,必限于皇族以内及敕旨特许之华族,与欧洲各国用意相同,唯其定男系之男子方可继承,与欧洲各国女皇制度迥乎不同,其立法之意尤为严重。我国此次修正筹备宪政清单,定宣统四年颁布宪法,同时颁布皇室大典,则编纂宪法之时,自不能不以皇位继承之事,归于皇室大典之规定也。

第三条　皇帝神圣不可侵。

原书:皇帝总揽统治权,立于最高地位,本无有同等之人,敢与对抗此者。此固不待明文规定,尽人皆知,而各国所以明白昭示于宪法中者,由来久矣。盖自罗马昔时,一般人民皆有君主不可侵犯之思想,即中国及日本古代,亦人人景仰天子为唯神至圣,但其时无明文之规定。有之自英法两国始,各国遂相沿成习,日本宪法第三条、俄国宪法第五条、比利时宪法第六十三条皆为同一之规定,本案亦仿此意而行耳。

君主不可侵,即谓君主无责任也。不只对于宪法不负责任,即民律、刑律亦不能及于君主之身。唯财产关系,就日本言之,皇族之财产,与人民起争端时,另有特别诉讼之法。帝室之财产生镠轕时,如何处置,法无明文,尚滋疑窦。稽诸清国法制,皇族相互及皇族人民间有财产诉讼,均由宗人府及户部会审,及光绪三十九年始废会审制度,改归大理院之管辖。将来司法制度果能独立,当由高等审判厅审理,以大理院为复审衙门,方为允洽。帝室与人民间,如有因财产争执者,亦照此办理,庶可补日本之遗漏也。

景铭谨按:此条所称不可侵者,只自君主之一身言之,非由政务之方面观测也。盖立宪国一切政务均由内阁负责任,君主之无责任,自可不言而喻。宪法上所以定不可侵者,有消极的不可侵、积极的不可侵二意。消极的不可侵者,谓刑律不能加于君主之身也。积极的不可侵者,谓加危害于乘舆、车驾者处重刑也。我国新刑律定侵犯皇室罪,即本此不可侵犯之意而出。盖保天子之尊严,而欲完其统治之地位也。

第四条　皇帝经帝国议会之协赞行立法权。

原书:昔者英国国王握有立法权,本可由国王一人之独断,其必待国会协赞而后成立者,自西历一千三百二十二年,英国王耶脱华二世始,本条基于此意以规定,盖即明示议会之职权,仅得参与立法而已,非谓立法权专归于国会也。所谓协赞云者,有协翼参赞之意,谓议会为君主之补助机关,参与君主立法也。夫立法必得国会之参与,则未经参与不能立法,可由本条以推知矣。世有谓君主裁可即为立法者,殆未审本条之精神耶。盖议会之协赞与君主之裁可二者缺一,即法律不能成立。然则谓裁可即系立法,其显系误解,不待智者而知矣。顾或谓君主之裁可,不得称之为立法,无乃有伤君主之地位乎。不知君主既有裁可权,议会即不能单独以立法,是立法权始终归属于君主,不在议会,昭然若揭矣。彼以议会为立法权之主体者①,殆未经深究也欤? 立法权若果专属于国会,是大失君主之政体,盖君主本有总揽国政之全权,若举立法权全归于国会,斯不能收统一之效。若彼美法两国大统领对于国会尚有请求复议之权,即美国联邦中各州之宪法亦多定法律之成立,必先

---

① "彼以议会为立法权之主体者",档案中写作"彼以议以议会为立法权之主体者"。

经行政衙门之承诺,亦不外立法之事,不可全委于议会之意也。

　　景铭谨按:我国资政院本有议决法律之权,以本年间会中之事例观之,其通过之案,有奉旨准其施行者,亦有留中不发或废止之者。于是议者蜂起,或谓资政院为最高立法机关,业经议决之案,如不准行,是政府漠视资政院,蹂躏民气,大失设立资政院之本意。或曰资政院虽有立法之权,唯议员以未经习验之新进,加以过激之热诚,往往以万不能行之事,要挟政府,宜其不能完立法之精神,而徒与政府立于对敌之地位,此非国家之福也。噫,持此二说者,均失之矣。资政院亦不过参与立法而已,非为立法最高之机关,君主有裁可权,亦有不裁可权。唯各立宪国事例上,不行用不裁可权耳。盖此中调和之法,一在于为议员者,抑制狂热,竭其忠智,以期坐言者可起而行。为政府者,又勉副议会之意思,以冀上下一致,毋失万机公论本旨,斯欧洲学者所谓交让主议①,为立宪国一指南也,愿持此义以告在朝在野诸君子。

第四号②

　　本部员外郎李景铭谨将《大清宪法案》第五、六条译呈钧览。
　　第五条　皇帝裁可法律且命其公布及执行。
　　原书:凡法律案,虽经议会协赞,若不得君主裁可,即不成法律。盖法律案之成立必议会协赞与君主裁可相互而行,且君主应

---

① 应为"主义",但档案中写作"主议"。
② 李景铭:《呈翻译日本法学士北鬼三郎所著大清宪法案条目及说明(第一章第五、六条)》(宣统朝),中国第一历史档案馆藏,资政院全宗,案卷号:2。

即法律案全体裁可,不庸再加修正。何则?议会之议决与寻常会议之报告及调查委员之草案可随时更动者大不侔也。

学者一般多谓裁可之后法律即可拘束人民,其实此所谓拘束人民者,不过谓其已成为国法,若遵从法律,必自施行之日始。设谓裁可之后即应实行,斯成误解矣。

或曰:法律之成立必自公布之后始得知,未公布以前即不成为法律,此盖以法律之成立与公示之方法混同。公布云者,不过公示其既成之国法,非国法俟公布而后成立也。

宪法上既认裁可公布,而又必规定施行者,盖裁可之时,法律虽已成立,尚未公示。公布之后,法律虽已公示,尚未实行。若实行法律,人民被其拘束者,必自施行法律之日始。若谓裁可之后法律即可拘束人民,是人民须附从于未公布之法律,否则谓公布之后法律即已完成,是宪法上定施行之法全属空文,此不可不深加细究也。

景铭谨按:原书所称君主应即法律案全体裁可、不庸再加修正云云,此本系立宪国通例,盖尊重立法机关之意。去年资政院通过法律之案,全体得旨依议者甚多,唯报律中"其他秘密政务"字样奉谕旨改为"其他政务"字样,此盖于圣裁之中寓修正之意。现在人民法律智识未精,难完立法之实效,故不得已而出于此举。将来人民之程度渐高,立法之基础渐固,或亦可步立宪之常轨乎?

第六条　皇帝召集国会,命其开会、闭会、停会及众议院之解散。

众议院解散时,国务大臣须即时公示解散奏请之理由。

原书:议会之制本为君主之补助机关,故议会必得朝命始可集散开闭者,理所必至、势所当然。若彼法、美、比、德诸邦,固有以每年一定之时日集散议会者,而就事理言之,自以集散之专权归于朝廷为妥。故本案按照日、俄、英、德等国之法,例举集、散、开、闭之事全属于君上之大权,设有两院议员不待召集自行集会,斯即非宪法之所许,其所议事件即不成为国法,不过与寻常集会相同,须照一般警察法办理。

召集云者,谓使议员会同于一定之场所也。议员虽因召集而会同,若未有开会之朝命,犹不得即行议事。是则召集不过开会之预备,俟议员齐集后,再降开会之诏者,普通之顺序也。

议会之议事自开会之日始,若一时停止,谓之停会,一时休止,谓之休会。停会由于君上之命,休会则议会自行之。其中止议事一也,所异者一由于强制处分,在停会期限内不得开议,一由于议会遂意为之,故无论何时得再行开议。若闭会,则于会期完备时行之。然会期虽完满,尚非当然可以闭会,犹必俟朝命而后行之,是不可谓会期之完满即为闭会,唯闭会必待会期完满始得行耳。议会在会期中本得随时议事,不问其有无议案,君主均不得于会期中命闭会。日本第七次议会在会期未完满前即命闭会,所以不免违背宪法之讥评也。

会期完满,一切开议未完之案件均归废弃,必俟次期议会开议时再行提出。盖会期完满,议会即无议事之权,故未了之案件即无从使之议定也。解散议院即解除议员之现职也,此事多于议会开会中行之,不过闭会中亦可行解散耳。其与闭会不同者,一则与议员之现职毫无影响,一则非解除议员之现职不可也。

本案按照各国法例,解散一事唯对于下议院行之。盖上院议员有半数系终身之职，虽欲解散而无从（参看本案第四章帝国议会第三十四条）。即求诸外国成例，两院俱可解散者唯普鲁士一国。然彼国之成例虽如此，若不须解散两院，只对于一院亦得行解散。此外则无有解散上院之例。

解散议院之意，在于政府与议会起冲突时，政府即以下院为被告提诉于一般之舆论。若新选议员之多数与前任议员之意见相同，斯政府归于败诉，内阁即时自行辞职。征诸英国宪法史上历历可考。即自日本之历史观之，议会开设以来，解散议会亦至七次，唯其间多滥用政柄，抑制民权，不无遗憾耳。

宪法上所以规定解散之权者，本出于节制立法府之意，故政府当奏请解散时必有重大之理由。此本案第二项所以公示理由，定为阁臣应尽之义务也。或谓此系政治上之公德，不必于明文规定之。唯清国之官僚，惯行独断之政治，设议会与政府之意见龃龉，难保无径行解散之事。加以品类不齐，盘踞议会之内外，故为激烈之反对者事所常有。设政府不先说明理由，断行解散，则谣言煽动，激生事端，宪政前途不无可虑，此本条所以特设一制限也。

日本宪法上虽无规定公示理由之明文，而松方内阁当解散第二议会时却将其奏疏公示，此甚合立宪大臣之举措。盖政府可借此发表其所见，而昭示其责任也。唯此等之先例，伊藤内阁解散第六回议会时一仿行之，嗣后则成广陵散矣。此亦日本宪政上之大憾事也。

景铭谨按：原书所谓会期完满一切开议未完之案件均归废弃、必俟次期议会开议时再行提出，盖以未经议决之议案，当然与闭会同时消灭也。然于此有二疑问焉，即我国此次资政院开会中未经议决之所得税法及新刑律两案也。所得税法既经交议而会期完满,本年九月开院时可接续开议否乎?若就法理言之,似未了之法案当与闭会同时消灭,设更欲提议于次期之会议,须重行奏请交院,否则资政院不得接续开议也。若刑律之疑问,谓会期中未经议决全部,而宪政编查馆竟奏请颁行,有与定章违背否乎?就立宪国议会之常例言之,会期完满,一切开议未完之案件均属废弃,则其不成法律,即其不得颁行,固无疑义。唯我国刑律颁布之期限载在筹备宪法清单,而资政院又非国会之比,故目前尚可变通办理。若国会成立,则议院法中自有明白之规定也。

第五号①

本部员外郎李景铭谨将《大清宪法案》第七条译呈钧览。

第七条 皇帝因保持公安、退避灾厄,得于帝国议会闭会时发紧急之敕令,与法律有同一之效力。

前项之敕令须于次期之帝国议会提出,请其承认,若在会期前废止者不在此例。政府提出之敕令,议会不决议或终议而闭会,否则适遇解散,均照不承认办理,政府不能提出者亦然。

对于第一项之敕令,议会不承认之,或应照不承认办理之时,政府须自撤销敕令,并宣示其撤销之意。

原书:立宪国所以异于非立宪之国者,在于重要之条规均由法律规定之,盖以法律必得国会协赞,而后成立,是定一法律,不啻得

---

① 李景铭:《呈翻译日本法学士北鬼三郎所著大清宪法案条目及说明(第一章第七条)》(宣统朝),中国第一历史档案馆藏,资政院全宗,案卷号:2。

全国人民之同意也。然若事事必皆由法律而定,是又不免胶柱之讥,故各国又有所谓紧急命令者在。

紧急命令,谓当紧迫之时,皇上可发敕令以代法律。此在议会权力盛大之国,立法之权专属国会,其主义别有所在,固不认紧急命令之制度。故英国国家,若遭遇非常之事,只有由国务大臣自负责任,决行违法之事而已。何也?彼国盖不得以敕令代法律,不得已唯出于此途。若法,若比,与英正同。英国国王非自始无发紧急命令之权,只以国会之权力渐次强大,政府之势力渐次缩小,故当亨利八世之朝尚限于生命财产之事必以法律规定,其余则可以敕令行之。至耶亚脱六世践阼,国会渐不许之矣。自是国会管掌立法之大部,而政府遇有紧急事变,只得执变通之策以虚与委蛇而已。

本案盖力矫英国之制,模仿日本及普鲁士之法,规定君主有发紧急敕令之权,且以此等之敕令,视与法律有同一之效力。其结果虽与英、法、比诸国无少差异,唯在于彼国谓之违背法律,而在于我国谓为执行大权,根本之不同,盖如是也。

紧急敕令既与法律有同一之效力,则不止可以废止变更旧有之法律,即一切重要事项,本当由法律规定者,亦可以敕令代之。故此等之敕令出自君主之意思,与法律之由议会协赞来者,性质虽不同,而人民均须遵守之效力则无异。然本案第八条之命令,则不得与此同日语矣。日本宪法第八条称,天皇得发可代法律之敕令,普鲁士宪法第六十三条称,得以法律之效力发布不违宪法之敕令。文字之用法虽不同,其用意盖出于一辙。然即因文字不同之故,日普两国之学者解释宪法颇滋疑义,故本案明言的发紧急敕令与法律有同一之效力，所以避疑义、息纷争也。

紧急命令于何时得发之乎？一则为保持公安退避灾厄之际，二则顾名思义必在紧要之时，三则须在议会闭会中。所谓闭会中，或指会期完满后之闭会，或在解散以后未开会以前。若休会、停会尚在开会会期中，仍不得发紧急之命令也。

政府若发紧急之敕令，至次期之帝国议会开会时须提出，以求其承认，此盖尊重议会职权之遗意也。议会若见为可行，则承认之，否则无妨拒绝。若在会期前政府自行撤销者，斯毋庸提出。或谓发令当时之情形亦须审查明晰，会期前虽已撤销，政府尤应提出于议会，听议会之剖断。不知政府所发之令若果不当于事理，有违于法则，政府自有责任，议会亦可弹劾之。此关于责任问题，不必问其提出不提出。故本条第二项规定，若在会期前废止者，可免其提出也。

议会若未将政府提出之敕令编于议题或议而未竣，已届闭会，否则值解散之时，更不然，政府未提出而议会先解散，此时将谓议会对于敕令已承认之乎？抑不承认之乎？不能无疑。若自日本旧例言之，或谓承认与否，未经议会之明示，斯次期议会开会时更可提出之，而本案则一律视为不承认。斯次期议会开会，毋庸再行提出，不待言矣。盖紧急敕令本系一时拯危之计，非须继续于永久，故议会既未决定，即可以不承认例之也。议会不承认之敕令，政府须自撤销之，并宣示其撤销之意。非国会不承认之后，其敕令当然归于消灭。不过，议会既议决不承认，政府即不可不撤销耳。政府若不撤销，当以违背宪法论，而敕令尚依然存其效力也。

景铭谨按：命令所以与法律不同者，以法律必得议会之协赞，而命令则可由政府以专行。命令计有三种：一曰敕令，即朝廷之谕旨；二阁令，即内阁之训示；三曰部令，日本称为省令，即各部之规程。此所谓紧急之敕令者，谓保持公安、退避灾厄、非常紧急时所发之敕令也。顾紧急云者，以何为标准耶？大抵非此敕令，别无他法可以转危为安者即为紧急，若增进国家之利益，即不可以紧急视之矣。故紧急命令只限于弭祸者得发之，固不得因臻福而行也。

第六号①

本部员外郎李景铭谨将《大清宪法案》第八条译呈钧览。

第八条　皇帝因执行法律，或因公安之保持，公益之增进，得自发命令或使各衙门代发，唯不得以命令变更法律。

原书：凡一国之行政，须力求民生之便利，及公共之安全，不仅以施行法律为事。故在位者，贵有临机应变之才，始足以肆应百政。若预设一定之规律，使事事俱准规律而行，必有虞其范围之太狭者。即如司法一事，法规所规定之条文有限，而天下之事理无穷，审判之员，必能神明于法律以外，方足以应接百般之事实。故本条特定行政命令，借以济法律之穷也。

行政命令得分之为二种，一曰执行命令，谓因施行法律之故，而详细规定其节目者；一曰独立命令，谓由保持公安，增进公益，而设定条规者。独立命令或称为补充命令，其名为独立者，谓其特立

---

① 李景铭：《呈翻译日本法学士北鬼三郎所著大清宪法案条目及说明（第一章第八条）》（宣统朝），中国第一历史档案馆藏，宪政编查馆全宗，档案号 09-01-01-0003-014。

于法律外也，名为补充者，谓其补足法律之规定也。此等之命令，靡特君主得自发之，且可使行政衙门各应于主管之事而发布。此与前条之紧急敕令专属于君主者大不相侔也。

发布命令权，与立法权相对峙，其间毫无差别者。本案所采之主义，与欧洲立宪国之制，微有不同，而其规定不得变更法律者，亦不外制限发布命令权之意也。盖重要之事项，应以法律规定者，均胪列于宪法中，若命令得以变更法律，则宪法不免为其动摇矣。西欧各国除执行法律，及由法律委任，准由命令规定者，始可发布命令外，毫无发布命令之权，此不免过于制限君主之大权，而与本案之主义大异。但由今日各国立法之趋势观之，委任之条款渐多，即其命令权之范围，亦渐扩充矣。

景铭谨按：执行命令云者，谓施行法律所用之命令也。例如所得税章程、国库章程，若经议会议决，则成为一种法律，而所得税施行细则，及国库施行规则，则成为一种执行命令。盖法律只能定其大纲，而细节则定于规则。各部颁行之规则，即各部发布之命令，不必交议会议决，而可成立者也。若独立命令则不然，独立命令不必根于法律而生，只因保持公安、增进幸福之故俱可发布，故不止关于警察之事，即一切教育、农工商及公益各事业，亦可由君主发令，或各衙门代发，与法律并行而不悖。但此等之命令非经议会协赞而来，不得借此以变更议会协赞之法律。本案设此制限者，盖仿于日本宪法第九条、俄国宪法第十一条、比利时宪法第六十七条之用意也。

第八号[①]

本部员外郎李景铭谨将《大清宪法案》第十条译呈钧览。

第十条　皇帝统御海陆军,且定其编制,及常备兵额。

原书:中国旧制,军政本属朝廷之大权,唯积久下移司令之权,不在于政府,各省督抚,均得便宜行事。盖因嘉庆年间,白莲教匪肇祸于前,咸同间粤匪又蠢动于后,其时均赖各省练勇,削平大难,故举兵权授于督抚,而各疆臣乃有征发兵饷之权,有类乎联邦王国之大势。此虽为中国一时权宜,而揆诸立宪制度实有未合。盖兵马之权,若不总揽于中央,取分权制度,分任于地方各部,靡特有碍国防,而亦有失国家统一之道。为今之计,须体察情形,渐减督抚之兵权。皇帝亲为军队之统帅,举一切治务均使中央政府主管之,庶可以一新观感,而收指臂之助。或有虑中央集权,只能行于境域狭小及交通利便之国,若中国幅员广大,督抚如不操兵柄,其何以压地方之纷扰乎？此论不为无见,不知军权之统一者,为国家万年固基础计也,不能因一隅之地,而生顾虑之心。昔者直隶总督尝有奉还兵权之先例矣,若由此而决行统一之业,未见其必不成功,本条盖即本此意。以为军权非归皇上独揽,终未见其可也。军备之谓何？维持国家独立之体面也,故关于军备之费额,必有一保护之策,使议会不轻置干涉,方得以措置裕如。盖国防计划非旦夕所能

[①] 李景铭:《呈翻译日本法学士北鬼三郎所著大清宪法案条目及说明(第一章第十条)》(宣统朝),中国第一历史档案馆藏,宪政编查馆全宗,档案号09-01-01-0003-015。

告成功,若议会得以随时变更,不止军备无充实之期,即国家经济亦受影响。本案所为,特因军政之故,而为之三致意也。窃考英国一千六百八十九年发布权利宣言,本载常备之设置,须得议会之承诺。迄今二百有余年,尚守古来之主义。即大陆诸国,亦鉴于战争之流毒无穷,常于议定预算之时主张节缩军备,以期削弱军队之势力。唯现在国际频繁,非强兵不足以自固,故不论条规惯习之如何,均对于军政费极力筹维,期无稍懈。而本案所以特归于皇上之大权者,盖亦观世界大势之所趋,不如是不足以固国家之基础也。

景铭谨按:海陆军之编制及常备兵额之确定,往往与国库之负担有关。故在议会盛权之国,或有必经其协赞而后行者,而日本国则以是权归于天皇之独断。盖一容议会干涉,窒碍殊多。我国去年资政院开会中因预算不敷之故,议裁绿营,改巡防队,减新军费,表面上为力求收支适合之故,裁减军政费,其实则牵动海陆军编制之权。嗣后纂定宪法之时,固不可不于此加之意也。

第九号①

本部员外郎李景铭谨将《大清宪法案》第十一条译呈钧览。

第十一条　皇帝得宣战讲和及缔结条约且有命其执行之权。

原书:皇帝为一国之长,对于外国即有代表国家之资格,外交大权,应归君上,事理之当然也。然各国立法不同,得分之为二例,

---

① 李景铭:《呈翻译日本法学士北鬼三郎所著大清宪法案条目及说明(第一章第十一条)》(宣统朝),中国第一历史档案馆藏,宪政编查馆全宗,档案号09-01-01-0003-016。

一则以外交之权专属君主,一则须得议会之同意。采用第一例者,日本、英、俄数国是也。采用第二例者,普鲁士、德、墺、比、法、美是也。体察中国之国情,及外交之事体,仍以仿照日英俄等酌用第一例为是。若彼德国之宪法,规定宣战之事必得联邦议会而后行,美国宪法定议会有宣战之专权,虽由其国情偏重于民权,大势所趋,至于如此,议者多议其制限君上大权太甚。且军机漏洩,时有筑室道谋之虞,于国家安危不无关系。故各国法学者咸谓曰:美之宪法,有微玷焉。法国至一千八百七十九年鉴于德、美之非,遂用第一例,以外交大权专属君主,不许议会之容喙。本案亦采此意以规定也。

以庶政公诸舆论之意推之,凡与各国缔结之条约,即与国会协商,亦无不可。唯缔约一事,多以机密敏捷为要,若一一必待众谋,则意见不一,定议殊难。本案所为,以条约之权归于君上,缔结之先不须待议会之同意,缔结之后亦不必得议会之承诺。国际法上条约成立之时,即为宪法上条约有效之日也。唯是因执行条约之故,或须增加经费,或须更改法律,斯则必待议会之协赞,不待言矣。盖议定预算审议法律,属于议会之职司,不能因外交之大权,有所妨碍其权限也。

或曰,执行条约之故,如更改法律必得议会之协赞,毋乃议会转有操纵之权,而君权转受其缚束耶。不知外交之大权,与议会之职权,两者并行不悖,毫无妨碍。设因条约影响,有增加租税之议、更正法律之举,全不经议会承诺,而可以政府专断行之,则是因条约之故,大失设立国会之精神,而议会职权从此破矣。顾预算、法律必经议会之协赞,设不得议会之承认,则与此关系之条约将何如？此时国家固当负国际上之责任也。故各国缔结条约之先，多声明议会承认之后，方能实行。若未声明在前，则责任自当由政府担负。此盖因政府与国民意见不同，事势之无可如何者也。

　　景铭谨案①：原书称缔结大权，专归君主，唯有关系增加租税及更改法律之事，仍须得议会之协赞。此说殊不尽然。盖议会协赞，若果与政府同意，固无难题。设持出增加租税、更改法律之案，不得通过，致政府不能履行条约，则祸患何可胜言。此事势之万不能行也。故各国学说，近多以条约之批准，为一种之裁可，与君主之裁可法律，有同一之效力。故只此条约，已可更改别种之法律，不必再经议会之协赞。日本法学博士清水澄，及德国苏阿伦氏均主张此说，与我国国情颇合，是可采用者也。

---

① "景铭谨案"，原档如此。

附录五

《清国中央集权问题》[①]
中央大学法学士　北鬼三郎

清国的地方行政组织是法学上的一个奇观。殖民地、新领地、租借地等在统治上需要权宜之策属于特例,在单一国家里,地方长官统辖文武两权,与中央政府并立,这种事情未曾有过。清国的总督及巡抚虽然在原则上要遵行政府的号令,但相互之间本无统属关系。因此,即使是政府咨行筹办的事件,督抚依所管地方的情形,认为有障碍的时候,有咨商政府酌量变通,或请敕裁办理的权限(参看新定地方官制[②]第三条)。政府在不认可督抚意见的时候,不仅可以反驳之,而且可以向皇上具奏请旨。各自有特立的上奏权,是因为均直隶于皇帝。两者见解不合时均仰请圣裁,不外是由于二者地位平等。这是行政不统一的缘由。由此当可知道近年北京政府孜孜于努力集中威权的原因。

明治四十年(1907)八月公布的清国地方官制第一条云:"一省或数省设总督一员,总理该管地方外交军政,统辖该管地方文武官吏,并兼管所驻省份巡抚事,总理该省地方行政事宜。"其第二条云:"每省设巡抚一员,总理地方行政,统辖文武官吏。唯于该省外

[①] 北鬼三郎:《清国的中国集权问题》,《外交时报》总第154号,1910年9月10日出版。
[②] 北鬼此处所言"新定地方官制",指的是1907年出台的《各省官制通则》。

交、军政事宜,应商承本管总督办理,其并无总督兼辖者,即由该省巡抚自行核办。总督所驻省份,不另置巡抚,即以总督兼管该省巡抚事。"其第一条与《大清会典》中所说的"直省设总督,统辖文武,诘治军民"相对应,第二条与《大清会典》中所说的"巡抚综理教养刑政"相对应,可见督抚的地位权限,新旧毫无改易。试思督抚有如此过大的权限,自是驯致今日颓势的原因,政体一新之后,如果还维持现制,则立宪终将归于空名。试举一例,即使政府制定国防计划,且将其经费交议院协赞,因为政府对督抚没有强制的实权,则不得不说,议会的议论终究要被督抚的好恶左右。果真如此,则政体改革将难免好事之讥。凡立宪之制,国权全由政府总揽,是出于国家统一这一念头。而清国的情形正与立宪国家的主义相反。因此,欲固执现制的话,就不可言立宪;欲一新政体的话,就须有打破现情的觉悟。由此当可知,地方制度的改革是立宪的先决问题。

虽然清国的军权原本掌握在皇上的手里,但由于嘉庆年间白莲教匪之乱起,依靠民团的帮助才得以削平,渐起下移之端。后来,待咸丰到同治年间发匪之大乱起,遂至将兵柄全部委之于督抚。这是今日疆臣各拥兵马、宛若联邦王国的原因。反过来看看立宪国家的制度,兵马之权莫不归中央总揽,未曾见过实行分权之制的。那是因为,如果将其放任于地方官员节制,将有废弃国防作用之虞。清国昔日制定摄政令①的时候规定将军权归于君上之大权,可以说是很得机宜的。

督抚享有外交权,只是与军权下移相伴而来的自然之势。外

---

① "摄政令",原文如此,当指《监国摄政王礼节》。

交之事，在性质上不容地方官宪办理。但清国却将其委之于督抚，与现行的外务部相配合，便于推卸责任，没法确立统一的政策，只能弥缝目前，毫不足怪。像北美合众国政府那样，因各州权力强大，使外交受到很大障碍，虽然是国情使然，有不得已之处，但单一国故意使外交权分别行使，在情理上是无法解释的。至于将财权收归中央一条，我举双手赞成。现在政府所要的经费，实行的是各省解款①制度，经常无法避免督抚的掣肘。改革现制，同时也是一扫官场积年陋习的好机会。昔日北京政府以财政改革为立宪筹备的一个项目，着着推进，真可说是值得庆贺之事。

当于阴历九月一日在北京开院的资政院，有议定国家岁计的职权（参看《资政院章程》第十四条）。而其决议与政府所见不一致的时候，政府得提出事由，要求再议（参看同上第十七条），资政院还坚持前议的时候，政府和资政院都可将意见陈疏，仰请敕裁（参看同上第十八条）。这些规定是否恰当姑且不言，但实际上，一想到岁计各案若得不到督抚赞同就无法执行一事，则其命运不难预断。果然如此，则资政院最终当变成无用之长物。资政院已如此，则立宪之前途可知。这都是由于督抚权限过大、政府权威薄弱造成的。因此，剥夺其权限，自然可以说是符合治国之道的。

两广总督袁树勋反对中央集权的一条理由是，地理、习惯，各国不同。虽然也能这么说，但不足以动摇本论的基址。从立国之大本来看，中央无权的制度自然难免产生尾大不掉的结果。德意志历代政府频频持续鼓吹帝国主义，英国以照关税协约、国防联合

---

① "解款"，原文写作"割赋上纳"。

等绞尽脑汁统一殖民地,北美合众国持续热衷于扩张门罗主义,其他如俄罗斯、法兰西、西班牙等,莫不执行巩固国权基础的政策,思念及此,自能明白清国现在的地方制度需要一大改革。

按:明代起初模仿元制,分地方,置行省。洪武九年(1376)改行省为承宣布政使司,置布政使一人为其长官。后复改革,置左右二人,专门总理一省行政。另外有提刑按察使司,置按察使、按察副使各一人及佥事(无定员),掌理刑名按劾之事。又别设都指挥使司,置都指挥使一人、同知二人、佥事四人,总辖军政。由此可知明代的地方行政是分民、刑、兵三途,加以综核。但清取代明后,新设督抚两个大官,使藩臬两司(布政司、按察司)隶于其下,裁撤都指挥使司,道以下概以前代遗制为原则,及于今日。这样说起来,督抚作为常设官厅是现朝的创制,以之为千古不易之制度,难免为不通之论。何况在明明阻碍了国运的今日呢?

袁氏的奏议又说,政府集权,庶政之实绩却全要督抚负责,是不给督抚权力,只要督抚负责。又说,责任政治与议院制度关联,因此,在政府无责任的今日不可集权。这是以过渡时代的情形为基础的立言,其不得当是不消说的。凡责任,与职务相伴随,不以是否有议会来区别轻重。虽然如论者所言,待议院开设,制度自然会完备,但是,并不因此而与有无责任有关系,这是不需要多言的。由此当可知其论说之粗笨。

袁氏又说,将来地方各官均受政府监督,督抚将被视为无用之物。但是,如果将外交、兵马及财赋三大权都集中于政府的话,督抚的地位权限自可推知。这属于自然之归属。只是因袭的习俗不易改变,何况还是局中人呢?虽然如此,但仔细鉴察中外情形,特别是考察立宪制度的前途,则不可没有将现行官制从根柢废弃的觉悟。虽然不知道北京政府是否有对此根干痛加斧钺的勇气,但是,立宪之兴废实系于此,这是我敢毫不犹豫说出来的。切望有司深加考究。(清国地方官制改革案曾在拙著《大清宪法案》第168页以下论述,请参看)

附录六

《中国中央官制改革案》[①]

(译北鬼氏稿)

中国中央行政组织,十一部之外,有军机、内阁、政务处等类,皆系光绪三十二年(1906)谕旨所改定,又同时拟议设立资政院、审计院。其他如翰林院、宗人府、内务府、太医院、钦天监等衙门,则一切皆未议及,是盖存其旧制者也。

要之,三十二年中央官制改革之主眼,不外乎废满汉钳制之法,改各部尚书为一人,及官衙裁并增设之数点。唯中国官制,历代相承,无甚损益。孔子所谓"殷因于夏礼,所损益可知也;周因于殷礼,所损益可知也。其或继周者,虽百世可知也"。此盖于古今改制之原则,一语道破之矣。故欲知中国现制,不得不按之明制,且非溯之千余年以前,不易得其真相。以是知制度之由来,如此其远且久,则足征一朝改革之非易言矣。故期中国改革现制,一跃而以立宪诸国为模范,固易言而不易行。然以现情测之,尚有种种改善之余地,可断言也。即如满汉衡平之观念,由根柢上撤消之,一也;图政务之统一,二也;明定责任,三也。严宫府之别,四也;废止冗缺,五也;增加官俸,六也。此数事,皆于中国现情有不可一日忽

[①] 《宪志日刊》宣统二年(1910)十月初四日、初五日。《申报》曾转载此文,见《申报》宣统二年十月二十日,第1张第2、3版;宣统二年十月二十二日,第1张第2、3版。

之势,苟改革现制,而不于根本上求之,仅仅裁并二三局课,以为改革之道在是者,窃恐徒有改制之名,而无改制之实,固不俟识者而知矣。

一、满汉钳制法之撤销

满汉钳制之法,肇于太宗朝之政纲,谓以满人与汉人对抗,防汉人势力之偏重。迩来二百余年,奉为国宪,以至今日。故曩者改革之上谕谓"满汉不分",初视之若不泥于祖训,而尔后大臣任命,尚不免稍露形迹,似仍墨守祖宗之遗法,则后日之不能调和其界限,而永留为立法上之污点,可无疑也。窃以为中国际此危急存亡之秋,尚拘守此陋习,不啻阻害国家之进运,而实扰乱国家之基础。中国官民盍一筹议之。

二、政务之统一

三十二年之改革,不注意于政务之统一,甚为遗憾。军机也,内阁也,政务处也,地位职权皆居行政各部之首领,而其职掌于实际上无大差别,有其一已足以统率大政。是故于统一上不一为筹及,徒胶守旧制,而不能化,未见其可也。初议之草案,有改并军机处于内阁,置总理大臣使任统率百官之职,及置左右副大臣,协同总理大臣,赞理庶政等规定,无足怪矣。使该案果见实行,未始非改革上之一进步。惜乎议未行而中止,诚国家之憾事也。盖由来军机处本为合议之府,更使各部尚书组织一内阁,则政务之统一愈难,故其治绩不举,证之旧例,彰彰明矣。不一念及此,而恒介于模棱两可之间,岂非一大缺点耶?或谓配置总理大臣,以左右副大臣为之,与以数人之军机大臣为之,于实质上无甚差异。固然。然此不宜徒拘名义,唯求一简约之组织,使举庶政统一之实而已矣。今据现行法制,一旦有阁议,则先由军机处合议,更交军机大臣与各部尚书联合会议。苟合三大衙门而为一,则使各部尚书组织内阁,不唯无此烦累,而政务自能统一,且责任明而无推让之便(弊)①,亦必至之势也。曩者官制委员总裁奏议中谓:"行政之事则专属之内阁、各部大臣,内阁有总理大臣,各部尚书亦为内阁政务大臣,故分之为各部,合之皆为政府,而情无隔阂,入则参阁议,出则各治部务,而事可贯通。如是,则中央集权之势成,政策统一之效著。"此言甚中窾要。若三大衙门依然存立,则终不可为训也。

三、官府之区别

明定官府之界限者,近世政治组织之原则也。盖两者混合,不特与责任政治之观念不能相容,而往往致皇室为众怨之府。故立宪诸国,皇族多隶军籍,实鉴于情势而不得不然者也。今中国中外多事,举皇室之俊才而纳之政府,亦非无人,故宜随宪政之进行,而革古来之积习,盖使皇室之永为国民所钦仰,其端即肇于是也。

皇室之典礼使内庭诸官掌之,嘉礼、祭祀归其专司,外藩之朝贡、使节之接待及外国使臣之谒见,则随时与理藩部或外务部交

---

① 《宪志日刊》为"推让之便"(宣统二年十月初四日,第72页),《申报》为"推让之弊"(宣统二年十月二十日,第1张第3版),当为"推让之弊"。

涉，务使举其职而属之内庭，则不特不如旧制必使政务大臣兼辖，且令政府无干涉内庭之虞矣。而现时之礼部，即由是裁撤，改并为内庭之一局课可也。

中国现时之内庭组织，实失之繁缛。故扩张内务府，而以礼部并入之。外如王府、宗人府、太医院，亦宜合并统辖。钦天监则使隶属于邮电部①或农工商部。并裁撤翰林院，即以其一部属之内务府，其他一部合并于现立之内阁，使各增设一局课已足以代之，盖此皆为独立之衙门，且随之而能区别宫中府中之界限，固与治道相符也，岂啻淘汰冗员、节减冗费而已哉。

四、官府之并废

前期之改革，于官府之改废及官吏之裁减甚为注意，如财政处并入户部为度支部，兵部、练兵处、太仆寺并置陆军部，礼部合并三寺，商工二部统一之类，皆不失为适合机宜之措置也。然改正之点，尚有种种。即吏部不宜独立为一部，一也。盖官吏之任免黜陟，及叙勋授爵等类，性质上须依各部尚书之意见，经阁议之后，由首座大臣上奏裁可，不特不宜置政务大臣以主管之，且因之而百弊丛生，故吏部当即裁撤，为内阁之一局课可也。又各部侍郎减为一缺，二也。盖设左右侍郎，仍不外乎满汉钳制之意，长此不变，留为祸根，况互相陷挤，阻滞政务，以现情证明之，其弊尤了然耶？此外如军机处及外务部之组织改良，亦一重要之问题。盖各政务大臣

---

① "邮电部"，原文如此，当为"邮传部"。

既有联合之组织，自不须另立合议制度，事理极简而易明。至如外交事件，性质上宜经阁议，其主管衙门不如改为单独官府之简捷，而责任较为明晰也。

五、司法部之改善

司法机关之改良，一所以为立宪之预备，一则由对外成约之关系而实行之，此不俟言也。曩者改刑部为法部，总理司法行政，改大理寺为大理院，专掌审判事务，颇有明见。唯至审判厅之构成及其管辖，则更不得不加之意耳。

六、俸给之增加

增加俸给以保持官吏之威信，为当今第一急务。意谓中国官吏俸禄实失之菲薄，衣食之需且不能偿，朝野上下非不知之，然尚墨守旧制，惮于改革，卒至以国帑充私费，而国家亦相与缄默，置之不顾，此诚不可思议者也。于是国库之收支不得不暧昧，而亦古来收贿之弊所以日滋也。故居今日而欲责官吏之清廉，无乃过酷。唯随其俸给之增加，则自可为官纪整肃之一助，无容疑也。叙述至此，于财政上亦大有关系，然事繁不及备述，姑从略之。

附录七

读北鬼氏《中国中央官制改革案》书后[①]

　　北鬼氏在日本,以多闻清事著。吾读其废撤满汉钳制法、统一政务、区别宫府、废并官衙、改良司法、增加俸给诸篇,未尝不叹其谋事之苾、布计之工,然措辞含蕴,若不能卒发其隐。意者于吾内情犹有未审也,因为引伸(引申)其义而益张之。

　　融和满汉之声,遍于朝野者久矣。然变通旗制处设立数年,毫无成绩;满汉通婚之诏虽下,而臣庶相率观望,莫敢为先;筹划八旗生计之谕,岁有所闻,迟之既久,迄未实施。以此而言融和满汉,犹之无言也。不谋根本上之满汉融和,而欲废官制上之满汉钳制,是"犹立朝夕于运均之上,檐竿而欲定其末"也。不然,昔日之官制改革尝言之矣,曰废各部尚书二人为一人,曰任命尚书无论满汉,满汉钳制之弊其亦庶几乎熄也。衡以所见,则汉人之在尚书位者反损于往时,侍郎则仍保持旧制,大学士、军机为一国政令所由出,而满也若而人,汉也若而人,畛域之严,有逾曩日。故曰,满汉融和之法不修,则满汉钳制法终不可去,形式虽祛,而冥冥中仍有鸿沟,足以隔阂两族之情感。北鬼言官制改革,首举废撤满汉钳制,而不举所以废撤满汉钳制之源,浅之乎言之矣。

[①] 《读北鬼氏〈中国中央官制改革案〉书后》,《宪志日刊》宣统二年十月初六日、初七、初八日。

其论统一政务也，曰军机、内阁、政务处地位职权皆居行政各部之首，而其职掌于实际上无大差别，有其一即足以统率大政，此惑于外听，不察实情之说也。夫今日之军机处、内阁、政务处，其何一足以统率大政？内阁无论矣，军机处合议制也，而其所为议，往往垄断于一二人之口，而又往往与各部不相谋。政务处会议合军机、内阁、各部行政长官而成，军机为一团，内阁为一团，各部行政长官为一团。军机团最强，故其所为议又往往垄断于军机之口。而团与团又往往各不相谋，军机团与内阁团不相谋，内阁团与行政团不相谋固也，行政团与行政团又且自不相谋。夫所贵乎合议者，为其能和衷共济也。既垄断矣，合议乎何有？所贵于有统率者，为其能联络贯通也，既不相谋矣，统率乎何有？故曰非改造内阁，政务决无统一之望。今者朝廷涣汗大号，许吾民以宣统五年开设议院，责任内阁庶几即日可成，吾恐北鬼氏之言遂中于人心也，故不惜辞费而辟之。

中国之官，大抵为皇帝一人而设也。如礼部、如翰林院、如内务府、如宗人府、如太医院、如銮舆卫，固专为侍奉一人、治理宗亲而设，即其他各部之行政长官，尚无不仆仆于朝廷之冠婚丧祭，费其岁月之半者，则谓京内之官，无一不含有宫内官属之性质，非过言也。群京内之官悉为宫内官属，国事可知矣。北鬼言区别宫府，且一一言其裁并之法甚悉，诚今日之要图哉。我议订官制者曷其审之！

且吾观于世界各国之现制，而知宫府不分，以亲贵任国政之为敝制也。美法称民主，无所谓亲贵，可不论矣。如英、如德、如西、如意，皆以君主立宪闻，而宗亲贵胄不列朝班。日本立宪最后，君权号称最盛,然亦纳皇族于军籍,不使与闻大计。所以然者,非其亲贵之不足以任国事也,非其君之不足以宠显亲贵也。以天潢贵胄,而出其小智小才,与朝臣争一席之地,则杀其尊。当责任之冲,即不能永恃无过。过而贾怨,则重其谤。亲贵位尊势重,时以凌压寅僚,寅僚重其势位,亦或任而不抗,则堕其职。夫尊杀必失威,重谤必及君,堕职必祸国。失威、谤君、祸国,三者皆危道也,是以立宪之国不为也。今吾军机领班必以亲王,几成经制。其他各部各处,握权较重、任事较专,则亦往往任之亲贵。抑若普天之下、率土之滨,唯此一二宗亲贵胄犹可与吾同休戚。夫皇帝者,将与国家同休戚者也,即与全国四万万人同休戚者也。举全国之人皆不足恃,唯恃一二亲贵,则皇上之势于是乎孤矣。是故民心可恃,虽舍亲贵无害;民不可恃,虽任亲贵无益。况任亲任贵,利不加于常人,害足以及君社乎?在朝廷量材授职,立贤无方,原非草茅下士所敢代为拟议,然征事察理,觉此制不袪,决无以崇皇家之尊严,图政治之整理。彼北鬼氏其知之矣,故曰宫府不分,不特与责任政治之观念不兼容,且往往致皇室为众怨之府。又曰宜随宪政之进行,革古来之陋习。而吾在廷诸臣,曾无举此间利害剀切献替于吾君者,抑何诸臣谋国之忠,曾不日人若耶?呜呼可慨也矣。

抑吾尝推在廷诸臣之心,而有以知其不言之故也。宗亲贵胄,囿于目前之小利,未尝怵于后日之大害,宜其无言也。其非亲贵,则其心方将以亲贵为社,而己为其鼠,今夫为社者树木而涂之,鼠因自托焉。"熏之则木焚,灌之则涂阤",此社鼠之所以终不得也。今他且勿论,论军机,军机率四五人以为常,而必长以亲王,有所议则视王,王不言,莫敢言也。已有所奏陈,必先告王,王不言,亦莫敢言也。言之当,则曰:"我固曾为王言之。"言之不当,则曰:"此王意也。"是故诸臣任其功,而王乃分其谤。人主于此,而欲瘅恶黜不肖,则亲贵首当其冲。人主于亲贵必有所怜念也,而诸臣乃得安窟其间,巧自隐饰。苟一旦言亲贵不宜与朝政,则且自失其社。亲贵不为社,于亲贵无所损,而为其鼠,乃大苦矣。此在廷诸人之所以终不言也。呜呼!以亲贵任国政,其不利既彰彰矣,而今且重为诸臣之护符,为在廷诸臣计,固莫乐于有亲贵以为之社,为亲贵计,则何必冒种种困难,甘为诸臣之社,以重自辱哉?今者议院开设有期,责任内阁亦已筹及,宫府之别,益无可缓。倘有明道理识大体者,果以吾言入告,告而能行乎,则岂唯我国民之福!

北鬼氏言官衙并废,归本于废吏部、减侍郎,此亦至言也。不及礼部、宗人府、太医院、钦天监、翰林院、銮舆卫者,彼固曾于宫府区别篇言之也。夫吏、礼之不当自成一部,时贤论之详,枢府亦有裁意,争在迟速,可以无言。至侍郎之当减,则知之者鲜矣。知之又或身居其位而不欲言,将得其位而不愿言,恐攖在位者之忌而不敢言。不欲、不愿,犹是人情也,避忌不言,公论衰矣。公论既衰,何恃而国?窃以为侍郎之制之不当,其故可得而言者,盖有三焉。今制尚书称正堂,左侍郎称左堂,右侍郎称右堂。三者位有尊卑,分无统属。左右堂所可,正堂或否焉;正堂所可,左右堂或否焉。当其可否争执之际,如彼此圆融,可以意让,则或以正堂可其所否,或以左右堂否其所可,犹可望其有成。不幸而执拗不变,正副遂成水火,同舟树敌,行道者忧之矣。夫吾国办公非速也,事必经年而属稿,稿必三反而呈堂。使尚书专政,则堂意可者斯行耳,堂意否者斯止耳。今唯以侍郎之故,可否无所决,延误事机,荒废国务,良可慨也。此侍郎之不当一也。责任内阁成立有期,各部政务将有专责。使旧制不改,则负其责者果为谁乎？将使侍郎并负其责,则彼将谢曰:"一部而三主,天下无是也。某参议而已,某固尚书下也。有尚书在,某何敢先？"将使尚书独负其责,则彼又将谢曰:"尚侍固合议制也,可否有侍郎之同意焉。侍郎耦而某一也,某不敢擅也。有侍郎在,某何敢独？"然则侍郎之制不改,将各部政务无一专责之人,而责任内阁终不可得也。此侍郎之不当二也。吾国设官之意,每以钳制为能。县也而箝以县丞、典史,府也而箝以同知、通判,抚也、督也,则使其互相钳制。各部之有侍郎,本此意也。满汉分缺,又根满汉钳制而来。夫建官唯贤,授官唯能,不能心知其贤之可恃、能之可用,唯借此钳制小术以为驾驭臣工之计,此其为计已太疏矣。况入关数百年,仍挟一满汉之见盘旋于胸中,是自外也。民外其君则失君,君外其民则失民。失君不君,失民不国。然而保持现制,是职官钳制与满汉钳制之迹终不泯也。此侍郎之不当三也。然则何道而可？曰:裁二缺为一缺,以免彼此掣肘;杀侍郎之威权,使隶属于尚书,以明行政之责;任用不分满汉,以泯满汉钳制之弊,其亦庶乎得之矣。

司法制度,一国人之生命财产所由托也。而在我尤有对外条约关系,一言不慎,祸及邦国。北鬼氏图我中央官制改革,而特表一目曰司法部之改善,有味乎其言之矣。不知我掌司法之责者亦能审慎详察、勉图远大否也。至俸给之当增当减,理由甚长,非北鬼氏所能详悉,容别为《官俸篇》以明吾意。

附录八

《清国新内阁官制之公布》[1]
北鬼三郎

清国新内阁官制于清历四月初十日(我五月初八日)颁发一事,读者言犹在耳。现浏览其条文,仔细与光绪三十二年(明治三十九年)[1906]九月的改革比照,进步之迹历然在目。旧设的内阁、军机处及会议政务处三大衙门,其地位、职权均为行政各部的首脑,所掌管事务彼此没有大的差别,因此,即使只要其中一个,也不会对奉行大政造成妨碍。因此,有识者向来主张改废之,清廷也曾经制定将军机处合并于内阁的方案,但未能施行,及于今日。现在新设内阁,旧设之三大衙门一律裁撤,不得不说是一个大的英明决断(参看《内阁办事暂行章程》第十二条)。政务统一、责成明白一事,将是基于新改革的当然的结果。并且,将吏部、礼部置于内阁之外,国务大臣在原则上限定于总理大臣以下外务、民政、度支、学务、陆军、海军、司法、农工商、邮传、理藩十部大臣,可以说是很符合责任政治的本义的(参看新《内阁官制》第二条)。虽然由于各部官制及附属官规尚未颁发,无法对其细评,但我愿意相信,应该会是使现行法面目一新之举。

虽然如此,新官制可以批难的地方也不少。特设协理大臣(其

---

[1] 原刊于《日本及日本人》总第561号,明治四十四年(1911)七月一日出版。

定员一或二员,参看《内阁办事暂行章程》第一条)是其显著者。给总理大臣配协理大臣,是六年前的改革中初议草案的左右副总理大臣之制的复活,这种设计,不外是因为如果采用总理单独制的话,与清室向来的旧法即钳制主义有相悖之嫌。祖训应当敬重,这是不待言的,但不管其性质如何而盲从的话,到底只是不解时世之论。如果要以祖训为不可改的典则,因为筹备立宪要生出将会典的规定从根柢破坏毁弃的结果,因此从情理上应该将其废止。至于担心总理独任之制将启大权下移之渐,这不过杞忧而已,已为各国的实例充分证明。何况协理制度有推卸责任之弊,且其归属有暧昧之虞呢?进一步征之于实际,百般政务并非由首相专行,必须依照与主管大臣合议或内阁会议的结果。并置总、协理大臣,若说这是故意破坏制度的特长,我敢说这不是什么过火的言论。将外务部的组织简化而成的政府,至此遂难免矛盾之讥了。加上新内阁的首脑是一个特立的合议体,这与军机处或会议政务处没有丝毫不同,另外,国务大臣参列国务,与各部尚书作为政务大臣参与国务酷似。这样一来就不得不说,新旧制度都不是单纯的合议制,作为一种联合团体,其性质相同。由此可以看出,特设协理大臣是如何污损了新官制的荣誉,也足以知道,这次改革,在实质上损益之处不多。

新内阁大臣总共十三人,其中,满人九人,汉人四人,满人是汉人的两倍以上。这是不可忽视的一点。固然,阁员除梁氏是新入外务,没有任何变动,即使满汉平衡云云现今似乎已不需要,但仍然不得不说一句。光绪三十二年九月的上谕命令撤除任官补职的障碍以来已六度星霜,近来私自观察大官任免之事,由于朝廷依然墨守两族钳制主义,当年的明诏可以说变成了一张废纸。如此偏颇的政策,早晚不得不废弃,至为明了,非但不废弃,还固执于此,到底难免浅见之讥。盖议院政治的权威,自有偏重于庶民院的倾向,东西各国如出一辙,下院既然有归汉人独占的趋势,祖宗成法当无由保守。又,一部分种族垄断政权,无关乎议院的形势如何,因违背舆论,不啻阻碍国运。不仅如此,且难保进而成为国乱的原因。而且,满人九人中,宗室亲贵实居六人之多,这是为什么?虽然这原本是清室多年的习惯,要一下子废除,其道无由,但是,在已经发出召集第二届资政院年会的命令、国会的召集也就在明后年的今日,政府却唯独在这一点上一点都没有考虑,令人遗憾。将来要使宗亲亲自站到议政台上去?在被汉族占有的下院,当会屡屡被包围攻击,且议员的锋芒往往会使其有切肤之痛。尤其是在政局多难的今日,既然难保万一有失政,不能没有终难逃脱议院纠弹的觉悟。即使通过了弹劾案,也只止于一个皇族的进退,未必需要深忧。但是,如果永远维持现状,则应该知道人们对此事的反应时说的话。作为情理必然的结果,不会故意为不祥之言。但在今日,如果还满口"老习惯""政权下移之虞",甚为可嗤,他日当有噬脐无及之事,这是我毫不犹豫断言的。呜呼!清廷终究没有一个诤臣么?

庆亲王作为宗室的名门,或作为军机大臣的首班,为中外所景仰,在新内阁里担任总理,谁都没有异议。唯一遗憾的是,寿龄已过古稀,夙有退隐之意。有人说,庆邸之就职,是出于醇邸特旨,使其博得初任的名誉。也许是这样吧。若如此,他日即使可见庆邸挂冠之事,因为内阁中多士济济,也不用担心没有后继者。而事已至此，大政的方向应该不会有显著变更，这是不难推测的。梁氏出任外务大臣是以新内阁将执行亲美政策为前提的说法，这是过于相信新外务大臣的手腕，考察一下梁氏及其他阁僚的阅历，这恐怕不过是一片杞忧而已。至于现内阁与资政院的关系，因为责任规定详备，自然是跟前期一样，应该不会酿出大的纷扰，但就借款、币制、铁道等诸问题，虽然应该会看到朝野交战，依据既往及现情推断，相信不会招致大的冲突。由此也可知新内阁官制的制定，在补充制度之不完备的同时，在政机运用方面会增添很大的光彩的原因。至于像本该在新《内阁官制》中声明的事项却规定于《内阁办事暂行章程》中，彼此重复之规定，不考虑条文先后的意思，两者都有很多无用之长言，这些立法上的缺陷，无须在此评论。

北鬼故乡行纪（代跋）

　　2018年7月26日下午，暑假旅行中的我和家人，在位于富山县的黑部宇奈月温泉驿下了新干线火车，随后搭乘了"お肌よろこぶ濁り湯の宿金太郎温泉"的接送班车，入住金太郎温泉酒店，这是一家位于富山县鱼津市的温泉酒店。造访鱼津，是因为这里是北鬼三郎的故乡。

　　北鬼三郎因写了一部《大清宪法案》而引起我的关注，我从其母校中央大学所藏的文献中得知，他是富山县下新川郡鱼津町大字东小路29番地的庶族出身。明治时代的鱼津町，即今天的鱼津市。我在网上得知，鱼津市至今还有一个"東小路バス"，这是与他的出生地最相近的一个信息了。我还从《鱼津市史》一书得知，在20世纪前半叶，鱼津发生过多次火灾，市政府曾经将被废弃的墓碑搜集到一处，建立了一处墓地公园。另外，通过网络查询，得知鱼津有一个市立图书馆，那里或许也保存了北鬼三郎的文献。鱼津之行，我希望能走访这些地方，一则看看在其故土是否还保存了他的文献，二则希望在其出生、成长的地方走一走，感受一下这方山水人情，以加深对他的理解。

　　我之所以选择金太郎温泉酒店，是因为日本的温泉大都不允许太小的孩子进入（如位于京都北郊的鞍马温泉，就规定四岁以下的孩子不得入内），而这家温泉则在网页上明确标注，欢迎大人带着小朋友泡温泉。如此，两岁多的儿子也能一同泡温泉，实在是再好不过。

　　黑部宇奈月温泉驿位于黑部市,但离位于鱼津的金太郎温泉也只有十多分钟车程。一离开车站,便感觉车子在不断往高处行驶,两旁一派田园风光,水稻已经抽穗,随风轻摇。司机是一位稍微上了年纪的大爷,一边开车一边介绍"金太郎"这个酒店名称的由来。原来,这是该酒店前社长的创意。日本民间传说中有金太郎,长得非常健壮,成为武士。老社长以此为酒店名,希望来这里泡过温泉的孩子,能像金太郎一样健康成长。我听了恍然大悟,总算明白这家酒店为了独树一帜欢迎小孩入住的良苦用心。胡适说,辨别一个地方的文野,第一要看的,就是这个地方的人们对待小孩子的态度。按照这一标准,金太郎温泉的存在足以说明,北鬼三郎是出生于文明之地了。

　　在酒店办理入住的时候,工作人员问我:"您明天需要出行吗?"虽然觉得这个问题有点奇怪,我还是告诉他,我想去一个叫作"東小路バス"的地方和市立图书馆,并且,听说鱼津有一个墓地公园,我也想去看看。没有想到,他马上帮我在网上搜寻,并打印了"東小路バス"和市立图书馆的地图。至于墓地公园,他的搜索结果跟我一样,没有找到。他还问我,要不要代订的士?我想,带着孩子们一起出行,还是有个的士比较好,于是请他帮忙订了次日上午九点的的士。

　　这时有一位中国籍的女职员过来,送我们进入房间,热心介绍酒店各种设施的使用方法,还帮我们预定了晚上的"家族式温泉"。据她介绍,鱼津的公共交通不方便,她上下班都自己驾车,的士很少,基本靠预定,如果没有预定,可能就用不到车。我这才明白,前台工作人员为何要询问我是否有出行计划,是否需要代订车。

我们入住的是441房。进去了之后才知道,是一个套房,内外两间,各有20平方米的样子,另外有洗脸间、卫生间和浴室,浴室里有一个豪华的浴盆。里间洋式,有两张单人床。外间铺满榻榻米,一面墙上有电视,房子中间是一张宽大的矮几,临窗有一小桌,桌旁有两张沙发凳。如此宽敞的房间,与此前一周在东京所住酒店的逼仄(全房只有17平方米)形成鲜明对比,孩子们高兴地欢呼起来。

不到六点,一位年长的妇女敲门进来,在外间那张矮几上为我们布置晚餐,首先问明孩子们坐哪里,原来,孩子的食物和大人的食物不同。实行传统的分食办法,大小食具,摆满一大桌。烹饪精致,摆盘讲究,妻子叹为观止。我尤为注意的,是其生鱼片较他处肥美。难怪石川祯浩老师说,即使仅仅是为了吃一顿鱼料理,也值得到鱼津一游。品味着鱼津美食,我暗想,北鬼三郎当年背井离乡,客居东京,肯定会时常思念家乡的山水和鲜鱼吧。

27日早餐后,全家搭乘预约好的的士,前往"東小路バス"。沿途有农田的地方颇多,而"東小路バス"一带则一派城镇风光,道路宽敞,楼宇不甚高。

我在网上查阅的时候,"東小路バス"是一个"バスターミナル"。"ターミナル"源自英语 terminal,有枢纽站的意思,"バスターミナル"意即巴士枢纽。以我的经验,称为巴士枢纽的地方,会有一个很大的场地,很多处巴士搭乘口,以方便人们搭乘不同的巴士,车流如织,人来人往,热闹非凡。但是,东小路这个"バスターミナル"则只有一块孤零零的指示牌,仔细看看,只有两种巴士经过此地。一种是"魚津市民バス市街巡回ルート",一种是"地鉄バス"。两种车的班次都不多,并且,只有"地鉄バス"的这一站叫作"東小路","魚津市民バス市街巡回ルート"的这一站叫作"信金本店前"。所谓"信金本店",指的是站牌旁边的"にいかわ信用金庫"。

在这家银行的外墙上,钉有一块小小的牌子,说明此地何以曾经叫作"东小路"。据此可知,鱼津城早已消失,只留下了一个叫作"魚津城迹"的地名。"魚津城迹"离"東小路バス"只有400米,步行五分钟即到,看来东小路确实位于古鱼津城下。东小路在古时只住了十户人家,他们的身份,是"町奉行付き足軽",意为在町(当指鱼津城)里有公干的武士。"足軽"是武士的最下层。

虽然这一带就是东小路,但是,我能找到的东小路的痕迹,除了那块"東小路バス"的车牌,就只有这块"旧町名の由来"牌子了。孩子们有点奇怪,老爸为什么带他们来这里,转来转去,一点游乐设备都没有。于是,我宣布,我们今天是要去海滨公园玩的,那里有一个水族馆,还有一个"海市蜃楼游乐场"(ミラージュランド),海报上说,这是"とやまのゆうえんち"(富山的游乐场),不仅仅是鱼津的哟。不过,在此之前,先要陪我去鱼津市图书馆。

在前往图书馆的途中,经过"電鉄魚津駅",注意到可以从这里乘坐"魚津市民バス市街巡回ルート"中的"東回り"(还有一条线路是"西回り")去海滨公园(准确的名称应该是"魚津総合公園"),而"地鉄バス"则在下午5点有一班车经过金太郎温泉。

从"電鉄魚津駅"沿着铁路的方向往北再走几分钟,便到了鱼津市立图书馆。图书馆的工作人员热情地接待了我,好几人帮我调查,并要了我的电子邮箱,告诉我,不论能否找到北鬼三郎的资料,今天下午三点都会给我写信。

离开图书馆,我们搭乘巴士前往"魚津総合公園"。孩子们最感兴趣的是海水泳池,我最有兴味的是摩天轮("大観覧車")。因为从摩天轮的顶上,可以俯瞰富山湾全景和鱼津市全貌,深刻领会到鱼津背山面海的地理特征。让我印象深刻的另一点,是鱼津市区并不大,四处阡陌相连,水稻的绿色与海水的蓝色辉映成趣。今日尚且如此,在北鬼三郎的年代,农业的底色应该更浓吧。

下午三点多,我打开电子邮箱,看到了市立图书馆一个小时前发来的信件(初道ゆかり执笔),告诉我,馆内没有收藏北鬼三郎的文献;他们调查了1972年的电话簿,此时已无姓北鬼的人;他们调查了鱼津1964年版的住宅地图,此时已无姓北鬼的人家;东小路这个地名,即今日的双叶町。我只是到他们工作的图书馆查询有无北鬼三郎的文献,他们完全可以告诉我无收藏即可,却大费周章查询电话簿和住宅地图等文献,着实令人感动。

四点多,我们离开公园,搭巴士到"電鉄魚津駅",但却未能赶上到金太郎温泉的巴士。临时决定坐电车到"電鉄黑部駅",从那里转巴士回酒店。

电车走了几站之后,我们才发现坐反了方向,匆匆下车之际,司机拦住了我们,问明缘由之后,邀请我们再次登车,理由是,这个车站太小,带着两个孩子在这里等车不安全。于是,按照司机的指点,坐到"滑川駅"下车,刚好,对向开来的电车到了,司机特意向对面的司机交代了几句,才请我们上车。

换车之后,考虑到已无法赶上"電鉄黑部駅"的巴士,而昨天在

"宇奈月温泉驛"的广场上看到有等客的的士,临时决定坐到"宇奈月温泉驛"。车到"電鉄黑部驛",司机专门跑来问:"请问你们要到哪里,如果是要到電鉄黑部,这就到了。"当我告诉他,我们想坐到"宇奈月温泉驛",他乃回到驾驶室,继续前行。到了"宇奈月温泉驛",我掏出零钱包,准备补车资,但司机却大手一挥:"就这样下车吧。"连我们先前买的车票也没有收。

在车上,一位老太太对着我伸出两个手指头,我想她肯定是想问我,我是不是有两个孩子。我对她点点头,她朝我竖起大拇指。

在"宇奈月温泉驛"一同下车的一位男士,边走边问我是否要转新干线,显然是想带我们前往新干线车站。

虽然坐错车后有些手忙脚乱,但却因此而深入领略了富山的风土人情,亦一乐事也。

六点多回到宾馆后,请工作人员约了一台第二天早上六点的的士,计划探访一个叫作"宫津灵园"的墓地公园。我曾经幻想,到鱼津后能找到在《鱼津市史》里提到的那个墓地公园,但没有结果,宫津灵园只是一个退而求其次的选项。

28日,晨四时半起,再度上网查询,发现宫津灵园是一个今日尚在营业的新墓地公园,不太可能是我在《鱼津市史》中所见墓地公园,乃决定不去此地,而再次探访东小路。

五点五十分下楼,的士已到,司机是一位中年男性。说明去处,即驱车前往。对于"東小路",司机拿不准应该念作"ひがしこうじ"还是"ひがししょうじ"。

临结账,司机问:"您来此地,是要赶什么巴士吗?"

我说:"不是。只是我的研究对象北鬼三郎出生于东小路29

番地,想来附近看看。"并向他展示《大清宪法案》的书影。

听我这么一说,他乃停止结账,拿起手机与公司联系,说有这么一个客人,远道而来,想找东小路29番地,请帮忙查一下。

过了一会,又跟我说,公司事务室就在附近,他们查询需要时间,不妨先到事务室一坐。及至,有一男一女两个工作人员在热心帮忙查询,忙乎了半个多小时,无结果。(后来从发票上得知,这家公司叫作"金阁自动车商会",位于鱼津市本町2-14-18。)

女士说:"这附近住了一位老教师,或许知道东小路29番地在何处,但现在太早,不能打电话。"

又说:"我们所在的这里,应该就是东小路之所在,但何处是29番地,则无法确定。"

最后,决定由司机带我在附近看看,送我回宾馆。

上车后,很快转回到有"東小路バス"牌子的那条路。司机说,东小路是个很小的地方,并且,几十年前,因城市建设的需要,将以前的建筑全部推倒,重新扩修马路,房屋也全是新建,因此,即使那位老师能指认何处是29番地,也看不到北鬼三郎出生时的街景。

司机说的是实情。我也从相关书籍了解到,在北鬼三郎去世之后,鱼津遭遇过几次大火,建筑多次被烧为灰烬,市政建设者曾经在灾后将抛洒各处的墓碑搜集一处,建成了一座墓地公园。因为考虑到这个墓地公园里可能有北鬼的墓碑,因此我很想一探究竟。至于北鬼三郎出生时的街道风貌,我来鱼津前已深知不可能见到。

对我而言,虽然墓地公园未能找到,但是,到他出生时的城镇走一走,感受一下这一方山水,感受一下这一方人情,于愿已足。

在这方面,可以说已完全达成目的。经此次探访,我切身体认到,鱼津背山临海,土壤肥沃,鱼虾鲜美,居民热情淳朴,古道热肠。我知道,北鬼生在一个好地方了。

　　回宾馆的路上,司机一再说,今天有幸得知北鬼旧事,非常开心。临下车,还一定要抹去零头,车资2220日元,只收2000日元,说少收零头,是他的一片心意。

　　我很愉快地接受了他的这一片心意。

　　　　　　　2018年7月29日草于京都北郊岩仓
　　　　　　　2021年1月6日修改于武昌桂子山

致谢

我在十多年前注意到北鬼三郎,但决心将其所著《大清宪法案》翻译成中文,则是在2017年到京都大学人文科学研究所访学之后。我日语底子薄,之所以能下此决心,乃是因为我知道,在翻译过程中遇到问题,可以随时向身边的日本学者请教。果然,着手翻译之后,需要请教的问题堪称接连不断。真诚感谢有求必应的石川祯浩教授、村上卫教授、森川裕贯先生、望月直人先生等提供的无私帮助,没有各位不厌其烦的耐心解答,我肯定无法完成此项工作。不过,虽然在各位师友的帮助下完成了翻译,但我对自己的译稿还是没有信心。于是,请既长于语言又熟悉史实的霍耀林先生帮忙审校,谢谢他的加盟,使译稿增色不少。作为参照对象的《大清宪法案理由书》是一部庋藏于北京大学图书馆的手抄本,王龙飞先生在北大求学期间,在紧张的学习之余帮忙抄录此稿,高谊可感。附录中所收李景铭节译的《大清宪法案》残件中的第四、第五号以外的内容,均系史卓远先生帮忙从中国第一历史档案馆抄录,谨致谢意。经我的同事、英国史专家沈琦教授指点,我才知道北鬼笔下的"スタンナリー裁判所"乃是锡矿区法院(stannary courts)。多谢谭徐锋先生和刘隆进先生玉成出版,多谢责任编辑的辛勤付出!

彭剑
2020年1月22日于华中师范大学中国近代史研究所